DIÁRIOS DE
WUHAN

COPYRIGHT © FARO EDITORIAL, 2020
COPYRIGHT ©2020 BY FANG FANG, PEN NAME OF WANG FANG
ORIGINALLY TRANSLATED FROM CHINESE BY MICHAEL BERRY
TRANSLATION RIGHTS ARRANGED BY JENNIFER LYONS LITERARY AGENCY
LLC AND SANDRA BRUNA AGENCIA LITERARIA, SL
ALL RIGHTS RESERVED

Todos os direitos reservados.
Nenhuma parte deste livro pode ser reproduzida sob quaisquer meios existentes sem autorização por escrito do editor.

Diretor editorial **PEDRO ALMEIDA**
Coordenação editorial **CARLA SACRATO**
Preparação **DANIEL RODRIGUES AURÉLIO**
Revisão **BÁRBARA PARENTE**
Capa e diagramação **OSMANE GARCIA FILHO**
Imagens de capa **ANTON BALAZH, CREATIVENEKO | SHUTTERSTOCK**

Dados Internacionais de Catalogação na Publicação (CIP)
Angélica Ilacqua CRB-8/7057

Fang, Fang
   Diários de Wuhan / Fang Fang ; tradução de Monique D'Orazio e Fábio Alberti. — São Paulo : Faro Editorial, 2020.
   272 p.

   Título original: Wuhan Diaries
   ISBN 978-65-86041-33-0

   1. COVID-19 (Doença) – Diários 2. Epidemias – Wuhan (China) – Diários 3. Quarentena I. Título II. D'Orazio, Monique III. Alberti, Fábio

20-2747   CDD 614.49

Índice para catálogo sistemático:
1. COVID-19 (Doença) - Diários

1ª edição brasileira: 2020
Direitos de edição em língua portuguesa, para o Brasil, adquiridos por **FARO EDITORIAL**

Avenida Andrômeda, 885 — Sala 310
Alphaville — Barueri — SP — Brasil
CEP: 06473-000
www.faroeditorial.com.br

FANG FANG

DIÁRIOS DE WUHAN

Relatos da cidade em quarentena, por quem esteve na linha de frente.

TRADUÇÃO
Monique D'Orazio e Fábio Alberti

A partir da tradução para o inglês de Michael Berry

SUMÁRIO

9   Introdução:
O vírus é o inimigo comum da humanidade

	DIÁRIOS DE WUHAN
21	JANEIRO
43	FEVEREIRO
145	MARÇO

253   Um lugar chamado Wuhan

259   Epílogo do tradutor

Este diário contém discussões sobre vários tratamentos para a COVID-19 que foram usados desde o início do surto em Wuhan. Não devem ser tomados como orientação médica. Para aconselhamento sobre o tratamento da COVID-19, consulte o seu médico.

INTRODUÇÃO

O vírus é o inimigo comum da humanidade

I

Quando fiz o *login* na minha conta do Sina Weibo pela primeira vez para escrever a postagem inicial do meu diário, certamente nunca imaginei que mais 59 postagens seguiriam a primeira; da mesma forma, jamais poderia imaginar que dezenas de milhões de leitores ficariam acordados até tarde todas as noites, apenas esperando para ler meu próximo texto. Muitas pessoas me disseram que só conseguiam finalmente dormir depois de lerem minha postagem do dia. Também nunca imaginei que essa coleção de postagens do diário seria compilada em forma de livro e publicada no exterior tão rapidamente.

Assim que completei meu texto final no diário, o governo coincidentemente anunciou que, em 8 de abril de 2020, a cidade de Wuhan seria reaberta.

Wuhan ficou sob *lockdown* por um total de 76 dias. O 8 de abril também foi a data em que sites nos Estados Unidos anunciaram informações de pré-venda para a edição em inglês de *Diários de Wuhan*.

A situação toda parecia ter saído de um sonho; era como se a mão de Deus estivesse silenciosamente organizando tudo nos bastidores.

II

No dia 20 de janeiro, quando o especialista chinês em doenças infecciosas dr. Zhong Nanshan revelou que o novo coronavírus estava sendo transmitido diretamente de pessoa a pessoa,* e após surgirem as notícias de que 14 médicos já haviam sido infectados, minha primeira reação foi de choque, mas depois se transformou em raiva. Essa nova informação estava completamente em desacordo com o que tínhamos visto e ouvido anteriormente. Fontes oficiais da mídia vinham nos dizendo constantemente que esse vírus "não é contagioso entre pessoas; é controlável e é possível prevenir". Enquanto isso, circulavam ainda mais rumores de que esse era, de fato, outro coronavírus de SARS [*Severe Acute Respiratory Syndrome*. Em português, Síndrome Respiratória Aguda Grave].

Depois que fiquei sabendo que o período aproximado de incubação desse vírus era de cerca de 14 dias, comecei a fazer calmamente uma lista das pessoas com quem tive contato nas duas semanas anteriores para ver se havia algum risco de eu poder estar infectada. Minha descoberta mais assustadora foi que, durante esse período, estive no hospital três vezes diferentes para visitar colegas doentes. Usei máscaras durante duas dessas visitas, mas, em uma vez, não usei. No dia 7 de janeiro, participei da festa de um amigo e depois saí para jantar com minha família. Em 16 de janeiro, um técnico veio ao meu apartamento para instalar um novo aquecedor. No dia 19, minha sobrinha veio de Singapura para uma visita em Wuhan, então meu irmão mais velho e sua esposa nos levaram para jantar, juntamente com meu segundo irmão e sua esposa. Foi bom que, a essa altura, já

---

* De acordo com o "Manual de princípios de epidemiologia para controle de enfermidades", elaborado pela Organização Pan-americana de Saúde em parceria com a representação brasileira da Organização Mundial de Saúde (OMS), a "**transmissão direta:** é a transferência direta do agente infeccioso por uma porta de entrada para que se possa efetuar a infecção. É **denominada também transmissão de pessoa a pessoa.** Isso pode acontecer através da dispersão de gotículas (gotas de flugge ou perdigotos) nas conjuntivas ou nas membranas mucosas do nariz ou da boca ao espirrar, tossir, cuspir, falar ou cantar, e pelo contato direto como tocar, beijar, ou ter relações sexuais. No caso das micoses sistemáticas, a transmissão ocorre por exposição direta de tecido suscetível a um agente que vive normalmente sob a forma saprófita no solo" (2010, p.35). (N.T.)

INTRODUÇÃO: O VÍRUS É O INIMIGO COMUM DA HUMANIDADE

houvesse todos aqueles rumores de SARS circulando, então eu me certifiquei de usar máscara facial toda vez que saía.

Dada a natureza de minha ocupação e como é minha agenda normal, é realmente fora do comum que eu tenha saído tantas vezes durante um período tão curto. Suponho que estivesse saindo mais porque esse era o momento logo anterior ao Ano-Novo Lunar,* quando as pessoas realizam muitas festas e reuniões comemorativas. Depois de juntar todas essas informações, foi realmente difícil dizer, em definitivo, se eu poderia ou não ter sido infectada durante esse período. A única coisa que eu poderia era fazer uma contagem regressiva para tentar descartar uma possível infecção, dia após dia, até passar esse período de duas semanas. No decorrer desse tempo, me senti bastante deprimida.

Minha filha voltou do Japão em 22 de janeiro, na noite anterior ao anúncio da quarentena. Fui buscá-la no aeroporto naquela noite, às 22h. Naquela época, quase não havia carros ou pedestres nas ruas. Quando cheguei ao aeroporto, quase todos que estavam do lado de fora esperando para serem pegos usavam máscara facial; havia uma sensação pesada no ar e todos pareciam extremamente estressados. Não havia sinais de burburinhos, conversas e risadas que normalmente ouvimos no aeroporto. Aqueles poucos dias foram quando o pânico e o medo estavam em seu auge em Wuhan. Pouco antes de sair, eu tinha deixado uma mensagem para uma amiga minha dizendo que havia lembrado de uma frase daquele antigo poema: "o vento assobia enquanto um calafrio cai sobre Yishui". Como seu voo estava atrasado, minha filha não saiu do terminal até depois das 23h.

Meu ex-marido havia jantado com ela na semana anterior. Então, apenas alguns dias antes de eu buscá-la, ele me ligou para dizer que havia algo de errado com seus pulmões. Minha guarda subiu imediatamente; se ele estava infectado com o novo coronavírus, havia uma possibilidade de minha filha também estar. Contei isso a ela e decidimos que o melhor era ela

---

* O Ano-Novo Lunar é a virada do ano em um calendário cujos meses são ciclos da Lua. O calendário tradicional chinês segue essa lógica, e o Ano-Novo Chinês é uma das festividades mais importantes no país. Em comparação ao nosso calendário, o gregoriano, o Ano-Novo Chinês cai em uma data diferente todos os anos. Em 2020, foi no dia 25 de janeiro. (N. T.)

DIÁRIOS DE WUHAN

ficar em quarentena em seu apartamento por pelo menos uma semana antes de sair. Isso significava que não passaríamos o Ano-Novo Lunar juntas. Eu lhe disse que levaria algumas coisas para ela comer (já que ela estivera de férias no exterior, não tinha mantimentos frescos em seu apartamento). Nós duas usávamos máscaras no carro e, embora ela geralmente esteja animada para me contar tudo sobre suas viagens, mal disse uma palavra sobre o Japão durante o trajeto. Ficamos em silêncio pelo caminho todo. A ansiedade e o estresse que permeavam a cidade inteira também estavam dentro do carro conosco.

Deixei minha filha na casa dela e depois tive que parar para abastecer o carro no caminho de volta ao meu apartamento. Não cheguei em casa antes da 1h da manhã. Assim que entrei, liguei o computador e vi imediatamente a notícia: a quarentena iminente entraria em vigor. Embora algumas pessoas tivessem sugerido fechar a cidade, lembro-me de pensar: "Como é que se fecha uma cidade tão grande quanto Wuhan?". Então, quando a ordem foi emitida, eu realmente não esperava. A ordem de quarentena também me fez perceber que essa doença infecciosa que estava se espalhando já deveria ter chegado a um ponto extremamente sério.

No dia seguinte, fui comprar máscaras e mantimentos. As ruas estavam muito silenciosas. Ver aquelas ruas desoladas e desertas como acho que nunca vi antes me deixou muito triste; meu coração parecia tão vazio quanto aquelas avenidas abandonadas. Esse era um sentimento que eu nunca havia experimentado na vida — a incerteza sobre o destino da minha cidade, a incerteza sobre se meus familiares e eu estávamos infectados e todas as incertezas sobre o futuro. Tudo isso me deixou com um estranho sentimento de confusão e ansiedade.

Saí novamente nos dois dias seguintes em busca de máscaras, mas as únicas pessoas que encontrei nas ruas vazias foram alguns varredores solitários. Como havia tão poucos pedestres do lado de fora, as ruas nem estavam muito sujas, mas eles continuavam varrendo freneticamente. Por alguma razão, essa cena me deu uma estranha sensação de consolo e realmente deixou meu coração mais tranquilo.

A caminho de casa, fiquei pensando que, se eu ouvira falar sobre esse vírus em 31 de dezembro de 2019, como foi que todos podiam ter tido uma atitude tão negligente pelos 20 dias que se seguiram? Já deveríamos ter

INTRODUÇÃO: O VÍRUS É O INIMIGO COMUM DA HUMANIDADE

aprendido nossa lição no surto de SARS em 2003.* Essa era uma pergunta que muitas pessoas também estavam se fazendo. *Por quê?*

Para ser franca, parte do motivo é que tínhamos sido muito descuidados, mas também há situações objetivas da vida que contribuíram para isso. Apesar disso, o mais importante foi termos depositado excessiva fé em nosso governo. Acreditávamos que não era possível os líderes governamentais da província de Hubei, no centro da China, adotarem uma atitude tão relaxada e irresponsável quando se tratava de um evento tão crítico e que colocava vidas em risco. Também acreditávamos que eles nunca se apegariam ao seu "politicamente correto" e às antigas formas de fazer as coisas diante de uma nova ameaça que poderia afetar a vida de milhões de pessoas. E nossa fé também era de que eles teriam mais bom senso e apresentariam melhores habilidades de tomada de decisão quando uma ameaça real estivesse em andamento. Foi devido a essa fé que até enviei uma mensagem para um dos meus grupos do WeChat dizendo: "O governo nunca ousaria tentar esconder algo tão grande". Porém, na realidade, ao vermos agora de que forma as coisas evoluíram, sabemos que uma parte da culpa por essa catástrofe está no erro humano.

Comportamentos habituais profundamente arraigados, como relatar as boas notícias e ocultar as más, impedir as pessoas de falarem a verdade, proibir o público de entender a verdadeira natureza dos eventos e expressar desdém pelas vidas individuais, levaram a represálias maciças contra nossa sociedade, males incalculáveis contra o nosso povo e até a terríveis retaliações contra esses mesmos oficiais (um grupo de altos oficiais de Hubei já foi demitido do cargo, enquanto outros que deveriam assumir responsabilidades adicionais ainda permanecem). Tudo isso, por sua vez, levou a cidade de Wuhan a ficar em quarentena por 76 dias, com reverberações que afetaram um número incontável de pessoas e lugares. É absolutamente essencial que continuemos a lutar até que as pessoas certas sejam responsabilizadas.

---

* O surto de SARS de 2002-2004, que afetou a China, e regiões asiáticas próximas, foi causado por um outro coronavírus (SARS-CoV ou SARS-CoV-1). Matou mais de 800 pessoas — taxa de letalidade estimada em 10% — e teve grande impacto socioeconômico na Ásia. (N. T.)

III

Começando em 20 de janeiro e pelos três dias subsequentes, Wuhan foi tomada por uma nuvem de medo e ansiedade. Nesse período nos aproximávamos rapidamente da ordem de quarentena. Fechar uma cidade inteira com uma população de milhões para impedir a propagação de uma epidemia foi uma ação historicamente sem precedentes. Foi também uma decisão muito difícil de tomar em tão curto prazo, pois certamente afetaria a vida de todos os cidadãos em Wuhan.

Apesar disso, para impedir a propagação do vírus, o governo da cidade de Wuhan endureceu e fez a difícil escolha que precisava ser feita. Essa também foi uma decisão única nos milhares de anos de história de Wuhan. Entretanto, olhando sob a perspectiva de como mudamos o curso da propagação do vírus, essa claramente foi a decisão correta, mesmo que chegasse com alguns dias de atraso.

Durante o período de cinco dias, desde os três dias que antecederam a entrada em vigor da quarentena até os dois dias após a imposição das restrições, a maioria das pessoas em Wuhan se viu em estado de pânico total. Aqueles foram cinco dias terríveis que pareceram durar uma eternidade; enquanto isso, o vírus estava se espalhando rapidamente por toda a cidade, e nem mesmo o governo parecia saber o que fazer.

Em 25 de janeiro, primeiro dia do Ano-Novo Lunar, as pessoas finalmente começaram a se acalmar um pouco. A mídia informou que os líderes de alto escalão da China estavam acompanhando de perto o surto em Wuhan e que a primeira equipe de médicos especialistas de Xangai havia chegado à cidade. Esses relatórios deram ao povo de Wuhan algum consolo e ajudaram a acalmar seu espírito. Isso porque todos sabem que, uma vez que algo na China é adotado em nível nacional, todos vão se prontificar e fazer o que precisa ser feito. A partir daquele dia, o povo desesperado e confuso de Wuhan poderia dissipar todos os seus medos. E foi nesse dia que comecei meu diário.

Mas foi também a época em que o verdadeiro sofrimento chegou aqui na cidade — o número de pessoas infectadas com o novo coronavírus explodiu durante o Ano-Novo Lunar. Como os hospitais locais não conseguiam lidar com a onda de novos pacientes, todo o sistema de saúde foi

INTRODUÇÃO: O VÍRUS É O INIMIGO COMUM DA HUMANIDADE

levado à beira do colapso. Em vez da alegria do Ano-Novo Chinês, o mundo congelou; inúmeras pessoas infectadas com o coronavírus acabaram percorrendo toda a cidade sob vento e chuva, procurando em vão por tratamento. Depois que a quarentena foi imposta, a circulação de todo o transporte público na cidade foi suspensa e, como a maioria dos residentes em Wuhan não possui automóveis próprios, tiveram que caminhar de um hospital para outro em busca de um lugar que pudesse admiti-los. É difícil descrever como deve ter sido difícil para esses pacientes pobres. Também foi nessa época que vídeos curtos de pacientes pedindo ajuda começaram a aparecer na internet; havia também vídeos de pessoas fazendo fila a noite toda fora de hospitais, na esperança de serem admitidos, e clipes de médicos à beira da exaustão. Todos nos sentimos completamente desamparados diante desses pacientes gritando, desesperados por ajuda. Para mim, esses também foram os dias mais difíceis de atravessar. Tudo o que eu podia fazer era escrever, e assim continuei escrevendo e escrevendo; tornou-se minha única forma de liberação psicológica.

Depois de passarmos pelo período mais difícil, várias autoridades de alto escalão em Hubei e Wuhan foram afastadas do cargo, 19 províncias de toda a China enviaram equipes de assistência médica para prestar ajuda a Hubei, e construímos uma série de hospitais temporários para lidar com o afluxo de pacientes. Depois de algumas semanas, os novos procedimentos de quarentena postos em prática tinham ajudado a mudar completamente a maré do estado trágico e caótico em que as coisas se encontravam. Todos os pacientes eram divididos em quatro grupos: pacientes com sintomas graves, pacientes testados positivo para o coronavírus, pacientes suspeitos de estarem infectados pelo coronavírus e aqueles que tiveram contato próximo com pacientes confirmados. Os que apresentavam sintomas graves eram internados nos principais hospitais designados para tratar pacientes com coronavírus; os pacientes confirmados com sintomas leves eram enviados aos hospitais temporários; todos os casos suspeitos eram isolados em quarentena em hotéis locais; e os que tinham tido contato próximo também eram colocados em quarentena em hotéis ou em outras instalações, como dormitórios escolares. Todos esses métodos foram implementados imediatamente, e rapidamente começaram a produzir resultados. Ao entrarem no sistema hospitalar, uma maioria significativa dos casos leves

DIÁRIOS DE WUHAN

conseguiu uma rápida recuperação. Dia após dia, testemunhamos em primeira mão a situação melhorando aqui em Wuhan. Você pode ver isso gradualmente acontecendo no meu diário.

Durante o estágio inicial da quarentena, o desafio de atender às necessidades diárias de nove milhões de pessoas foi enfrentado por grupos de bairro que se auto-organizaram e usaram serviços on-line para fazer compras em grupo, a fim de suprir as necessidades diárias. Mais tarde, o governo mobilizou todos os seus funcionários públicos para toda e qualquer comunidade a fim de ajudar a atender às necessidades dos moradores locais. Os nove milhões de residentes de Wuhan trabalharam juntos para cooperar com todos os pedidos do governo; sua abnegação e paciência ajudaram a garantir que Wuhan pudesse conter esse vírus; eles merecem todo o nosso reconhecimento pelo sacrifício coletivo. Passar 76 dias inteiros em quarentena não foi algo fácil para as pessoas. Mas a quantidade de energia que o governo posteriormente implementou na quarentena e em várias outras medidas foram, de fato, extremamente eficazes.

Quando cheguei à 60ª postagem no meu diário, a situação em Wuhan já havia mudado completamente. E então, em 8 de abril, no 76º dia de bloqueio, Wuhan reabriu oficialmente. Esse foi um dia inesquecível. No momento em que a ordem de quarentena foi levantada, mal havia um olho sem lágrimas em toda a cidade.

IV

O que eu nunca imaginei foi que, bem quando o surto de coronavírus em Wuhan estava começando a diminuir, o vírus começou a se espalhar por toda a Europa e pelos Estados Unidos. Essas minúsculas gotículas contendo vírus, invisíveis a olho nu, colocaram o mundo de joelhos. O mundo inteiro, tanto o Oriente quanto o Ocidente, foi torturado de maneiras horríveis por esse coronavírus.

Enquanto isso, políticos de ambos os lados apontaram o dedo um para o outro, sem nunca encarar o fato de que todos haviam cometido erros no caminho. A atitude negligente da China desde o início e a arrogância do Ocidente demonstrada em sua desconfiança na experiência da China no combate ao coronavírus contribuíram para que inúmeras vidas fossem perdidas, inúmeras famílias fossem destruídas e que toda a humanidade sofresse um duro golpe.

Um repórter ocidental me perguntou: "Que tipo de lição a China deve aprender com esse surto?". Minha resposta foi: "A disseminação do coronavírus não se limita à China; é algo que afeta a todos, em todo o mundo. O novo coronavírus não apenas ensinou uma lição à China, mas uma lição ao mundo inteiro; educou toda a humanidade. Essa lição é: a humanidade não pode seguir em frente perdida por sua própria arrogância. Não podemos mais pensar em nós mesmos como o centro do mundo, não podemos mais acreditar que somos invencíveis e não podemos mais subestimar o poder destrutivo até das menores coisas, como um vírus".

O vírus é o inimigo comum da humanidade; essa é uma lição para todos. A única maneira de vencermos esse vírus e nos libertarmos de suas garras é todos os indivíduos trabalharem juntos.

V

Gostaria de agradecer especialmente aos meus quatro amigos médicos; ao longo do meu diário, eles forneceram informações e conhecimentos médicos sobre o coronavírus.

Agradeço aos meus três irmãos por sua assistência e amor, juntamente com toda a minha família, por sempre me darem todo o seu apoio. Quando as pessoas começaram a me atacar na internet, um dos meus primos disse: "Não se preocupe, sua família sempre lhe dará suporte". Outro dos meus primos ficava constantemente me enviando informações. O apoio da minha família aqueceu meu coração ao longo desta jornada.

Agradeço também à minha antiga faculdade e colegas de ensino médio, que também deram muito apoio para me ajudar a seguir em frente durante todo esse processo. Eles me enviaram todo tipo de informação sobre o que estava acontecendo em nossa sociedade, e nos momentos em que eu fraquejei, foram eles que me motivaram a continuar. E depois há também meus colegas e vizinhos. Agradeço a todos por terem ajudado em todas as questões da minha vida cotidiana durante a redação deste diário.

Finalmente, gostaria de agradecer ao meu tradutor para a língua inglesa, Michael Berry. Se não fosse por sua sugestão, eu nunca teria pensado em tentar publicar este livro no exterior; e certamente ele nunca teria sido divulgado a uma velocidade tão rápida.

Este é um livro dedicado ao povo de Wuhan. Também é um livro para as pessoas que vieram em socorro de Wuhan durante a hora mais sombria da minha cidade. Toda a minha renda com este livro será destinada para ajudar as pessoas que colocam suas vidas em risco por esta cidade.

FANG FANG
13 de abril de 2020

DIÁRIOS DE WUHAN

JANEIRO

25 DE JANEIRO DE 2020

Às vezes, a tecnologia pode ser tão perversa quanto um vírus contagioso.

Não sei se conseguirei enviar alguma coisa pela minha conta do Weibo.* Não faz muito tempo, ela foi encerrada depois que critiquei um grupo de jovens nacionalistas que estavam assediando pessoas nas ruas com linguagem obscena. (Continuo sustentando a mesma opinião: não há nada de errado em ser patriota, mas não deve ser uma desculpa para agir como um *hooligan* — tudo se resume à civilidade básica!) Tentei reclamar com a Sina, a empresa que administra esta rede social, mas ainda não há maneira alguma de entrar em contato. Depois disso, fiquei tão decepcionada com a Sina que decidi desistir completamente de usar o Weibo.

No entanto, naquela época, eu nunca tinha imaginado que algo tão sério aconteceria em Wuhan: um evento que levou a cidade a se tornar o ponto focal de toda a nação. Wuhan acabaria sendo bloqueada, seu povo se tornaria vítima de preconceitos, e eu me veria em quarentena aqui. Hoje, o governo emitiu outra ordem: a partir da meia-noite, todos os veículos motorizados estão proibidos de operar no distrito central de Wuhan. É precisamente onde moro. Muitas pessoas me enviaram mensagens perguntando como estou, enviando sua solidariedade e demonstrando preocupação. Para nós em quarentena aqui, essas mensagens comoventes significam

---

* Sina Weibo é uma das redes sociais mais populares da China. Um híbrido entre Facebook e Twitter, o Weibo foi fundado em 2009 e atualmente possui mais de 445 milhões de usuários ativos.

muito. Acabei de receber outra de Cheng Yongxin, editor da revista literária *Harvest*, sugerindo que eu comece a escrever uma série que poderíamos chamar de "Diários de Wuhan" ou "Notas de uma cidade em quarentena". Meu primeiro instinto é pensar que, se minha conta do Weibo ainda estiver ativa, talvez eu realmente *devesse* começar a escrever sobre o que está acontecendo. Seria uma maneira de as pessoas entenderem o que realmente está acontecendo aqui em Wuhan.

Mas não tenho certeza nem se será possível postar este texto. Se algum dos meus amigos conseguir acessá-lo on-line, deixe um comentário para eu saber que deu certo. O Weibo tem um recurso especial que faz o usuário acreditar que sua postagem foi enviada com sucesso, quando, na verdade, permanece invisível para outros usuários. Depois que aprendi sobre esse truque de programação, percebi que a tecnologia às vezes pode ser tão perversa quanto um vírus contagioso.

Vamos ver se esta postagem vai subir na plataforma.

26 DE JANEIRO DE 2020

O que você vê dos funcionários do governo em Hubei é o que pode esperar da maioria deles por toda a China.

Obrigada a todos por sua atenção e apoio. O povo de Wuhan ainda está em uma fase crítica desse surto, embora muitas pessoas já tenham saído daquele estado inicial de medo, desamparo e ansiedade. Podemos estar muito mais tranquilos e em paz do que há alguns dias, mas ainda precisamos do conforto e do incentivo de todos. Já há algum tempo, todos em Wuhan pareciam mergulhados em um estado de paralisia, assustados e sem saber o que fazer; mas, pelo menos hoje, parece que as pessoas estão começando a romper essa situação.

Inicialmente, eu queria percorrer o ciclo de emoções que atravessei desde 31 de dezembro, variando de um estado de alerta elevado até o estado

JANEIRO

psicológico mais relaxado em que estou agora, mas, assim que comecei a escrever, percebi que seria muito longo. Então, em vez disso, vou me concentrar no que estou passando emocionalmente agora, com base no que está acontecendo, e depois gradualmente chegarei a esse "Diário de Wuhan".

Ontem foi o segundo dia do Ano-Novo Lunar e ainda está frio, ventando e chovendo lá fora. Há boas e más notícias. A boa é que o Estado está dando cada vez mais apoio ao esforço de combater esse vírus; há mais pessoal médico correndo para Wuhan para se unir aos esforços daqui etc., etc. Tudo isso dá ao povo um pouco de tranquilidade. Mas tenho certeza de que todos vocês já sabem disso.

Quanto a mim, uma boa notícia é que, até agora, nenhum dos meus parentes foi infectado. Meu segundo irmão mora muito perto do epicentro do surto — seu apartamento fica ao lado do Mercado de Frutos do Mar de Huanan e do Hospital Central de Wuhan. Meu irmão não está com a melhor saúde; mesmo antes do surto, ele costumava entrar e sair do hospital, por isso sou muito grata por ele e minha cunhada estarem bem. Meu irmão já preparou comida saudável e legumes suficientes para durar uma semana e não planeja sair do apartamento. Meu outro irmão e sua família, além de mim e minha filha, moramos do outro lado do rio, em Wuchang. Por aqui, o risco parece um pouco menor, e todos estamos bem. Embora estejamos presos em casa o dia todo, não nos sentimos particularmente entediados. Acho que somos todos caseiros! Os únicos em nossa família que parecem um pouco preocupados são minha sobrinha e seu filho, que vieram de fora para visitar meu irmão. Originalmente, pretendiam deixar Wuhan no trem de alta velocidade no dia 23, para se encontrar com o resto de sua família em Guangzhou. Mas, no dia em que deveriam partir, a cidade foi bloqueada e eles não conseguiram sair. Não está claro quanto tempo essa quarentena vai durar. No momento, ainda estamos no meio das festas do Ano-Novo Chinês, mas pode ficar complicado quando as coisas começarem a afetar o trabalho e a escola. Como minha sobrinha e seu filho têm passaportes de Singapura, ontem receberam um aviso de que o governo singapurense estava providenciando um voo para levá-los de volta. Quando retornarem, eles precisarão ficar em quarentena por 14 dias. O fato de estarem implementando uma quarentena lá é um bom sinal e permite que todos respiremos com um pouco mais de tranquilidade. Também recebi boas notícias sobre meu ex-marido; ele havia

DIÁRIOS DE WUHAN

sido hospitalizado em Xangai e feito uma radiografia de tórax que mostrava algumas manchas nos pulmões, mas ontem descartaram algo sério e parece que nada mais é do que um resfriado comum, não o novo coronavírus, e ele receberá alta do hospital hoje. Isso também significa que nossa filha, com quem ele acabara de sair para jantar, não precisa mais ser segregada estritamente em seu próprio quarto. Realmente espero que o dia de amanhã traga mais boas notícias como essa!

Apesar disso, as más notícias continuam. Ontem, minha filha me disse que o pai de uma de suas amigas aparentemente contraiu o vírus (ele também sofria de câncer de fígado); ele foi levado ao hospital, mas não havia ninguém disponível para tratá-lo e ele morreu três horas depois. Deve ter acontecido nos últimos dois dias, e a amiga da minha filha ainda estava muito emocionada quando falou ao telefone. Ontem à noite, minha colega Xiao Li ligou para me dizer que duas pessoas do complexo habitacional da Federação de Literatura e Artes da Província, onde eu moro, foram infectadas. São da mesma família e estão na faixa dos trinta e poucos anos. Xiao Li me disse para tomar cuidado. O apartamento do casal infectado fica provavelmente a apenas 300 metros de onde moro. No entanto, meu prédio dá acesso ao apartamento deles por uma entrada e um pátio separados, então não estou muito preocupada. Apesar disso, tenho certeza de que outros vizinhos estão ficando um pouco nervosos. Hoje, minha colega ligou novamente e me disse que os dois apresentam quadros leves; portanto, vão ficar de quarentena e se tratar em casa. Em geral, os jovens têm organismos mais fortes e tendem a sofrer apenas de infecções leves. Rezo pela rápida recuperação do casal.

A coletiva de imprensa de ontem em Hubei sobre o coronavírus se tornou um *trending topic* na internet. Muita gente fez duras críticas àqueles funcionários. Os três representantes do governo pareciam totalmente exaustos e deprimidos e não paravam de cometer erros durante suas apresentações; mas isso só mostra como as coisas estão caóticas para eles. Na verdade, eu meio que me sinto mal por eles. Tenho certeza de que têm familiares aqui em Wuhan, e quando tentaram assumir a culpa sobre o que estava acontecendo, eu realmente senti que estavam falando de coração.

Mas como as coisas chegaram a esse ponto? Olhando para trás e analisando, tudo fica bem claro: durante o estágio inicial do surto, as autoridades de Wuhan não levaram o vírus a sério. Antes e depois da quarentena entrar em vigor, esses funcionários não conseguiram lidar com o que estava acontecendo, o que provocou uma grande onda de medo na população e realmente fez mal a muitas pessoas aqui em Wuhan. Todos esses são aspectos da situação que pretendo explorar em detalhes nas postagens. Mas agora, o que quero dizer é que o que vimos dos funcionários do governo em Hubei é, na verdade, o que podemos esperar deles por toda a China: estão todos basicamente no mesmo nível. Não é que sejam piores do que outras autoridades chinesas; eles simplesmente receberam uma situação pior para resolver. Os funcionários públicos do governo chinês sempre deixaram as diretrizes escritas orientarem seu trabalho; portanto, quando você tira o roteiro, eles ficam sem saber como pilotar o barco. Se esse surto tivesse acontecido em outra província chinesa, tenho certeza de que o desempenho dessas autoridades não seria muito diferente. Pular o processo natural de competição leva o mundo do funcionalismo ao desastre; conversas vazias sobre correção política sem a busca da verdade dos fatos também leva ao desastre; proibir as pessoas e a mídia de falarem a verdade leva ao desastre; e agora estamos provando os frutos desses desastres, um por um. Wuhan está sempre tentando ser a primeira em tudo, mas agora é a primeira da fila a provar esse sofrimento.

(Esta foi uma postagem para compensar, escrita em 27 de janeiro de 2020.)

27 DE JANEIRO DE 2020

Não temos máscaras suficientes.

Gostaria de expressar novamente meus agradecimentos a todos que estão prestando atenção e apoio ao que está acontecendo em Wuhan, e também aos moradores da cidade.

Por enquanto, a maioria das pessoas não está muito preocupada com os grandes problemas, mas de que adiantaria? A maioria não infectada está tentando permanecer otimista.

DIÁRIOS DE WUHAN

Uma preocupação maior para os cidadãos agora é a falta de máscaras faciais. Vi hoje uma reportagem em vídeo pela internet sobre um homem em Xangai que foi à farmácia comprar uma máscara, e descobriu que o preço estava inflacionado para 30 yuans* cada. Esse cara ficou tão furioso com o aumento que perdeu a paciência e começou a gritar com os funcionários, gravando tudo com o celular. No final das contas, ele ainda comprou algumas, mas insistiu que a farmácia lhe desse um recibo para que ele pudesse provar como estavam cobrando preços abusivos dos clientes. Eu nunca teria pensado em fazer isso. Realmente admiro sua coragem.

Essas máscaras descartáveis são um grande desperdício e as pessoas as jogam fora muito rapidamente. Segundo os médicos, apenas as máscaras N95 são eficazes, mas é impossível consegui-las. As que estavam à venda pela internet esgotaram. Um dos meus irmãos teve melhor sorte; vizinhos deram 10 máscaras N95 à sua família. Mas meu irmão mais velho não teve a mesma sorte — eles só conseguiram algumas máscaras descartáveis que minha sobrinha lhes trouxe. Mas o que mais se pode fazer quando os suprimentos são limitados? A única opção é lavá-las e desinfetá-las com ferro quente antes de reutilizá-las. Na verdade, é um pouco patético. (A propósito, minha sobrinha queria que eu anunciasse no Weibo que ela ainda não recebeu nenhuma confirmação sobre quando os cidadãos de Singapura serão evacuados de Wuhan.)

Estou levando a situação da mesma forma como antes. Eu visitaria um paciente no hospital em 18 de janeiro, mas só poderia ir se usasse máscara. Eu não tinha. Então lembrei que meu antigo colega de classe Xu Min me deu uma máscara N95 quando visitei Chengdu, em meados de dezembro, para me proteger da poluição do ar daquela cidade. O ar em Wuhan provavelmente não é muito melhor do que em Chengdu, e eu já me acostumei a respirar ar ruim, então nunca usei aquela máscara. Graças a ele, encontrei uma saída. Usei essa máscara no hospital, no aeroporto e até quando saí para comprar máscaras! Usei a mesma máscara por dias a fio, já que não tinha escolha.

---

* Refere-se às vezes ao yuan como RMB, abreviação de renminbi, ou Yuan Chinês Renminbi (CNY). Durante o período em que Fang Fang manteve seu diário, de 25 de janeiro a 24 de março de 2020, a taxa de câmbio aproximada era de 1 real = 1,60 yuan.

Moro sozinha com um cachorro de 16 anos. Na tarde do dia 22 descobri, de repente, que estava sem comida para ele. Liguei rapidamente para fazer um pedido no pet shop, e achei que, quando fosse buscar, também poderia comprar algumas máscaras extras. Fui à farmácia local na rua Dongting e eles tinham máscaras N95 em estoque, mas as estavam vendendo por 35 yuans cada (5 yuans a mais do que naquela loja em Xangai!). Uma caixa de 25 máscaras estava sendo vendida por 875 yuans. Perguntei-lhes como poderiam ter um coração tão frio a ponto de explorar seus clientes durante um período como aquele. O lojista explicou que seus fornecedores aumentaram os preços, então eles também não tiveram escolha. Mas como as máscaras são uma necessidade, eu estava preparada para ceder e comprar apenas algumas, mesmo a esse preço inflacionado. Eu ia comprar quatro quando descobri que todas as unidades vinham em uma caixa grande sem embalagem individual; quando vi a vendedora pegando-as com as próprias mãos, decidi que era melhor não comprá-las, afinal. É melhor não usar máscara nenhuma do que usar uma que tenha sido manuseada de forma não higiênica.

Na véspera do Ano-Novo Lunar, saí novamente para tentar comprar máscaras, mas todas as farmácias estavam fechadas. Os únicos estabelecimentos ainda abertos eram um punhado de lojinhas familiares. Encontrei algumas máscaras N95 à venda em uma loja; eram máscaras cinza da marca Yimeng Mountain, embaladas individualmente, por 10 yuans cada. Comprei quatro. Só então pude finalmente dar um pequeno suspiro de alívio. Como soube que meu irmão mais velho não tinha máscaras para a família dele, também decidi guardar duas para ele. Ia levá-las no dia seguinte, mas depois ele me ligou e disse para não correr o risco de sair. Ainda bem que todos somos obrigados a ficar em casa, por isso realmente não há necessidade premente de tantas máscaras.

Agora todo mundo só fala da falta de máscaras como a questão mais urgente. Afinal, todos ainda precisamos sair de vez em quando para comprar comida e suprimentos. Um colega meu pediu a um amigo que lhe enviasse máscaras, mas o pacote nunca chegou. Outros não têm escolha a não ser comprar de fabricantes duvidosos. Na internet, também estão falando sobre pessoas que vendem máscaras usadas "reformadas", mas ninguém tem coragem de usar dessas. A maioria das pessoas que conheço tem uma última máscara ou duas, então continuamos nos encorajando a usá-las com moderação. Uma piada que vi on-line estava certa: as máscaras substituíram a carne de porco como a mercadoria mais preciosa do Ano-Novo Chinês!

Tenho certeza de que além de meu irmão, meu colega e eu, deve haver muitas pessoas aqui em Wuhan sem nenhuma máscara, mas estou confiante de que não há uma verdadeira escassez de suprimentos; é mais um problema de logística. No momento, espero que essas empresas de entrega expressa possam retomar o trabalho em breve e acelerar a entrega de suprimentos em Wuhan; precisamos de ajuda para superar esses tempos difíceis.

28 DE JANEIRO DE 2020

O vírus não discrimina entre pessoas comuns e líderes de alto escalão.

Finalmente parou de chover, e o tempo está melhorando desde ontem. O sol até mesmo saiu por um tempo hoje. O céu está limpo, o que geralmente melhora nosso humor, mas depois de ficarem presas em casa por tanto tempo, as pessoas ficam ainda mais frustradas. Já se passaram quase seis dias desde que o bloqueio entrou em vigor. Ao longo dos últimos cinco dias, as pessoas tiveram muito mais oportunidades para ter conversas verdadeiras entre si, mas provavelmente também tiveram oportunidades para discutir. A maioria das famílias nunca passou tanto tempo agrupada como agora, especialmente aquelas que moram em apartamentos minúsculos. A maioria dos adultos consegue suportar ser forçada a ficar dentro de casa por tanto tempo, mas crianças pequenas estão subindo pelas paredes. Não sei se existem psicólogos por aí com conselhos especiais sobre como consolar o povo de Wuhan, mas, aconteça o que acontecer, precisamos nos manter e passar por esses 14 dias de isolamento. Continuam nos dizendo que o surto deve atingir o nível máximo nos próximos dois dias. Ouvi um médico insistindo repetidamente que as pessoas não saiam de casa se tiverem o que comer. Então está bem. Suponho que seja melhor seguir as ordens do médico.

Hoje há novamente uma mistura de boas e más notícias. Ontem, meu antigo colega de escola, Xia Chunping, agora editor-chefe adjunto da China News Agency, fez uma entrevista comigo no WeChat, e hoje ele veio com um fotógrafo tirar algumas fotos para a matéria. A grande surpresa foi que ele me trouxe 20 máscaras N95! Foi como receber um saco de carvão em um dia frio de inverno; fiquei em êxtase. Quando estávamos em frente à entrada principal do prédio da Federação de Literatura e Artes, conversando, encontramos o Velho Geng, outro ex-colega de classe, que estava voltando de uma visita à loja para comprar arroz. O Velho Geng morava no mesmo prédio com pátio interno que eu em Wuhan. Este ano, nós dois estamos presos no mesmo barco: trancados aqui nesses apartamentos em estilo dormitório em meio à quarentena. O Velho Geng me disse que as duas pessoas infectadas do prédio 8 haviam sido internadas. Tenho certeza de que o casal estará em melhor condição se tratando no hospital do que ficando em isolamento domiciliar. Mas continuo rezando por sua rápida recuperação.

Assim que cheguei em casa, meu velho amigo e editor Xiao Yuan apareceu. Ele leu minha postagem sobre a escassez de máscaras e entregou três pacotes na minha porta! Fiquei muito emocionada. É bom poder contar com velhos amigos. De repente, me vi com uma superabundância de máscaras. Fiz questão de dividi-las com uma colega que ontem estava reclamando da escassez. Agora ela veio buscá-las e trouxe alguns legumes frescos para mim. Realmente parece que somos uma pequena comunidade trabalhando em conjunto para superar esses momentos difíceis. Minha colega abriga três gerações sob o mesmo teto: cuida de sogros doentes e de crianças pequenas. Porque ela tem tantas pessoas para alimentar, precisa sair todos os dias para comprar legumes. E, acima de tudo, ainda tem que lidar com o trabalho. Quando você tem pessoas trabalhadoras como ela em Wuhan, tenho certeza de que podemos superar tudo o que a vida joga em nosso caminho.

Mas é claro que as más notícias estão circulando por toda parte. Alguns dias atrás, quando vi pela primeira vez as notícias de um banquete público de 40 mil pessoas em Baibuting, enviei imediatamente uma mensagem para meu grupo de amigos, criticando-o. Fui bastante dura com

DIÁRIOS DE WUHAN

minhas palavras e até disse que sediar uma reunião comunitária em larga escala como essa durante esse período "deveria ser efetivamente considerado uma forma de ação criminal". Foi o que eu disse no dia 20, mas nunca imaginei que no dia 21 o governo provincial iria em frente e sediaria um enorme concerto de música e dança. Para onde foi o bom senso das pessoas? Até o vírus deve estar pensando: *Uau, vocês realmente me subestimaram!* Não quero falar muito mais sobre esse problema. As más notícias de hoje vêm de um lugar diferente de Baibuting, que agora tem vários casos confirmados do novo coronavírus. Embora eu ainda não tenha confirmado essas informações que recebi da minha fonte, não parece absurdo pensar que ao juntar 40 mil indivíduos em um espaço fechado, as pessoas *não* seriam infectadas? Alguns especialistas apontaram que a taxa de mortalidade desse novo tipo de vírus não é muito alta. Todos querem acreditar, inclusive eu. No entanto, algumas das outras notícias são bastante alarmantes. Para os funcionários que participaram de todas as reuniões do governo entre os dias 10 e 20: tomem cuidado, porque o vírus não discrimina entre pessoas comuns e líderes de alto escalão.

Enquanto escrevo, gostaria de falar um pouco sobre o boné do prefeito Zhou Xianwang, que tem sido alvo de críticas na internet nos últimos dias.* Em épocas comuns, eu também poderia ter dado uma boa risada dessa gafe, mas agora o prefeito Zhou está correndo por toda a cidade, tentando liderar um exército de funcionários municipais de Wuhan na luta contra esse surto; dá para ver a exaustão e a ansiedade escritas em todo o seu rosto. Suspeito de que ele possa ter percebido o que provavelmente acontecerá com ele assim que isso se acalmar. Em tempos como esse, as pessoas geralmente enfrentam uma mistura de culpa, mal-estar e uma sensação de que deveriam ter feito mais, mesmo que agora já seja tarde — tenho certeza de que o prefeito Zhou está passando por todos esses sentimentos complexos. Mas ele ainda é, afinal, o homem que administra nosso governo municipal; ele

---

* O primeiro-ministro chinês Li Keqiang visitou Wuhan em 27 de janeiro de 2020, para inspecionar a situação *in loco*. Durante sua visita, o prefeito de Wuhan, Zhou Xianwang, rapidamente removeu o boné e o entregou discretamente a um de seus assistentes, momentos antes de o primeiro-ministro falar em público. Vídeos do que foi descrito como o "a performance do desaparecimento do chapéu" do prefeito Zhou se tornaram virais na internet chinesa.

JANEIRO

precisa se recompor e se concentrar nas tarefas prementes que teremos de enfrentar. As pessoas geralmente têm uma impressão muito boa do prefeito Zhou e o consideram um homem disciplinado e pragmático, mas ele provavelmente nunca enfrentou nada nessa escala em toda a sua vida. Talvez devêssemos olhar para esse "incidente do boné" de uma perspectiva mais compreensiva e simples: talvez ele quisesse usar um boné, porque estava muito frio lá fora, mas quando viu que o primeiro-ministro não estava usando chapéu, ele tenha ficado nervoso. Afinal, ele é mais novo que o primeiro-ministro Li Keqiang e talvez pensasse que se usasse chapéu, mas o primeiro-ministro não, poderiam interpretar como falta de educação. Não poderíamos simplesmente olhar por essa perspectiva?

Enfim, isso é tudo por hoje.

29 DE JANEIRO DE 2020

Cuidar de si mesmo é uma maneira de contribuir para o esforço geral.

Decidi deixar tudo de lado e dormi até o meio-dia de hoje. (Na verdade, não é muito incomum, mas geralmente eu só tenho de culpar a mim mesma por ser tão preguiçosa. Hoje em dia, por outro lado, quando todos em Wuhan estão "dormindo a manhã toda, dormindo a tarde toda"* desse jeito, é difícil não simplesmente largar de mão!)

---

* Referência a uma canção cômica sobre o coronavírus que viralizou na internet chinesa durante o surto inicial. A letra completa dizia: "Nos dias ensolarados em que aramos os campos / É difícil ter uma boa noite de descanso! / Dormimos a manhã toda / Dormimos a tarde toda / Dormimos hoje, dormimos amanhã / e o dia depois de amanhã também / Dormimos pelo nosso país e pela nossa família / prosseguindo com a causa, por mais difícil que seja / Prefiro ficar sentado em casa e ganhar peso do que ir a qualquer lugar lá fora / Ganhar alguns quilos é um luxo, sair leva ao desastre / Peço que siga as regras e se cuide / Ficar na cama todos os dias é nosso orgulho e ajuda a nação a economizar em máscaras".

DIÁRIOS DE WUHAN

Eu ainda estava deitada na cama, mexendo no celular, quando vi uma mensagem de uma amiga médica: "Cuide-se e, não importa o que aconteça, não saia! Não saia! Não saia!". Fiquei um pouco nervosa, pois ela foi enfática. Deve significar que o surto está chegando ao pico. Liguei às pressas para minha filha, que estava prestes a sair para comprar comida pronta, e disse para ela não ir de jeito nenhum, mesmo que só tivesse arroz puro em casa. No primeiro dia do Ano-Novo Lunar, quando fiquei sabendo que o distrito central seria fechado ao tráfego, imediatamente fui até lá e fiz compras suficientes para minha filha passar pelo menos dez dias. Acho que ela teve preguiça de cozinhar, mas se tem uma coisa que minha filha tem é medo de morrer! No segundo em que ouviu o que eu tinha a dizer, ela concordou em ficar em casa. Ela me ligou um pouco mais tarde para perguntar como cozinhar repolho (acredita que ela realmente colocou uma cabeça de repolho no freezer?). Acho que ela nunca preparou uma refeição adequada no apartamento dela. Geralmente, ela dá um jeito de jantar na casa de alguém ou compra comida para viagem. Mas acho que forçar minha filha a finalmente aprender a cozinhar não deve ser considerado o lado bom dessa situação. Em comparação a ela, tenho tido mais facilidades. Uma das minhas vizinhas me trouxe pãezinhos quentes e fumegantes.

O sol está glorioso hoje. O clima mais confortável durante o inverno de Wuhan é quando o sol brilha assim, tão suave e quente. Se não fosse o coronavírus, tenho certeza de que as ruas ao redor do meu apartamento estariam congestionadas neste momento. Isso ocorre porque o Jardim do Lago Oriental, um dos destinos favoritos dos moradores de Wuhan, fica pertinho. Mas hoje a área ao redor do lago está completamente deserta. Há dois dias, Velho Dao, meu ex-colega de classe, foi lá fazer corrida e disse que era a única pessoa presente. Acho que o Jardim do Lago Oriental deve ser o lugar mais seguro de Wuhan atualmente.

A maioria de nós aqui de quarentena em casa está tranquila — desde que não tenhamos ninguém doente na família. Essas famílias estão passando por momentos difíceis, pois atualmente é extremamente difícil conseguir um leito em qualquer hospital. Muitos estão sofrendo. A construção do Hospital de Huoshenshan* está seguindo em alta velocidade, mas, como diz o velho ditado, água distante não pode apagar um incêndio próximo. Os pacientes que não têm para onde ir, e suas famílias, são as maiores vítimas dessa tragédia. Muitos meios de comunicação têm relatado essas histórias. Jornalistas freelancers têm sido ainda mais ativos na cobertura desse tema, documentando discretamente o que vem acontecendo desde o início. Hoje li sobre uma família de classe média em que a mãe morreu vítima do coronavírus no primeiro dia do Ano-Novo Lunar. O pai e o irmão mais velho também estavam infectados. A notícia me abalou. E como será a vida de todas as pessoas de baixa renda? Alguns dias atrás, vi alguns vídeos de médicos e pacientes exaustos tendo um colapso, e posso dizer que acho que nunca vi esse tipo de tristeza impotente em toda a minha vida. O professor Liu Chuan'e, da Universidade de Hubei, disse que sente vontade de chorar todos os dias. Todos nós não sentimos? Tenho dito aos meus amigos que o que estamos vendo hoje me permite enxergar claramente a verdadeira gravidade dessa calamidade humana. Realmente sinto que não há como perdoar aqueles trabalhadores irresponsáveis; todos deveriam pagar um preço por sua incompetência. Mas, por enquanto, tudo o que nos resta é concentrar todos os nossos esforços nessa luta para passarmos por esses momentos difíceis.

Vou contar um pouco sobre o que está acontecendo comigo. Além de meu estado mental estar muito diferente do normal, minha vida cotidiana não anda muito diferente de antes. Nos anos anteriores, passei o Ano-Novo Lunar basicamente da mesma maneira. A única diferença é que normalmente visito meu tio-avô Yang Shuzi e passo o almoço de Ano-Novo com ele. Este ano, porém, o almoço foi cancelado. Meu tio-avô está ficando idoso e não está muito bem de saúde, então precisamos preservá-lo do

---

* O Hospital de Huoshenshan, literalmente "Hospital da Montanha do Deus do Fogo", é um hospital emergencial construído em Wuhan entre 23 de janeiro e 2 de fevereiro de 2020. A rápida construção foi realizada para acomodar os casos do novo coronavírus em Wuhan, que estavam em rápido crescimento. A construção foi transmitida ao vivo em todo o país e serviu como símbolo da resposta agressiva da China para combater o surto de coronavírus. O hospital é administrado pelo Exército de Libertação Popular e conta com 1.400 profissionais de saúde do Exército. Foi inspirado no Hospital de Xiaotangshan, construído em Pequim para lidar com o surto de SARS, em 2003.

contato com o vírus. Então, no fim, fiquei em casa. Na verdade, tenho uma bronquite aguda que geralmente ataca no inverno, bem nessa época; por isso, tenho feito um esforço constante de não me expor para não ficar doente. Tive um pouco de dor de cabeça há alguns dias, e uma leve tosse ontem, mas hoje já estou bem melhor.

Além de uma infusão que uma especialista em medicina tradicional chinesa me receitou para o inverno, acrescentei no meu dia a dia, desde que o surto de coronavírus começou a ficar sério, um suplemento de vitamina C matinal, uma bebida de vitamina C gasosa e alguns copos de água morna. À noite, ao tomar banho, deixo minhas costas submersas na banheira em água bem quente. Também já ingeri um pacote inteiro de comprimidos para gripe. Parece que todas essas táticas estão funcionando. Estou bem por enquanto. Cuidar de si mesmo é uma maneira de contribuir para o esforço geral.

Aliás, há dois dias, uma das minhas postagens no Weibo foi removida. Na verdade, ela durou mais tempo na internet do que pensei originalmente que duraria. Também não esperava que fosse ser compartilhada por tantas pessoas. Eu me acostumei a escrever nesta pequena janela de 140 caracteres que a plataforma do Weibo oferece, então, minhas postagens tendem a ser bem informais, sem muita edição prévia, o que muitas vezes me rende erros de gramática e ortografia (o que é embaraçoso, considerando que sou formada pelo Departamento de Chinês da Universidade de Wuhan!). Espero que os leitores me desculpem pelo descuido.

Eu não tinha absolutamente nenhuma intenção de criticar alguém durante esse surto. (Não existe um ditado chinês antigo que diz que "é melhor esperar até a primavera para acertar suas contas"?) Afinal, agora, nosso principal adversário é o próprio vírus. Eu me dedico a ficar lado a lado com o governo e com todo o povo de Wuhan, totalmente comprometida em combater esse surto juntos. Também estou 100% comprometida em atender a todos e quaisquer pedidos feitos a mim pelo governo. No entanto, ao escrever sobre isso, também sinto que refletir é necessário. E assim, eu reflito.

30 DE JANEIRO DE 2020

Não há como se esquivarem da responsabilidade nesse assunto.

O céu está limpo e parece um daqueles dias perfeitos de inverno. Esse é o tipo de clima que realmente permite que você aprecie a estação, mas o vírus destruiu isso tudo completamente. Pode ser o dia mais lindo em mil anos, mas não há ninguém ao ar livre para admirá-lo.

A crueldade dessa realidade continua se mostrando diante dos meus olhos. Depois que me levantei, vi uma notícia sobre um camponês viajando no meio da noite e que foi proibido de ir ao seu destino. As pessoas construíram um muro de terra para bloquear a estrada e, por mais que ele pedisse, os que guardavam a estrada não o deixaram passar. Aonde mais aquele camponês poderia ir no meio de uma noite fria de inverno? Foi realmente difícil de olhar. Os regulamentos adotados para impedir a propagação da doença são muito bons, mas não se pode aplicá-los com mão de ferro e ignorar os princípios básicos do que é humano. Por que todos esses diferentes funcionários públicos são capazes de pegar um documento oficial e transformá-lo em algo tão dogmático e inflexível? Por que alguém não pode simplesmente colocar uma máscara e levar aquele pobre homem para um local vazio onde ele poderia passar uma noite em isolamento? Vi também o relato de uma criança com necessidades especiais cujo pai recebeu ordens de ficar em isolamento; a criança foi forçada a viver sozinha por cinco dias e acabou morrendo de fome. Esse surto expôs muitas coisas diferentes: expôs o nível rudimentar de tantas autoridades chinesas e expôs as doenças que correm desenfreadas através do próprio tecido de nossa sociedade. Essas doenças são muito mais perversas e tenazes do que o novo coronavírus. Além de não haver cura à vista, pois para essas não há médicos. Só de pensar, isso me deixa numa tristeza indescritível.

Recebi muitas mensagens de pessoas que viram minha entrevista para a China News Agency e gostaram muito do que eu disse. Obviamente, grande parte do conteúdo original foi censurado, o que é compreensível. No entanto, há algumas coisas que acho que valem a pena preservar. Quando

DIÁRIOS DE WUHAN

estava discutindo o tópico de "autotratamento", também disse: "O grupo mais importante no qual devemos prestar atenção são os infectados e as famílias dos que morreram pelo coronavírus. São esses que estão em pior situação e sofrem a dor mais profunda. Muitos nunca se recuperarão de verdade do que experimentaram aqui. Eles são os que mais precisam do apoio do governo...". Quando penso e reflito sobre aquele camponês rejeitado no meio da noite, naquele garoto morrendo de fome em casa, naquelas inúmeras pessoas comuns pedindo socorro em vão, naquelas pessoas nativas de Wuhan (incluindo crianças) discriminadas e expulsas para as ruas como um bando de cães vira-latas, tenho dificuldade de imaginar quanto tempo terá que passar antes que possam curar sua dor. Sem mencionar o quanto perdemos em escala nacional.

Nos últimos dois dias, a internet se encheu de notícias sobre como aquele grupo de especialistas se comportou quando visitou Wuhan. Sim, são os mesmos respeitados "especialistas" que baixaram a guarda e, indiferentes, nos disseram que "Não é contagioso entre pessoas" e "É controlável e evitável". Eles realmente cometeram crimes hediondos com suas palavras irresponsáveis. Se ainda tivessem sequer um pingo de decência... Eu me pergunto que sentimento de culpa eles podem ter ao ver todas aquelas pessoas sofrendo. Obviamente, os líderes políticos de Hubei têm a responsabilidade básica de garantir a segurança das pessoas que moram aqui. Agora que chegamos a um ponto em que as pessoas não estão mais seguras ou protegidas, como esses líderes não poderiam partilhar da responsabilidade? O coronavírus que chega a esse ponto é o resultado da união de várias forças. Não há como eles se esquivarem da responsabilidade. Mas, no momento, o que realmente queremos é que eles se apresentem e tirem o povo de Hubei desse lugar sombrio, com um senso de arrependimento e responsabilidade. É assim que eles podem recuperar a compreensão e o perdão das pessoas. Se Wuhan pode fazer isso, o resto do país também pode.

Todos os meus parentes vivem aqui em Wuhan. Sou muito grata por até agora todos permanecerem saudáveis, sendo que a maioria deles está envelhecendo. Meu irmão mais velho e sua esposa já estão com mais de 70 anos e meu outro irmão também está prestes a completar 70 anos. Nos mantermos livres de infecções é o melhor que podemos fazer para ajudar nosso país. Estou feliz que minha sobrinha e seu filho finalmente tenham conseguido

JANEIRO

voltar em segurança para Singapura, onde agora estão em quarentena em uma área de resort. Por isso, preciso expressar meus agradecimentos mais profundos ao Departamento de Transportes de Hongshan. A notificação que minha sobrinha recebeu ontem dizia: "O voo para Singapura partirá às 3h; por favor chegue cedo ao aeroporto". Mas meu irmão não dirige e, com o transporte público desativado, eles não tinham como ir ao aeroporto de madrugada. Foi aí que eu entrei. Pedi ao policial Xiao que ajudasse levando minha sobrinha. Toda a minha família é grata por sua contribuição.

Já é o sexto dia do Ano-Novo Lunar, o oitavo desde o início da quarentena. O que precisa ser dito é que, embora as pessoas de Wuhan tendam a ser naturalmente otimistas e as coisas pela cidade estejam se tornando cada vez mais organizadas, a realidade aqui dentro está ficando mais sombria a cada dia.

Para o jantar, comi uma tigela pequena de mingau de arroz. Daqui a pouco vou fazer exercícios na esteira. Pouco a pouco, estou registrando tudo aqui no meu pequeno arquivo.

31 DE JANEIRO DE 2020

Se você só vai bajular todos os funcionários públicos, por favor, se contenha.

É o sétimo dia do Ano-Novo Lunar e o tempo está claro e ensolarado. Pode ser um bom presságio? Esta semana será a etapa mais crítica em nossa luta contra o vírus. Os especialistas estão dizendo que até o décimo quinto dia do Ano-Novo Lunar, todos os indivíduos infectados devem começar a apresentar sintomas. Esse deve ser o ponto de virada. Então, só precisamos esperar mais uma semana. Após esta semana, todos os pacientes infectados devem ser segregados e os que não apresentarem sintomas devem estar livres para sair de casa; logo seremos livres — pelo menos é assim que estão imaginando. Agora já se passaram nove dias desde que a cidade entrou em quarentena e já passamos por grande parte dela.

Peguei meu celular antes mesmo de sair da cama e vi a notícia de um rapaz de uma trupe de músicos e dançarinos, conhecido de muitos dos meus amigos, que adoeceu e entrou na lista de espera para ser internado no hospital. Porém, quando ficaram sabendo que havia um leito disponível, ele acabara de falecer. Também fiquei sabendo que muitos funcionários do governo de Hubei foram infectados e alguns já morreram. Meu Deus, quantas famílias aqui em Wuhan estão sendo destruídas por esse desastre? E até agora ainda não ouvi uma única pessoa se levantar para assumir a responsabilidade ou pedir desculpas. Em vez disso, vejo apenas um número interminável de pessoas escrevendo artigos ou fazendo discursos que fogem da responsabilidade e a jogam para os outros.

A quem podem clamar as famílias dos falecidos? Quem podem amaldiçoar? Vi uma entrevista com um escritor chinês. Nela, ele falou sobre "obter uma vitória retumbante contra o vírus". Fiquei sem palavras. Dê uma olhada em Wuhan! Dê uma olhada em todo o país! Milhões de pessoas vivem com medo, milhares de pessoas são hospitalizadas com a vida por um fio, inúmeras famílias foram destruídas. Onde está essa "vitória"? Onde está o fim de tudo isso? Esse escritor é um colega de profissão, então me sinto mal por criticá-lo dessa maneira, mas essas pessoas não pensam antes de falar? Só que não é isso. Eles estão apenas tentando dizer algo para agradar aos superiores; ele definitivamente pensou antes de falar. Fiquei feliz por ter descoberto um ensaio de outro escritor que também criticou esses comentários. O ensaio foi extremamente crítico. Isso me diz que deve haver muitos escritores por aí que têm consciência. Posso não ser mais a presidente da Associação de Escritores de Hubei, mas ainda sou uma escritora. Gostaria de lembrar aos meus colegas escritores de Hubei que, embora muitos de vocês sejam convidados a escrever artigos, ensaios e poemas celebrando todas as grandes realizações do governo, espero que antes de pegarem sua caneta, vocês consigam refletir por alguns momentos sobre quem é que realmente deveria estar celebrando. Se só vão bajular todos os funcionários públicos, por favor, se contenham. Posso ser velha, mas nunca vou me cansar quando se trata de expor a minha voz.

Passei a manhã toda correndo pela cozinha; estava cozinhando para minha filha; pretendo levar comida para ela hoje à noite. A que levei para ela pouco antes do Ano-Novo Lunar e novamente no primeiro dia do ano durou alguns dias, mas agora está acabando e ela estava falando em pedir comida no delivery. O pai dela e eu somos veementemente contra ela pedir delivery, então decidi eu mesma cozinhar e levar para ela. Não moro tão longe dela; geralmente é apenas 10 ou 15 minutos de carro. Verifiquei com a polícia e disseram que não há problema em sair pelas ruas. Sinto um pouco como se estivesse "levando rações para o Exército Vermelho!". Não permitem que pessoas entrem no bairro dela, então tive que encontrá-la na entrada e entregar a comida para ela ali. Ela é a única de sua geração na minha família que decidiu permanecer em Wuhan, então tenho que protegê-la, custe o que custar.

Alguns dos supermercados menores ainda estão abertos. Há também alguns vendedores ambulantes de vegetais nas calçadas. Comprei vegetais de um deles e fui ao supermercado pegar leite e ovos (na verdade, tive que ir a três mercados antes de encontrar um que tivesse ovos em estoque). Perguntei à lojista se ela tinha medo de ser infectada por permanecer aberta durante o surto. Ela respondeu com franqueza: "Temos que continuar vivendo, e a senhora também!". É isso mesmo, eles têm que continuar, todos nós temos que continuar; isso é tudo o que podemos fazer! Sempre admiro esses trabalhadores e frequentemente converso com eles; de alguma forma, sempre me dá uma estranha sensação de segurança. Mesmo durante aquele período de dois ou três dias de frio, com muito vento e chuva e o surto realmente fora de controle, as ruas estavam quase completamente vazias. Mesmo assim, sempre havia pelo menos um funcionário de limpeza lá fora, meticulosamente varrendo as ruas. Sempre que vislumbrava um deles, no mesmo instante eu começava a me sentir culpada por nutrir tanto medo e ansiedade; vê-los é sempre o suficiente para me deixar imediatamente tranquila.

FEVEREIRO

1º DE FEVEREIRO DE 2020

E, ao salvá-los, espero que ele se salve também.

O tempo ainda está limpo hoje. É o oitavo dia do Ano-Novo Lunar e estou me sentindo um pouco nostálgica por toda a emoção que normalmente preenche nossa área de pátio nesta época do ano. Mais uma vez, comecei a olhar meu celular antes de sair da cama e vi algumas estatísticas publicadas ontem. O resultado: continua a haver um aumento no número de casos confirmados e nos casos suspeitos de infecção por coronavírus; no entanto, a taxa de infecção claramente vem desacelerando nos últimos três dias. O número de pacientes com sintomas críticos também começou a diminuir. A taxa de mortalidade está se mantendo estável na faixa dos 2%, como antes. E o número de pacientes recuperados e de casos suspeitos descartados também aumentou. É uma ótima notícia! Tudo isso demonstra que as medidas de quarentena tomadas ultimamente foram muito eficazes. Não posso confirmar que todas essas estatísticas sejam precisas, mas espero que sejam! E assim volto a dizer: se Wuhan consegue, o resto do país também consegue.

Agora que estou pensando, foi meu irmão mais velho quem primeiro me disse, pelo grupo de bate-papo da família, que esse vírus era contagioso. Como meus dois irmãos são professores universitários, eles geralmente têm acesso a ótimas informações de seus colegas e amigos. Às 10h da manhã de 31 de dezembro, esse irmão mais velho me enviou um artigo intitulado "Caso suspeito de vírus de origem desconhecida em Wuhan" e, entre parênteses, a palavra "SARS".

Meu outro irmão trabalha na cidade de Shenyang, no nordeste da China, e nos convidou para ficarmos lá com ele enquanto esperávamos as coisas se desenrolarem. Ele disse: "Está fazendo 20 graus abaixo de zero em Shenyang, e nenhum vírus sobrevive aqui por muito tempo". Porém, meu irmão mais velho o lembrou: "Na verdade, foram os climas quentes que impediram a disseminação da SARS. Você não se lembra do que aconteceu em 2003?". Um pouco depois, meu irmão mais velho enviou outra mensagem confirmando que as notícias dessa nova doença eram verdadeiras e que um grupo de especialistas da Comissão Nacional de Saúde já havia chegado a Wuhan.

Meu outro irmão ficou muito abalado ao saber, pois mora muito perto do Mercado de Frutos do Mar de Huanan,* o epicentro do surto. Não vi esses textos até o meio-dia e, quando o fiz, imediatamente disse a ambos para evitar hospitais por enquanto. Meu irmão não está com a melhor saúde e muitas vezes vai ao Hospital Central de Wuhan para consultas, onde há uma concentração de pacientes com sintomas semelhantes aos de gripe. Ele rapidamente enviou outra mensagem dizendo que tinha dado uma olhada pelo lado de fora e que o Hospital Central parecia quieto como sempre, sem repórteres, como ele imaginou que estaria. Não foi muito depois disso que comecei a receber vídeos de amigos relatando a situação no Mercado de Huanan e no Hospital Central. Encaminhei imediatamente as notícias para o grupo da família. Lembrei meu irmão de sempre usar máscara ao sair e vir ficar no meu apartamento depois do Ano-Novo para evitar aquela área por enquanto, pois moro no distrito de Jiangxia, um pouco mais longe de Hankou. Apesar disso, ele disse que esperaria para ver, pois não achava que fosse nada tão preocupante, nem que o governo fosse bloquear informações sobre o que estava acontecendo; seria um grande golpe

---

* O Mercado Atacadista de Frutos do Mar de Huanan é um mercado de animais vivos e frutos do mar, localizado no distrito de Jianghan, em Wuhan. Durante o surto inicial do novo coronavírus, dois terços do primeiro grupo de 41 pacientes foram identificados como tendo visitado o mercado. Vários especialistas apontaram evidências de que a fonte do vírus poderia estar ligada a morcegos ou pangolins (mamíferos comedores de formiga com uma carapaça formada por escamas) vendidos no mercado. O mercado foi fechado em 1º de janeiro de 2020, após o início do surto.

contra o povo. Eu concordei. Imaginei que o governo jamais seria capaz de censurar notícias sobre algo tão importante.

Na manhã de 1º de janeiro, meu irmão mais velho republicou uma notícia sobre o fechamento do Mercado de Huanan. Meu outro irmão disse que as coisas na vizinhança ainda estavam iguais, que todos estavam fazendo suas atividades como sempre. Como cidadãos preocupados, estávamos muito antenados com as notícias. As medidas de proteção recomendadas naquele dia eram praticamente as mesmas de agora: usar máscara, ficar em casa. Tenho certeza de que, como eu, a maioria dos residentes de Wuhan que tinha vivido o terror da SARS levou as notícias muito a sério. No entanto, não demorou muito para que o slogan oficial do governo, com base em descobertas de especialistas, fosse divulgado: "Não é contagioso entre pessoas. É controlável e evitável". Ouvir isso foi um alívio, pois nunca consumimos animais selvagens exóticos e não tínhamos planos de ir ao Mercado de Frutos do Mar de Huanan, então parecia que não havia nada com o que nos preocupar.

Estou contando todos esses detalhes porque, hoje de manhã, li uma entrevista com o sr. Wang Guangfa,* integrante da segunda equipe de especialistas enviada a Wuhan para investigar o surto. Pouco depois de declarar que "É controlável e evitável", ele próprio foi infectado pelo coronavírus. Obviamente, essa declaração inicial pode não ter partido dele; afinal, foi uma decisão coletiva da equipe, mas eu esperava que ele demonstrasse pelo menos algum sentimento de remorso, autocensura ou — ouso dizer? — reflexão. Como membros da equipe de especialistas, eles foram, no mínimo, responsáveis por fornecer ao povo de Wuhan informações que subestimavam severamente a natureza desse vírus. Não importa o quanto os funcionários públicos de Hubei e Wuhan sejam inúteis e burocráticos, e não importa quantas pessoas tentem encobrir a verdade para mostrar o poder e a prosperidade do nosso país. Como médico, o sr. Wang não deveria ter sido mais prudente em sua declaração inicial? Em vez disso, ele a fez com convicção. Quando o sr. Wang foi infectado, em 16 de

---

* Wang Guangfa (n. 1964) é um especialista em respiração no Primeiro Hospital da Universidade de Pequim. Também é professor da Universidade de Pequim e atua em vários comitês nacionais de saúde.

DIÁRIOS DE WUHAN

janeiro, já estava claro que esse vírus "era, *sim*, contagioso entre pessoas". Apesar disso, por algum motivo, não ouvimos o sr. Wang revisar, em momento oportuno, sua afirmação anterior. Também não vimos soar o alarme para as pessoas começarem a tomar precauções. Apenas três dias depois, quando Zhong Nanshan,* da Academia Chinesa de Engenharia, chegou a Wuhan, é que a verdade finalmente foi revelada.

A entrevista do sr. Wang era de ontem. As pessoas de Wuhan acabaram de passar por celebrações de Ano-Novo Chinês incrivelmente patéticas (podemos ser otimistas, mas *foi* realmente um Ano-Novo patético), os pacientes estão em um estado terrível, os mortos estão deixando para trás famílias despedaçadas, a quarentena levou a enormes perdas em todo o país, e todos vimos a bravura e o trabalho duro dos médicos colegas de profissão do sr. Wang. No entanto, em sua entrevista, o sr. Wang, que tem certo grau de responsabilidade pela maneira como as coisas foram conduzidas, não expressou nem uma pitada de arrependimento. Não houve um pedido de desculpas. Não apenas isso, mas ele se comportou como se tivesse prestado um grande serviço ao povo. Ele disse: "Inicialmente, eu viria a Wuhan para dar uma olhada rápida na situação geral aqui. Se não tivesse entrado no quarto de alguns pacientes e na enfermaria, não teria me infectado! Mas agora que estou doente, todos sabem o quanto esse coronavírus é sério!". Fiquei perplexa ao ouvir essas palavras. Suponho que o sr. Wang não tenha medo de o povo de Wuhan o amaldiçoar ao inferno.

O povo chinês nunca foi afeito a admitir seus próprios erros; também não tem um senso muito forte de arrependimento e muito menos propensão a admitir culpa por alguma coisa. Apesar disso, o papel de um médico é curar doentes e ajudar feridos. Como ele pode ver tanta gente lutando contra a doença e morrendo em circunstâncias desesperadas por causa de declarações irresponsáveis que ele fez e nas quais julga não ter papel algum? Será que ele é capaz de simplesmente se afastar psicologicamente desse fato? E agora aqui está ele falando sobre seu grande autossacrifício. Antigamente, quando o Estado enfrentava grandes calamidades, até o imperador

---

* Zhong Nanshan (n. 1936) é um epidemiologista chinês. Tornou-se alvo de atenção nacional em 2003 por seu papel em liderar a resposta da China à epidemia de SARS. Em 2020, foi apontado como consultor líder no gerenciamento do surto do novo coronavírus.

sabia quando deveria emitir um decreto imperial culpando-se pelo sofrimento de seu povo. Mas, e quanto ao sr. Wang e outros especialistas? Não planejam pedir desculpas ao povo de Wuhan? Não acham que é uma lição importante para eles em sua carreira como profissionais de saúde?

2 DE FEVEREIRO DE 2020

Um grão de poeira em uma era inteira pode não parecer muito, mas quando cai na sua cabeça, é como uma montanha caindo sobre você.

É o nono dia do Ano-Novo Lunar. Quantos dias faz que estamos aguentando? Não tenho vontade nem de contar. Já nem sabemos mais que dia da semana é sem olhar no celular. Eu saber que é o dia nove do Ano-Novo Lunar já é um milagre. O tempo está começando a ficar um pouco sombrio e até choveu esta tarde.

Os pacientes que circulam pela cidade em direção a diferentes hospitais tentando obter tratamento estarão em situação ainda mais desesperadora. Em Wuhan, tudo parece normal como sempre, embora não haja quase ninguém na rua, e todas as luzes em todos os prédios estejam acesas. A maioria das pessoas não parece ter ficado sem comida ou itens básicos. A cidade não parece o purgatório que imaginaram que se tornaria; parece silenciosa e bonita, até majestosa. Agora, se alguém da família fica doente, tudo imediatamente vira o caos.

A doença é infecciosa, mas os recursos hospitalares são limitados. Nos últimos dias, estamos no que os especialistas previram ser um período de "surto viral". Acho que verei notícias mais sombrias nos próximos dias. O vídeo que achei mais difícil de assistir hoje foi de uma filha indo atrás do carro funerário de sua mãe, gritando entre lágrimas. Ela nunca será capaz de dar à mãe um enterro adequado; provavelmente nem saberá o que fizeram com as cinzas. Na cultura chinesa, os ritos de morte são centrais para

DIÁRIOS DE WUHAN

a nossa identidade; talvez até mais importantes do que de que forma vivemos, o que torna a situação ainda mais dolorosa para uma filha enfrentar.

Não há nada que possamos fazer, apenas suportar, mesmo que estejamos beirando o insuportável. Certa vez, escrevi em algum lugar que "um grão de poeira em uma era inteira pode não parecer muito, mas quando cai na sua cabeça, é como uma montanha caindo sobre você". Na primeira vez que escrevi essas palavras, acho que não compreendi totalmente o que representavam, mas agora estão gravadas no meu coração.

No início da tarde, entrei em contato com um jovem repórter, que me disse se sentir totalmente desamparado. A ele parecia que só estavam prestando atenção aos números, aos infectados, aos mortos — mas e o que havia por trás dessas cifras? Era uma tristeza jovens estarem passando por tanta coisa tão cedo, enfrentando a realidade cruel da morte, as restrições impostas. Eu também me sinto impotente, mas estamos de mãos atadas. Não somos treinados para cuidar dos doentes. Nos resta apenas pôr uma máscara de bravura no rosto e suportar o que nos aguarda. Também podemos ajudar os outros a suportar, se conseguirmos; mas, custe o que custar, preciso sobreviver a mais uma semana.

Acabei de ver uma estatística que traz uma boa notícia: relatos oficiais atestam uma redução no número de infectados fora da província de Hubei. Além disso, para os pacientes fora de Hubei, a taxa de recuperação é bastante alta e a taxa de mortalidade é muito baixa. A razão para as estatísticas de Hubei serem imprecisas e a taxa de mortalidade ser tão alta claramente tem a ver com estarmos desesperadamente com falta de recursos para o tratamento. Para ser mais franca, o problema não é que essa doença não possa ser tratada. Com um bom atendimento médico durante os estágios iniciais, ela pode ser controlada rapidamente.

Também vi que os serviços de saúde nas províncias vizinhas estavam se preparando para o que estava por vir, mas, no final, não houve muitos pacientes precisando de atendimento. Houve sugestões de que se transferissem alguns pacientes em ambulâncias de Wuhan para províncias vizinhas — afinal, Wuhan tem localização central e é um importante centro de tráfego, localizada a três ou quatro horas de várias capitais provinciais. Não sei se é uma sugestão prática, mas me parece fazer sentido. Por outro lado, ouvi que o novo Hospital de Huoshenshan, aqui em Wuhan, começará a aceitar pacientes amanhã (não sei se é verdade). Se acontecer, a ideia de transferir pacientes a outras províncias será abandonada. Eu só quero que os pacientes tenham onde ser atendidos.

Gostaria também de dizer algo em apoio aos jovens de Wuhan. Há dezenas de milhares de jovens voluntários trabalhando nas linhas de frente para combater esse surto. Eles se organizam de forma autônoma usando as redes sociais, como os grupos do WeChat, e fazem tudo o que se possa imaginar. Minha geração sempre se preocupou que essa geração mais jovem se tornasse cada vez mais egocêntrica, mas agora que os vejo entrando em ação, percebo que velhos antiquados como eu estavam preocupados à toa! Pessoas de todas as gerações são iguais, de alguma forma, e os mais velhos não precisam se preocupar com os mais novos. Eles vão encontrar seu caminho.

3 DE FEVEREIRO DE 2020

Lamentando nossas vidas difíceis, dou um suspiro profundo e enxugo minhas lágrimas.

Dia dez do Ano-Novo Lunar. Outro dia claro e ensolarado. Ontem pensei que poderia continuar chovendo, mas hoje de repente ficou claro. Talvez os que esperam obter assistência médica tenham um pouco mais de calor graças ao aparecimento do sol, mas muitos estão arrastando seus corpos doentes por toda a cidade em busca de tratamento. Eles não têm escolha; é o que devem fazer para sobreviver, pois não há saída. Suponho que a sensação de frio e abandono que estão sentindo deve ser muito pior do que o frio real neste inverno, mas espero que não sofram muito ao longo do caminho. Pode não haver um leito à espera quando chegarem, mas pelo menos o sol está brilhando.

Estou olhando meu celular na cama novamente. A primeira coisa que vejo são as notícias sobre um terremoto em Chengdu, que pegou muita gente desprevenida, mas não colocou ninguém em perigo real. Fizeram

DIÁRIOS DE WUHAN

piadas na internet, algumas bem engraçadas: "Graças ao terremoto, todas os 20 mil cidadãos de Wuhan atualmente em Chengdu foram finalmente localizados. Como todos os habitantes de Chengdu ficam dentro de casa, com os pés mergulhados em água quente, foi fácil identificar os wuhaneses; foram eles que saíram correndo às ruas em pânico quando o terremoto aconteceu!". Não pude deixar de rir quando li isso. Esses comediantes de lá têm um senso de humor ainda melhor que o nosso!

Existem alguns vídeos na internet que eu não aguento mais assistir, pois são de partir o coração. Precisamos ficar calmos, tranquilos e entender que não podemos deixar a tristeza da situação nos consumir. Os que partiram já se foram, mas os vivos devem continuar como antes. Só espero que possamos lembrar: lembrar das pessoas comuns que se foram, lembrar dos que sofreram uma morte injusta, lembrar desses dias de sofrimento e das noites de tristeza, lembrar do que interrompeu nossas vidas durante o que deveria ter sido a alegre celebração de Ano-Novo Lunar. Enquanto pudermos sobreviver, se não agirmos, se não lutarmos, como daremos justiça a essas pessoas — esses colegas residentes de Wuhan com quem trabalhamos lado a lado e desfrutamos a vida juntos — cujos corpos acabaram levados em sacos de cadáveres?

Hoje assisti a um documentário educacional sobre Wuhan muito bom. Ao descrever seu estado atual, com ruas abertas e silenciosas, o narrador disse que era como se alguém tivesse "pressionado o botão de pausa" em toda a cidade. É isso mesmo, toda a cidade está em pausa, mas para os mortos, ela já acabou. Pelos céus! Os agentes funerários dos crematórios nunca tiveram que lidar com algo assim. Mas são os médicos que realmente precisam de nossa atenção, pois são eles que cuidam dos vivos.

Esta tarde entrei em contato com um médico meu amigo que está trabalhando na linha de frente da epidemia, para tentar entender melhor o que está acontecendo na cidade. Conversamos sobre todo tipo de coisa, mas posso resumir nossa conversa em alguns pontos. Número um: é difícil se manter otimista sobre o estado em que Wuhan se encontra agora, pois a situação ainda é bastante crítica. Os suprimentos médicos estão em um "equilíbrio restrito" — foi a primeira vez que ouvi esse termo, mas acho que deve significar "suprimento restrito" — e que devem haver suprimentos suficientes para mais dois ou três dias. Número dois:

FEVEREIRO

os hospitais locais menores estão enfrentando momentos realmente desafiadores. As condições básicas em muitos deles já não eram das melhores; eles não estão recebendo muita atenção e suas instalações de atendimento são bastante limitadas. Meu amigo me pediu para enviar um apelo aos meus leitores para prestar atenção nesses hospitais locais e fazer o que puder para lhes dar apoio. Ao mesmo tempo, disse que muitos governos locais menores em vilarejos e áreas suburbanas adotaram medidas fortes para reforçar a segregação de pacientes e a quarentena e, em muitos casos, fizeram um trabalho melhor do que aqui em Wuhan. Número três: enviar pacientes com febre, suspeitos de ter o vírus, de volta à comunidade não é uma ação apropriada. Essas comunidades locais carecem de conhecimento técnico e equipamentos de proteção para lidar de forma adequada com os pacientes. E como poderiam fazê-lo? Essas pessoas temem pela própria segurança e quando uma pessoa é infectada, toda a sua família também fica doente. Número quatro: os médicos de todos os hospitais estão sobrecarregados de trabalho, e especialistas de vários departamentos foram transferidos para as linhas de frente. No momento, ainda existem alguns leitos disponíveis para pessoas em tratamento; no entanto, o número de casos suspeitos e pacientes que chegam para um diagnóstico está aumentando rapidamente. (Não tive coragem de perguntar se seriam capazes de fornecer tratamento adequado a todos esses novos pacientes recém-diagnosticados.) Número cinco: meu amigo suspeita de que a contagem final de pacientes infectados acabará sendo um número aterrorizante. Ele falou com autoridade quando disse: "A única maneira de lidar com esse surto é se todos os que precisarem de tratamento forem admitidos em um hospital e todos que precisarem de quarentena ficarem confinados em casa". Não importa o ponto de vista, esse é o único caminho a seguir. Com base em alguns dos novos procedimentos que o governo começou a implementar hoje, parece que eles finalmente começaram a perceber isso.

O coronavírus está aqui, e desde a fase inicial até o período de expansão e até o ponto em que começou a ficar fora de controle, nossa resposta passou de completamente errada a atrasada até, finalmente, chegar a seu atual estado falho. Não conseguimos nos antecipar a esse vírus e detê-lo; em vez disso, estamos correndo atrás dele freneticamente e pagando um preço muito alto nesse processo. Não é hora de atravessar o rio devagar,

DIÁRIOS DE WUHAN

sondando as pedras pouco a pouco; houve inúmeros surtos anteriores aos quais poderíamos nos referir, então como é que não aprendemos com eles? Não poderíamos simplesmente copiar o que já foi feito anteriormente para controlar com sucesso surtos passados como este? Ou talvez eu esteja simplificando demais as coisas?

"Lamentando nossas vidas difíceis, dou um suspiro profundo e enxugo minhas lágrimas."* Hoje em dia, muitas pessoas expressam esse sentimento.

4 DE FEVEREIRO DE 2020

O destino deve ter sorrido novamente para mim.

Hoje o tempo continua bom. O povo de Wuhan continua firme. Estamos nos sentindo um pouco sufocados por ficarmos presos dentro de casa, mas enquanto pudermos permanecer vivos, podemos lidar com o resto.

Esta tarde, ouvi falar de outra pessoa entrando em pânico no supermercado enquanto estava fazendo compras; esse homem disse que temia que a loja fosse fechada e que não houvesse novos abastecimentos de alimentos. Senti que era um medo irreal. O governo municipal já emitiu uma proclamação garantindo aos cidadãos que os supermercados permaneceriam abertos. Só para pensar a respeito logicamente: neste momento, todo o país está dando apoio a Wuhan, e a China não é o tipo de nação que enfrenta uma verdadeira escassez de bens, por isso tenho certeza de que não será muito difícil garantir que o povo de Wuhan tenha comida e itens básicos suficientes. É claro, certamente haverá idosos vivendo sozinhos que podem estar passando dificuldades (mesmo sem o coronavírus, sua

---

* Este é um verso invertido do poema "Li sao" ["Encontrando a tristeza"] retirado *de Chu ci* ["Canções do Sul"]. Atribuído ao poeta Qu Yuan (343 a.C.—278 a.C.), "Encontrando a tristeza" data do período dos Reinos Combatentes e narra a viagem espiritual do poeta a reinos fantásticos, enquanto lamentava ter sido traído por várias facções da corte.

FEVEREIRO

situação já não é fácil), mas estou confiante de que haverá muitos voluntários da comunidade para ajudá-los.

Mesmo que nossos líderes tenham cometido erros no início, não temos escolha a não ser confiar neles. Em quem podemos acreditar? Em quem podemos confiar?

Acabei de sair para jogar o lixo e notei uma placa na minha porta que dizia "Desinfecção completa". Havia também um panfleto dizendo que, se você estivesse com febre, deveria ligar para um determinado número de telefone do distrito de Wuchang. Disso, vemos como é meticuloso o trabalho que está sendo realizado em nível comunitário. O coronavírus é um grande inimigo contra o qual todos estão unidos; ninguém se atreve a relaxar, então esperamos que os formuladores de políticas não cometam mais erros.

A questão de quantas pessoas acabarão sendo infectadas continua sendo um tópico extremamente sensível. Ontem, postei no Weibo algo que mencionava 100 mil, um número para o qual os médicos há muito se preparam, embora nenhum admita publicamente. Aliás, houve um médico que, ao pedir ajuda ao público, mencionou esse número em voz alta e, hoje, outro amigo médico me disse que achava que essa estimativa estava correta. "De fato, haverá muitas pessoas infectadas, mas algo a se ter em mente é que nem todos os infectados apresentam sintomas. Talvez apenas 30 a 50% das pessoas infectadas realmente desenvolvam sintomas." Fiz então outra pergunta: "E se você está infectado, mas permanece assintomático, significa que se recuperará sozinho?". Meu amigo médico afirmou que sim. Se isso for verdade, suponho que conte como boas notícias, não?

Mas o fato que deve ser enfatizado novamente é que, de acordo com o que afirmam os médicos, o novo coronavírus pode ser extremamente contagioso, mas quando os pacientes recebem tratamento padrão, a taxa de mortalidade não é muito alta. Pacientes que receberam tratamento fora da província de Hubei já provaram que isso é verdade. A razão pela qual a taxa de mortalidade foi tão alta aqui em Wuhan é que há um grande número de pacientes sem acesso a cuidados hospitalares, sem tratamento adequado; os casos leves se tornam graves e os casos graves levam à morte. Outro fator está ligado aos procedimentos de quarentena terem sido falhos desde o início, o que levou a muitos casos de uma única pessoa infectando toda a família. Isso, por sua vez, levou a um aumento dramático de infecções e

DIÁRIOS DE WUHAN

desencadeou uma série de outras tragédias. Meu amigo médico me disse que, se estivessem mais bem preparados desde o início, com base no número de leitos disponíveis, Wuhan deveria ter sido capaz de tratar todos os casos graves. Mas as coisas foram caóticas demais nos estágios iniciais, as pessoas foram consumidas pelo medo, e muitos que não estavam doentes chegaram aos hospitais de uma vez, tornando a situação ainda mais desesperadora. Agora, o governo está constantemente ajustando seus procedimentos de resposta. O próximo passo será ver se podemos alcançar um ponto de virada; espero que esse momento chegue o quanto antes.

Além disso, ontem algumas pessoas na internet começaram a levantar questões sobre os "postos hospitalares temporários"* que acabaram de ser montados; havia preocupações sobre se o isolamento de um grande número de pacientes realmente levasse a um aumento enorme nos casos de infecção cruzada. Minha opinião é que esses hospitais temporários são baseados em um modelo normalmente visto em situações de campo de batalha. A primeira coisa que deve ser feita é separar os casos suspeitos o mais rápido possível e, em seguida, enviar médicos para fornecer tratamento. Enquanto isso ocorre, eles podem trabalhar gradualmente para melhorar as condições dos pacientes em isolamento. Se essas medidas não forem tomadas, os indivíduos infectados continuarão se locomovendo pela cidade e, cada dia que estejam em trânsito, significa que mais pessoas serão infectadas. Se isso continuar, não há como esse vírus ser contido. A despeito de qualquer coisa, separar rapidamente os indivíduos infectados da população em geral é a questão mais urgente no momento.

Hoje vi uma "selfie" filmada por um dos pacientes do Hospital de Huoshenshan. Pelo vídeo, pude perceber que as instalações de tratamento são muito boas e os pacientes parecem ter uma perspectiva positiva. Espero que todos se recuperem em breve e que tudo avance da maneira mais racional e organizada.

---

* Em fevereiro de 2020, após o novo surto de coronavírus em Wuhan, a Comissão Nacional de Saúde da China, em conjunto com as autoridades locais, começou a construir o Hospital de Huoshenshan, o Hospital de Leishenshan e outros 11 hospitais temporários em toda a região. Essas grandes instalações hospitalares móveis foram construídas para expandir rapidamente a capacidade de atendimento ao grande afluxo de pacientes infectados com a COVID-19.

FEVEREIRO

Esse surto é o resultado da união de várias forças. O inimigo não é apenas o próprio vírus. Nós mesmos também somos, ou no mínimo somos cúmplices do crime. Estão me dizendo que muitas pessoas agora estão de repente acordando para como é sem sentido sair às ruas todos os dias gritando slogans vazios sobre como nosso país é incrível. Eles sabem que os funcionários do governo que dão palestras sobre educação política, mas que nunca realizam ações concretas, são totalmente inúteis (costumávamos nos referir a eles como pessoas que "vivem do trabalho de boca"); e certamente sabem que uma sociedade que não tem bom senso e não busca os fatos como eles se apresentam não apenas fazem mal ao povo com palavras, como também podem causar a perda de vidas humanas — muitas, muitas vidas humanas. Essa é uma lição que ressoa fundo e vem com um fardo pesado.

Embora todos tenhamos vivido a epidemia de SARS de 2003, parece que esquecemos rapidamente as lições supostamente aprendidas na época. E agora vamos avançar para 2020 e esquecer de novo? O diabo está sempre nos nossos calcanhares e, se não tomarmos cuidado, ele nos alcançará novamente e nos torturará até que enfim acordemos. A verdadeira questão é: *queremos mesmo acordar?*

Voltando ao ano da SARS, essa doença começou a se espalhar em março, mas o governo inicialmente tentou encobri-la. Na época, eu tinha uma antiga colega de classe em Guangzhou que estava prestes a passar por uma grande cirurgia. Fui com algumas dezenas de velhos amigos de toda a China até Guangzhou para apoiá-la durante o procedimento; todos descemos para o exato hospital onde o surto de SARS estava atacando ferozmente, mas nenhum de nós sabia na época (e nenhum de nós usava máscara). Todos viajamos para lá na ida e na volta de trem. Quando o que estava acontecendo finalmente foi exposto, o país entrou em pânico. Nós, em particular, suamos em bicas; em meio ao caos, eu disse a mim mesma que o destino devia ter sorrido para mim para me permitir escapar da infecção. Desta vez, fiz três viagens ao hospital entre 1º e 18 de janeiro, cada vez para visitar colegas hospitalizados para cirurgias. Durante duas dessas visitas, eu nem mesmo usei máscara. Agora que passou, estremeço quando penso e, mais uma vez, acho que o destino deve ter sorrido para mim.

5 DE FEVEREIRO DE 2020

Todas nós, pessoas comuns, pagamos um preço por essa catástrofe humana.

Ontem marcou o primeiro dia da primavera, e hoje o clima realmente parece fazer jus à estação. Do outro lado do nosso condomínio, há uma fileira de velhas árvores de cânfora, dois arbustos de jasmim-do-imperador e uma magnólia-iulã; o rico manto de folhas nos faz sentir como se o inverno nunca tivesse passado por aqui.

Hoje ainda estamos no meio do que os especialistas previram ser o pico do surto de coronavírus. Dizem que o número de casos confirmados continua subindo. Apesar disso, como meu círculo de amigos é muito pequeno, estou muito agradecida por eles estarem bem até agora.

A situação em Wuhan ainda é soturna — não tão caótica quanto antes, mas ainda não se acalmou. Aqueles vídeos deprimentes e pedidos desesperados de ajuda que circulavam por toda a internet parecem ter diminuído bastante e foram substituídos por mensagens positivas incentivando todos a seguir em frente. Não sei se aqueles problemas foram realmente resolvidos ou se foram censurados. Depois de experimentar tanta censura, fiquei entorpecida com toda essa situação.

Ontem eu disse que somos nossos piores inimigos; esse processo de se tornar inimigo de nós mesmos provavelmente começa com esse sentimento de entorpecimento. Por enquanto, precisamos ficar de guarda e estar conscientes, em especial do que acontece em nosso próprio corpo.

Continuo incomodando meus amigos: não saiam! Não saiam! Sei que ficamos trancados por um longo tempo e podemos continuar em confinamento por muito mais tempo, mas não podemos nos preocupar. Podemos não ter muita comida gostosa em casa, mas depois que esse surto passar, poderemos ir a um restaurante e comprar tudo o que tivermos vontade. Ficaremos felizes e esses restaurantes finalmente poderão voltar a ganhar dinheiro.

Vi uma reportagem interessante esta tarde. Embora o título — "Os primeiros tiros na batalha contra o coronavírus em Wuhan já foram disparados" — parecesse uma reportagem oficial da mídia do governo, o conteúdo valia muito a pena. Elencarei um resumo rápido dos principais pontos:

1. os pacientes foram divididos em três categorias de quarentena;
2. o Hospital de Huoshenshan, o Hospital de Leishenshan e outros hospitais designados são instalações de Nível Um, responsáveis pelo isolamento e tratamento de pacientes críticos;
3. os 11 hospitais móveis recém-construídos são designados instalações de Nível Dois, responsáveis pelo isolamento e tratamento de pacientes com infecções leves;
4. hotéis e escolas do Partido Comunista Chinês serão designados como instalações de Nível Três, responsáveis pelo isolamento de casos suspeitos e de membros da população que estiveram em contato próximo com indivíduos infectados;
5. uma vez isolados esses três grupos de indivíduos, um processo abrangente de esterilização em toda a cidade será iniciado;
6. todos os hospitais retomarão suas operações normais (e todos os departamentos fechados anteriormente serão reabertos);
7. outras empresas poderão reabrir e retomar o comércio;
8. os pacientes serão monitorados continuamente e seu tratamento será atualizado com base em seu quadro clínico. Por exemplo, quando os sintomas críticos se tornarem leves, esses pacientes serão transferidos para unidades hospitalares móveis e, se os casos leves se tornarem críticos, serão transferidos para as instalações de Nível Um. Seguiremos esse protocolo até que essa doença catastrófica seja completamente erradicada!

Não consigo confirmar se todos os detalhes desse artigo são factuais, mas, com base no que sei, parecem precisos. Desde que os militares entraram em Wuhan, parece ter havido uma clara melhoria na eficiência geral no enfrentamento deste surto. Lembra um pouco uma companha militar — precisa e direta.

Praticamente todos os aspectos da vida foram virados de cabeça para baixo; o efeito nos hospitais tem sido ainda pior. Médicos de todos os departamentos estão ocupados lutando contra esse vírus. A questão é que, mesmo sem esse surto, já existia um grande número de pacientes de outras especialidades que precisavam de atendimento, mas que se afastaram para que seus médicos pudessem combater o coronavírus. Esses pacientes continuaram a sofrer silenciosamente de suas doenças, adiando seu tratamento, mas muitos estão bem ansiosos sobre quais serão as consequências finais de fazê-lo neste momento. Apesar disso, mesmo correndo riscos, alguns precisam enfrentar a incerteza dos hospitais a despeito do coronavírus, como o caso de colegas meus, que estavam em pós-operatório quando o surto começou.

As grávidas da cidade também estão em uma situação extremamente estressante. Mesmo que estejam dispostas a ter paciência, isso não significa que seus bebês terão. Não é um bom momento para dar à luz. A chegada desses bebês, que deveria ser cheia de alegria e celebração, tornou-se uma ocasião de extrema ansiedade e incerteza.

Estou registrando todas essas histórias fragmentadas para que esses criminosos saibam: além dos pacientes infectados e dos mortos, há muitas outras vítimas dessa calamidade. Todos nós, pessoas comuns, pagamos um preço por essa catástrofe humana.

6 DE FEVEREIRO DE 2020

Neste momento, todos nesta cidade estão chorando por ele.

Começou a chover novamente em Wuhan. O céu está cinzento e nublado, o tipo de dia de vento e chuva que deixa as pessoas com frio e deprimidas. Quando saí, o vento frio me causou arrepios.

Hoje na rádio, um suposto especialista em doenças infecciosas disse que o surto começaria a diminuir muito em breve. A mim pareceu crível.

A outra notícia que circula como louca por toda a internet é que a empresa farmacêutica americana Gilead Sciences desenvolveu um novo medicamento chamado Remdesivir (especialistas chineses estão chamando de

FEVEREIRO

"a esperança do povo") e já começaram os testes clínicos no Hospital de Jinyintan em Wuhan. Dizem que até agora tem sido extremamente eficaz. Depois de tanto tempo, finalmente conseguimos vislumbrar algo positivo e, por enquanto, promissor.

Aqueles hospitais móveis que todos têm acompanhado de perto foram abertos oficialmente e já há relatos, fotos e vídeos de pacientes internados lá. Alguns acreditam que as condições são muito ruins, mas talvez devamos esperar que as coisas sejam um pouco confusas no início; afinal, esses hospitais temporários foram construídos às pressas em apenas um dia, mas estou confiante de que os detalhes vão entrar nos eixos. É difícil agradar a todos.

Esta tarde, recebi uma mensagem do professor de história cultural Feng Tianyu, da Universidade de Wuhan; ele disse que, de acordo com Yan Zhi,* eles serão responsáveis pelos dois hospitais temporários no Centro Internacional de Conferências e Exposições de Wuhan e na área da Wuhan KeTing Expo. O sr. Yan disse que faria tudo ao seu alcance para garantir que tudo corra bem. "Vamos instalar muitos aparelhos de televisão, montar uma pequena área de biblioteca, uma área de carregar celulares, uma área de *fast-food* e garantir que cada paciente receba pelo menos uma maçã, uma banana ou alguma outra fruta fresca a cada dia; queremos que os pacientes sintam que nós nos importamos." Então você pode ver que eles estão realmente levando esses pequenos detalhes em consideração. Wuhan chegou até aqui; já passamos pela fase mais difícil, então não é hora de começar a ficarmos ansiosos. Vamos deixar que os pacientes que estavam correndo por toda a cidade tentando obter ajuda finalmente se deitem e descansem um pouco; eles podem estar em quarentena, mas finalmente receberão tratamento médico profissional, o que é bom para eles e para todos os outros em Wuhan.

---

* Yan Zhi (n. 1972) é CEO do Zall Smart Commerce Group, uma *holding* chinesa com foco em desenvolvimento comercial. Também é membro do Congresso Nacional do Povo e se formou na Universidade de Wuhan. Yan Zhi aparece na lista da *Forbes* das pessoas mais ricas do mundo e foi reconhecido por suas atividades filantrópicas. Além de suas contribuições para empresas e para o governo, Yan Zhi é membro da Associação de Escritores da China e editor da revista *Zhongguo shige* ["Poesia Chinesa"].

DIÁRIOS DE WUHAN

Esta manhã, também vi uma entrevista em vídeo com um pneumologista do Hospital de Zhongnan da Universidade de Wuhan. Ele próprio foi infectado pelo contato com um paciente, mas, de alguma forma, conseguiu se recuperar. Conforme sua condição piorava e ele se aproximava perigosamente da morte, sua esposa continuou a cuidar dele. Ela também acabou infectada, mas foi um caso brando. Ele tentou garantir que os espectadores não entrassem em pânico, dizendo que os casos realmente graves que resultam em morte são quase todos de idosos com condições médicas preexistentes. Mas se você é relativamente jovem, desde que seja saudável, basta tomar alguns remédios, beber muita água e descansar bastante. Ele também discutiu algumas das propriedades únicas do novo coronavírus, como a maneira pela qual o vírus infecta os dois pulmões, começando pelas áreas externas, sem necessariamente causar sintomas óbvios, como coriza. Como alguém que realmente teve o coronavírus, ele é a fonte mais confiável de informação que se poderia esperar. Não devemos enlouquecer; mesmo que tenhamos febre leve ou um pouco de tosse, precisamos lidar com esses sintomas de maneira racional e calma.

Hoje o governo emitiu uma declaração recomendando que todos devem medir regularmente a temperatura. Até esse anúncio causou uma onda de pânico, pois houve quem ficasse preocupado em ser infectado por um termômetro não esterilizado. Mas, pelo que entendi, apenas pessoas suspeitas de estarem infectadas com coronavírus precisam medir a temperatura pessoalmente em uma clínica; os demais podem fazer isso em casa e relatar os resultados por telefone ao departamento da comunidade local. Realmente não há necessidade de entrar em desespero. Como nos tempos normais, durante esse surto, ainda há muitas pessoas tolas fazendo tolices; a diferença é que hoje em dia não são apenas os tolos que cometem tolices.

Hoje, quando acordei, vi uma mensagem da minha vizinha, cuja filha saiu para fazer compras e trouxe alguns itens para mim. Disseram para não esquecer de pegar a sacola na minha porta quando eu acordasse. Assim que peguei as compras, recebi um telefonema da minha sobrinha que queria passar no portão do condomínio para trazer linguiça e coalhada de feijão fermentada; quando ela veio, na verdade, trouxe um monte de coisas. Agora, mesmo se tiver de passar um mês de confinamento, não vou dar conta de comer toda essa comida. Estamos todos no mesmo barco e as pessoas realmente estão ajudando umas às outras. Por isso, expresso meus agradecimentos e por isso sinto o calor do espírito humano.

Assim que encerrei a postagem de hoje [a postagem de 6 de fevereiro foi concluída nas primeiras horas do dia 7], ouvi a notícia de que o dr. Li Wenliang* faleceu. Ele foi um dos oito médicos penalizados por falar sobre o novo coronavírus desde o início, e mais tarde ele próprio foi infectado. Neste momento, todos nesta cidade estão chorando por ele. E estou de coração partido.

7 DE FEVEREIRO DE 2020

Durante esta noite escura e pesada, Li Wenliang será a nossa luz.

Já se passaram 16 dias desde que a quarentena foi imposta. O dr. Li Wenliang morreu durante a noite e estou arrasada. Assim que ouvi a notícia, enviei uma mensagem para o grupo de bate-papo dos meus amigos: "Esta noite, toda a cidade de Wuhan chora por Li Wenliang. Nunca imaginei que o país inteiro também choraria por ele, lágrimas que são uma onda imparável inundando a internet".

Hoje o tempo está nublado e sombrio; eu me pergunto se essa é a maneira de o céu prestar seus respeitos ao dr. Li. Para homenageá-lo, o povo da cidade planeja desligar as luzes e, no exato horário de seu falecimento, à

---

* Li Wenliang (1986-2020) era oftalmologista no Hospital Central de Wuhan. Em 30 de dezembro de 2019, ele enviou uma mensagem na rede social WeChat, alertando os colegas sobre um novo vírus semelhante ao da SARS. Mais tarde, suas mensagens foram compartilhadas e, em 3 de janeiro de 2020, o dr. Li foi acusado pela polícia de espalhar informações falsas pela internet e forçado a assinar uma confissão. Depois de voltar ao trabalho no Hospital Central de Wuhan, o dr. Li contraiu a doença e morreu em 7 de fevereiro de 2020. Sua morte provocou uma reação generalizada nas mídias sociais chinesas, e o ex-"delator" foi aclamado por muitos como um herói nacional.

DIÁRIOS DE WUHAN

noite, acenderemos lanternas ou celulares no céu e assobiaremos para ele. Durante essa noite escura e pesada, Li Wenliang será nossa luz. Essa quarentena já dura tanto tempo que nos parece a única alternativa para liberar a depressão, a tristeza e a raiva em nossos corações.

No início, os especialistas em controle de doenças disseram que poderíamos alcançar um ponto de virada no Festival das Lanternas, no dia 15 do Ano-Novo Lunar [8 de fevereiro de 2020], mas agora não parece provável. Hoje chegou a notícia de que a quarentena foi prorrogada por mais 14 dias. Quem não está aqui em Wuhan não tem como entender o que estamos passando. A dor que sofremos excede em muito apenas ficar confinado em casa. O povo de Wuhan precisa desesperadamente de conforto e de uma válvula de escape para liberar os sentimentos. Talvez seja por isso que a morte de Li Wenliang partiu o coração de toda a cidade?

Atualmente, o surto está muito pior do que o inicialmente previsto. A taxa de contaminação também é muito mais rápida. E o comportamento estranho e misterioso do vírus está deixando muitos médicos experientes perdidos. Pacientes que estavam claramente melhorando, em um piscar de olhos, pioram rapidamente a ponto de sua vida correr perigo. Por outro lado, há pacientes que testaram positivo, mas parecem totalmente livres de sintomas. Enquanto isso, esse vírus continua a percorrer a cidade como um espírito maligno, aparecendo quando e onde bem entende, aterrorizando o povo desta cidade.

Os que mais sofrem são nossos médicos. Eles foram os primeiros a entrar em contato com pacientes infectados. No Hospital Central de Wuhan, onde Li Wenliang trabalhava, pelo menos três outros médicos sucumbiram ao vírus. Praticamente todos os hospitais tiveram vários profissionais médicos que adoeceram e outros que morreram. Todos sacrificaram sua própria saúde e, em alguns casos, suas vidas para salvar esses pacientes, e a grande maioria foi infectada durante os estágios iniciais do surto. Meu Deus, não tinham dito originalmente que o vírus "não podia ser transmitido entre pessoas"? Bem, trabalhando com essa suposição, como se poderia esperar que esses médicos usassem equipamento de proteção adequado? Quando finalmente descobriram que a transmissão de pessoa para pessoa estava realmente acontecendo, houve uma série de reuniões governamentais de alto escalão em Wuhan; por causa dessas reuniões, houve uma

FEVEREIRO

ordem estrita do governo de não publicar notícias negativas. Isso acarretou um atraso nas notícias sobre a transmissão de pessoa para pessoa e muitos profissionais de saúde e suas famílias acabaram infectados. Meu amigo médico me disse que a maioria dos casos graves é desse período.

No entanto, agora que todos os hospitais dispõem de suprimentos e medidas preventivas adequados, a taxa de infecção entre médicos e enfermeiros é muito menor e também parecem ser casos leves. Esse amigo me disse: "Mais tarde, quando todos os médicos começaram a ficar doentes, todos sabiam que era uma 'doença contagiosa', mas ninguém se atreveu a falar, pois estavam sendo 'amordaçados'. Ora, apenas porque alguém lhe diz para não fazer algo, você não deve se manifestar? Não existe um problema fundamental quando todos sabem que algo está errado, mas ninguém ousa falar? Como é que os administradores do hospital não deixaram seus médicos se manifestar? Se não nos permitem falar, significa que devemos ficar calados? Como médicos, temos uma responsabilidade". Ele estava fazendo essa pergunta diretamente para ele e para seus colegas de profissão. Eu realmente o admirei por sua vontade de refletir sobre o que estava acontecendo.

Percebi que era exatamente por isso que estávamos todos tão zangados com a morte de Li Wenliang. Afinal, ele foi o primeiro a falar, mesmo que tudo o que fez foi avisar seus próprios amigos; mas, ao fazer isso, ele revelou a verdade. E mesmo depois de ter sido punido e de ter sacrificado sua vida, ninguém nunca se desculpou com ele antes de sua morte. Quando esse é o resultado de se manifestar, como podemos esperar que mais alguém fale a verdade? Gostam de dizer que "o silêncio vale ouro", como uma maneira de mostrar o quanto você é profundo, mas qual foi o custo do silêncio nesse caso?

Tudo na cidade de Wuhan ainda está bem em ordem, mas, comparado a alguns dias atrás, o povo otimista parece um pouco mais sufocado e deprimido, trancado em seus minúsculos apartamentos apertados. Mesmo o mundo ilimitado da internet uma hora cansa e todos também têm seus próprios problemas para enfrentar. Meus dois irmãos, por exemplo: ambos sofrem de diabetes e seus médicos recomendam que eles caminhem o suficiente todos os dias. Meu irmão mais velho costumava acompanhar seus passos no celular e andava mais de 10 mil passos por dia. Meu outro irmão era ainda mais rigoroso e fazia duas caminhadas por dia, uma de manhã e outra à tarde. No entanto, agora faz 16 dias que nenhum dos dois sai do apartamento. Mesmo eu, que devo tomar um medicamento diariamente, estou tomando um comprimido a cada dois dias, pois estou ficando sem. Agora só tenho mais um para amanhã. Será que devo ir ao hospital pegar mais? Não sei o que fazer.

Acabei de ver um vídeo de um grupo de cidadãos de Wuhan dirigindo uma carreata de oito carros como despedida final do dr. Li Wenliang. Cada carro trazia um caractere chinês, representando um dos oito denunciantes do coronavírus que foram disciplinados por se manifestar. Os olhos das pessoas estão transbordando de lágrimas e muitos mal conseguem falar. Receio que nos próximos dias o povo de Wuhan enfrentará muitos problemas de saúde mental que exigirão apoio profissional. Nem mesmo o humor espirituoso que todos gostamos de ler on-line poderá resolver os problemas devastadores que estão por vir.

8 DE FEVEREIRO DE 2020

A guerra contra essa praga continua. Ainda estamos aguentando firme.

Hoje marca o Festival das Lanternas, o décimo quinto dia do Ano-Novo Lunar. Pensei que já teríamos chegado a um ponto de virada, mas agora é óbvio que isso não aconteceu. Mesmo trancada em casa, continuo escrevendo e registrando o que vejo; mesmo que cada um dos meus textos acabe excluído pelos censores logo depois de postá-los, continuo escrevendo. Muitos amigos me ligam e me encorajam a continuar; todos me apoiam. Alguns também se preocupam com a minha segurança, mas acho que vai ficar tudo bem. Até brinquei com eles dizendo que, mesmo nos velhos tempos, trabalhadores comunistas clandestinos conseguiam esconder seus relatórios de inteligência por trás das linhas inimigas; agora que estamos na era da internet, qual é a dificuldade de publicar uma opinião on-line?

FEVEREIRO

Além disso, nosso inimigo desta vez é um vírus. Eu sempre permaneço do lado do meu governo, cooperando com todas as ações oficiais, ajudando-o a convencer as pessoas que não estão totalmente de acordo com várias políticas e ajudando-o a consolar os cidadãos ansiosos. A única diferença é que uso um método alternativo e, ocasionalmente, ao longo da minha escrita, também revelo alguns dos meus pensamentos pessoais sobre várias questões; mas essa é realmente a única diferença.

O céu está muito mais claro do que ontem e, à tarde, finalmente reuni coragem suficiente para fazer uma visita ao hospital. Não é bom interromper um tratamento de diabetes. O departamento de endocrinologia não estava aberto, mas um médico me ajudou a obter o medicamento de que eu precisava na farmácia. Notei que havia muito menos pessoas no hospital do que o normal e também pouquíssimos pacientes pelos corredores. O que mais se viam eram profissionais médicos agitados.

Nunca vi o estacionamento tão vazio. Havia um grande caminhão de entrega estacionado em frente à entrada do Edifício 4, descarregando suprimentos doados por outras províncias. Havia muita gente ajudando, e eu realmente não conseguia distinguir os médicos dos outros trabalhadores.

As enfermeiras do saguão estavam todas em fila esperando o elevador, e todas empurravam carrinhos cheios de frutas e lanches, que também pareciam doações de outras províncias. Acho que estavam levando esses itens para os pacientes no andar de cima. Perguntei a alguém sobre a situação no hospital, e a resposta que recebi foi que todos ali estavam ocupados lutando a guerra contra o vírus. Suponho que realmente seja a única coisa importante que estamos enfrentando agora.

Lá fora, havia alguns carros e pedestres, mas muito menos do que o normal. Logo notei que a maioria se enquadrava em três categorias: (1) entregadores de comida percorrendo as ruas em ciclomotores; (2) policiais, em geral estacionados em vários cruzamentos, e havia alguns parados na entrada do hospital. Estava frio ali fora, então não consigo imaginar como deve ser difícil ficar ali o dia inteiro. Esses policiais acabam precisando enfrentar todo tipo de situações; ouvi até falar de uma paciente tão doente que precisou descer as escadas carregada nas costas de um policial para entrar no hospital. Quando chegaram, porém, a paciente já estava morta e o policial caiu aos prantos; (3) o outro grupo são os funcionários de limpeza urbana, mas como há poucos pedestres, quase não há lixo, apenas algumas folhas no chão. Mesmo assim, eles varrem com entusiasmo para deixar a cidade limpa. Desde o início do surto, tenho notado sua atitude sempre calma. Embora quase sempre esquecidos, esse grupo realiza seu trabalho em silêncio, mas, de alguma forma, estão presentes para deixar o coração desta cidade tranquilo.

O relatório mais recente sobre a disseminação do coronavírus parece indicar que fora de Hubei os casos estão claramente caindo e as coisas estão melhorando um pouco. Aqui, porém, ainda estamos em estado crítico. O número de casos confirmados e suspeitos continua a aumentar, o que é resultado principalmente de não terem restringido o trânsito de indivíduos contagiosos desde o início. Agora que os hospitais temporários estão todos em funcionamento, devemos começar a ver os resultados nesse quesito em breve.

Há pouco tempo, alguém me procurou para perguntar se o Festival das Lanterna na TV deveria ser cancelado devido ao que está acontecendo em Wuhan. Eu disse que deveriam continuar com o espetáculo, que todos precisam continuar seguindo em frente. Muitos esperam ansiosamente para comemorar o festival e assistir ao especial transmitido pela TV. O povo de Hubei suportou esse desastre para que o restante da China pudesse continuar com suas vidas normais; isso faria com que nós de Hubei nos sentíssemos melhor com o nosso sacrifício, não concordam? Além disso, trancados em nossas casas, realmente precisamos de uma celebração para nos animar.

Veja, nós somos o povo de Hubei. É disso que o povo de Wuhan é feito.

Gostaria de saber se esta postagem também será excluída pelos censores.

9 DE FEVEREIRO DE 2020

A vida é dura, mas sempre encontramos um caminho.

Segundo o costume chinês, hoje marca o verdadeiro fim do Ano-Novo Lunar. Saí da cama, abri a cortina e a luz do sol era tão clara e forte que parecia

FEVEREIRO

o início do verão. Foi realmente revigorante deixar o sol brilhar em mim por um momento, e realmente precisamos da luz para afastar a nuvem escura que envolveu toda a cidade e liberar a dor que se acumulou dentro de nossos corações.

Olhando meu celular enquanto tomava café da manhã, as manchetes eram algo como "Embora a situação do coronavírus ainda seja grave, há melhorias". Vou resumir alguns pontos principais das notícias que encontrei e recebi de várias fontes:

1. o número de casos suspeitos fora da província de Hubei diminuiu drasticamente;

2. o número de casos confirmados e novos casos suspeitos em Hubei continuaram a diminuir;

3. o número de novos casos críticos em todo o país (incluindo Hubei) diminuiu significativamente — esta notícia nos deixou em êxtase. Até onde eu sei, quase todos que sofrem de infecções leves são capazes de se recuperar totalmente; a maioria dos que morreram tiveram infecções graves não tratadas imediatamente;

4. o número de pacientes curados continua a aumentar — o fato de tantas pessoas terem se recuperado trouxe muita esperança a todos os infectados;

5. o Remdesivir, antiviral americano, tem sido muito eficaz no tratamento de pacientes em ambiente clínico. Mesmo os casos de infecção grave apresentaram melhora com esse medicamento;

6. é bem provável que tenhamos um ponto de virada com o vírus em cerca de 10 dias, o que é muito encorajador para nós.

Apesar disso, lamento informar que a taxa de mortalidade não caiu. A maioria dos mortos são pessoas infectadas no início do surto que não puderam ser hospitalizadas ou ter acesso a tratamento médico eficaz no início; alguns morreram antes mesmo de serem diagnosticados corretamente. De quantas pessoas estamos falando aqui? Não tenho tanta certeza.

Hoje de manhã, ouvi um telefonema gravado entre um investigador e uma funcionária em um necrotério. A mulher era de mente clara e perspicaz e falava com certa franqueza. Ela disse que nenhum dos funcionários podia descansar e até mesmo ela estava à beira do colapso. Em meio à sua

DIÁRIOS DE WUHAN

raiva reprimida, ela chamou vários funcionários do governo pelo nome, amaldiçoando-os e xingando-os de cães.

O povo de Wuhan tende a ser bastante direto; valoriza a amizade, a honra e a irmandade e acredita ser importante fazer a coisa certa. Também está sempre disposto a se prontificar e ajudar seu governo; afinal, geralmente há apenas dois ou três graus de separação entre uma pessoa comum e os funcionários do governo local; então, como podemos nos recusar a ajudá-los? Mesmo assim, há momentos em que é necessário liberar a raiva e a frustração. Se o povo de Wuhan se põe contra alguém, será extremamente cruel e acabará com sua dignidade, arrastando até mesmo seus ancestrais na lama. Mas se isso acontecer com você, não culpe o povo; culpe a si mesmo por não levar sua responsabilidade para com o povo a sério.

Ao longo dos últimos dias, as pessoas que morrem por esse vírus parecem estar se aproximando cada vez mais de mim. O primo do meu vizinho acabou de morrer. Um bom amigo meu acabou de perder seu irmão mais novo. Outra amiga perdeu os pais e a avó, antes que ela própria sucumbisse à doença. As pessoas não têm lágrimas suficientes para chorar todas essas mortes. Não é como se eu nunca tivesse perdido um amigo antes; quem não conheceu alguém que ficou doente, recebeu tratamento, mas acabou falecendo? Todos nós. Em momentos como esse, as famílias se reúnem para apoiar seus doentes, os médicos fazem o possível para salvar seus pacientes, mas, no final, nem sempre funciona.

Porém, esse surto de coronavírus é diferente: as pessoas que foram infectadas cedo não apenas morrem, mas também enfrentaram desesperança. Seus gritos ficaram sem resposta, suas tentativas de receber intervenção médica foram inúteis, sua busca por tratamento eficaz se mostrou infrutífera. Os que não tiveram a sorte de encontrar um leito podem fazer o quê, além de ficar esperando a morte? Simplesmente existem doentes demais e leitos de menos; os hospitais não conseguem acompanhar a demanda. Para aqueles que tiveram o azar de não ter uma cama, o que podem fazer além de ficar sentados e esperar a morte? Tantos pacientes pensavam que seus dias continuariam sendo tão pacíficos como sempre; que, se adoecessem, bastaria ir ao médico; entretanto, estavam completamente despreparados para enfrentar a morte de maneira tão inesperada, sem mencionar a experiência de ter assistência médica negada. A dor e o desamparo que enfrentaram antes da morte foi mais profundo do que qualquer abismo que se possa imaginar.

"Não é contagioso entre as pessoas; é controlável e evitável": essas palavras transformaram Wuhan em uma cidade de sangue e lágrimas cheias de infelicidade.

Aos meus caros censores da internet: é melhor deixar o povo de Wuhan falar e expressar o que quer dizer! Depois de tirar essas coisas do peito, as pessoas se sentirão um pouco melhor. Já estamos trancados em quarentena há mais de dez dias e vimos muitas coisas terríveis. Se nem nos permitem liberar um pouco da nossa dor, devem ter a intenção de nos deixar loucos!

Esqueça. Enlouquecer não resolverá nossos problemas. Se cairmos mortos, eles não se importarão. Melhor simplesmente não falar.

Enquanto isso se arrasta, a questão alimentar está se tornando mais premente para todos. Incrível é o número de pessoas capazes em várias comunidades que apareceram de repente para ajudar a resolver esse problema. Meu irmão me disse que seu bairro criou seu próprio grupo organizado para comprar alimentos de forma coletiva. Todos que entram na lista, recebem um número e fazem um pedido por atacado para um fornecedor. Cada família recebe um saco de verduras e legumes. Os pacotes são entregues em um pátio aberto do bairro e as pessoas os buscam, uma por uma, de acordo com o número atribuído; dessa forma, ninguém precisa ter contato direto com mais ninguém, nem ir a um supermercado. Se houver algum problema com a qualidade do produto entregue, basta levá-lo para casa e depois ligar para um número que eles fornecem para solicitar a troca.

Hoje também soube de um colega cuja vizinhança também estabeleceu um sistema semelhante para comprar carne de porco, ovos e outros itens. Há inclusive opções variadas de cada item. Basta reunirem 20 pessoas para formar um grupo, depois é só buscar. Eu também me inscrevi; afinal, ainda temos pelo menos mais duas semanas antes que a quarentena seja levantada. Pedi a opção C da carne de porco, que custava 199 yuans. A vida é dura, mas sempre encontramos um caminho.

DIÁRIOS DE WUHAN

10 DE FEVEREIRO DE 2020

Podemos esperar que a situação geral comece a melhorar a qualquer momento.

Outro dia sombrio, embora o céu ainda esteja bastante claro. Ainda estou conversando com amigos, esperando receber boas notícias.

Dezesseis províncias chinesas se voluntariaram para cada uma patrocinar uma das 16 cidades de Hubei. Profissionais médicos estão fazendo fila para se voluntariar; estão cortando os cabelos, alguns até raspando completamente a cabeça,* e se despedindo de seus amigos e familiares para virem ajudar. Os vídeos desses voluntários são muito emocionantes. Disseram-me que também estão trazendo todos os tipos de suprimentos médicos e equipamentos de proteção. Estão até trazendo seus próprios itens básicos de alimentação: sal, óleo de cozinha, molho de soja, vinagre e outros suprimentos para não aumentar o fardo dessas cidades já sobrecarregadas. Mais de 20 mil trabalhadores médicos se ofereceram para vir a Hubei.

Para aliviar as perdas humanas sofridas por médicos e enfermeiros de Hubei, particularmente devastadoras, grandes tropas de apoio finalmente chegaram ao resgate. Graças à sua ajuda, os profissionais médicos e os cidadãos de Hubei podem dar um suspiro coletivo de alívio. Os médicos locais que não são mais capazes de suportar o esgotamento dessa guerra prolongada podem finalmente descansar um pouco.

Essa dramática mudança de eventos aconteceu graças ao apoio do país. Graças à expansão de hospitais temporários, ao aumento de leitos, à chegada de profissionais de saúde, às políticas eficazes de quarentena, à administração bem organizada e à cooperação e à tenacidade dos cidadãos de Wuhan que trabalharam juntos, a capacidade de propagação desse vírus

---

* Muitos médicos, enfermeiros e profissionais de saúde voluntários que viajaram para Wuhan durante o auge do surto de COVID-19 rasparam a cabeça como forma de reduzir o risco de contaminação cruzada. Outro método de segurança empregado foi o uso de fraldas, para que os profissionais médicos não precisassem correr o risco de infecção ao usar o banheiro.

FEVEREIRO

começou a mostrar sinais claros de estar diminuindo. Tudo isso provavelmente ficará muito mais claro ao longo dos próximos dias.

No fim das contas, essa quarentena durou tanto tempo principalmente porque:

1. perdemos um tempo precioso durante os primeiros dias do surto, o que permitiu a propagação;
2. alguns procedimentos de isolamento implementados desde o início não foram eficazes, o que levou a novas infecções;
3. os recursos hospitalares esgotaram e médicos e enfermeiros adoeceram, o que prejudicou a capacidade de atendimento.

Mas agora que vemos uma melhora em todas essas frentes, podemos esperar que a situação geral também comece a melhorar a qualquer momento.

Vi uma mensagem on-line de um paciente no hospital temporário instalado no Auditório de Hongshan. Ele disse que todos os três membros de sua família estão hospitalizados e devem receber alta nos próximos dois dias, junto com vários outros pacientes. Lá, estão recebendo um tratamento misto de medicina tradicional chinesa e medicina ocidental. Esse paciente também falou muito bem da alimentação que está sendo fornecida. Essa mensagem incentivou muitos que ainda tinham medo de serem internados nos hospitais temporários e preferiam ficar em casa. Além de fornecer atendimento médico — o que eles não teriam em casa —, esses grandes espaços abertos estão sendo usados até para dança de salão entre os pacientes!

Com medo de ser censurada, parece que estou me transformando em alguém que apenas relata as boas notícias e ignora as más. Na verdade, essas boas notícias são o que eu realmente quero compartilhar com meus leitores. Faz muito tempo que ansiamos por elas. Na internet há todo tipo de discussões, controvérsias assustadoras, especialistas tentando fazer análises lógicas e gente espalhando boatos ridículos. Nós aqui não queremos nada disso. Estamos preocupados com as questões práticas do nosso dia a dia nesta situação de quarentena, com os doentes, com os mortos, com o próximo suprimento de alimentos, com quando vamos poder sair de casa.

As más notícias continuam me preocupando. Esta tarde, o professor Lin Zhengbin, especialista em transplante de órgãos do Hospital de

DIÁRIOS DE WUHAN

Tongji, faleceu. Tinha 62 anos, era cheio de energia e tinha uma incrível experiência em seu campo; é uma perda terrível. O Hospital de Tongji é ligado à Universidade de Ciência e Tecnologia de Huazhong, que também perdeu dois importantes professores em apenas três dias; todos no campus estão de coração partido.

11 DE FEVEREIRO DE 2020

A chegada de uma nova vida é a melhor esperança que o céu pode nos dar para o futuro.

O tempo hoje continua como ontem — ainda melancólico, mas não tão nublado.

Esta tarde, vi uma foto de doações chegando do Japão e as caixas tinham um dístico de um antigo poema clássico chinês: "Uma montanha pode nos separar, mas compartilhamos as mesmas nuvens e a mesma chuva; A lua brilhante pertence à minha aldeia e à sua".* Fiquei emocionada. Também me emocionei ao ver um trecho do discurso de Joaquin Phoenix no Oscar, em que ele parecia lutar contra as lágrimas ao mencionar a "oportunidade de usar nossa voz para os que não têm voz". Também li uma frase de Victor Hugo hoje: "Não é tão fácil ficar calado quando o silêncio é uma mentira". Desta vez, porém, não fiquei comovida — senti vergonha.

Isso mesmo; não tenho escolha a não ser ficar com vergonha.

Ainda existem vídeos de pessoas clamando por ajuda, mas já não consigo mais vê-los, e pessoas menos racionais que eu chegam a seu limite emocional ainda mais rápido. No momento, o mais urgente é levantar a cabeça e olhar para onde quer que possamos encontrar um vislumbre de esperança. Espero que possamos nos inspirar nos que continuam caminhando

---

* Esses versos são do poema de Wang Changling "Song Chai shiyu" ["Despedindo-se do censor imperial Chai"], que data da Dinastia Tang (618—906).

FEVEREIRO

a despeito do perigo, como os trabalhadores que construíram os hospitais de Huoshenshan e de Leishenshan; nos que continuam a fazer o seu melhor, mesmo com tão pouco e ainda assim ajudando a quem precisa. Espero que possamos olhar para os que se mantêm em seu posto, mesmo à beira da exaustão, na linha de frente, mesmo correndo o risco de serem infectados. Que possamos olhar para os voluntários. Se desmoronarmos, tudo será em vão. Portanto, não importa quantos vídeos comoventes pudermos ver e quantos boatos aterrorizantes pudermos ouvir, devemos nos proteger e cuidar de nossas famílias, seguir as instruções e cooperar. Ninguém vai lhe culpar se você chorar ou ficar assistindo à TV. Faça o que for necessário para superar. Talvez seja essa a nossa contribuição.

As coisas gradualmente começam a melhorar, mesmo que todos saibam que ainda levará algum tempo. Fora de Hubei, quase todas as outras províncias da China começaram a ver uma melhoria acentuada, mas agora, com a ajuda de tantas pessoas, Hubei também está indo na direção certa. Ainda hoje, muitos pacientes receberam alta dos hospitais temporários. Alguns dos que se recuperaram tinham sorrisos de verdadeira felicidade no rosto ao deixar o hospital. Fazia muito tempo que eu não via gente sorrindo assim na rua.

Agora que mencionei, moro em Wuhan há mais de 60 anos. Esta cidade é minha casa desde que meus pais me trouxeram para cá de Nanjing, quando eu tinha dois anos, e nunca mais saí. Fiz o jardim de infância aqui, todo o ensino fundamental, o ensino médio, a universidade e até fiquei para trabalhar depois de me formar. Trabalhei como porteira (trabalhei na comunidade fechada de Baibuting!), como repórter, editora e escritora. Morei em Hankou, ao norte do rio, por mais de 30 anos e ao sul do rio, em Wuchang, por mais 30 anos. Vivi no distrito de Jiang'an, frequentei a escola no distrito de Hongshan, trabalhei no distrito de Jianghan, acabei me estabelecendo no distrito de Wuchang e passei muito tempo escrevendo no distrito de Jiangxia. Meus vizinhos, colegas de classe e de trabalho e colegas escritores estão em cada canto da cidade. Quando saio, encontro conhecidos o tempo todo.

Estou sempre dizendo que todas as minhas memórias estão profundamente enraizadas nesta cidade, cada memória plantada pelas pessoas que conheci aqui desde a infância até a velhice. Dois dias atrás, um amigo meu

DIÁRIOS DE WUHAN

da internet me enviou uma mensagem com um pequeno ensaio anexado, contendo palavras que eu havia apagado por completo da minha mente. Um ano, durante o século passado, Chen Xiaoqing organizou uma série de documentários na Televisão Central da China (CCTV) chamada *Uma pessoa, uma cidade*;* eu desenvolvi o roteiro do episódio de Wuhan. Escrevi: "Às vezes me pergunto: comparada a outras cidades do mundo, por que Wuhan é um lugar tão difícil de se viver? Talvez tenha a ver com o clima terrível daqui? Então, do que eu gosto nesta cidade? É a história e a cultura? Ou são as pessoas e os costumes locais? Ou é o cenário natural? Na verdade, não é nada disso. A razão de eu gostar de Wuhan começa com o fato de ser o lugar com o qual estou mais familiarizada. Se você colocar todas as cidades do mundo diante de mim, Wuhan é o único lugar que eu realmente conheço. É como uma multidão de pessoas caminhando em sua direção e, no meio daquele mar de rostos desconhecidos, você vê um único rosto exibindo um sorriso que você reconhece. Para mim, esse rosto é Wuhan".

É nossa profunda conexão com a nossa cidade que nos comove tanto e nos faz sentir profundamente tristes e tão impotentes. O povo de Wuhan fala alto, exaltado, e a gente de fora pode até achar que estão discutindo. Depois de conhecê-los, no entanto, você começa a entender como são calorosos e sinceros e o quanto só gostam de fazer tipo. Mas hoje muitos deles estão sofrendo, lutando com o deus da morte. A menos que você tenha passado a vida inteira em Wuhan, temo que possa ser difícil entender esse ou o sentimento de dor que estamos enfrentando agora. Por mais de 20 dias, tenho usado remédios para dormir todas as noites. Eu me culpo por não ter coragem suficiente para enfrentar tudo.

Não consigo mais falar sobre isso.

Esta tarde, preparei quatro receitas para mim; deve durar uns três dias. Nos últimos dias, eu vinha comendo qualquer coisa que havia sobrado em casa. Também cozinhei arroz extra. Meu cachorro de 16 anos está sem

---

* *Yigeren he yizuo chengshi* ["Uma pessoa, uma cidade"] foi uma série de documentários da CCTV [Televisão Central da China] de 2002, dirigida por Wei Dajun e escrita por Li Hui e Feng Jicai. A série continha 17 episódios e abordava várias cidades da China através das lentes pessoais de escritores famosos; incluindo Liu Xinwu (Pequim), Sun Ganlu (Xangai) e Zhang Xianliang (Yinchuan). Fang Fang estrelou o episódio em Wuhan.

comida. Pouco antes do Ano-Novo Chinês, encomendei comida de cachorro, mas nunca chegou. O vendedor pediu desculpas, mas me disse que não havia nada que pudessem fazer. No dia anterior ao início da quarentena, comprei um pouco na loja de animais, mas nunca imaginei que não fosse nem perto de ser o suficiente. Liguei no veterinário para perguntar o que fazer e ele me disse que eu poderia dar arroz. Então, a partir de agora, sempre que cozinhar arroz, preciso fazer uma porção extra para meu cachorro.

Enquanto eu cozinhava, uma conhecida me ligou para me dizer que sua colega de classe acabava de dar à luz um menino gordo de 4,5 kg por cesariana. Ela me disse que a chegada de uma nova vida é uma ocasião muito feliz. Essa é a melhor notícia que ouvi hoje. É verdade; a chegada de uma nova vida é a melhor esperança que o céu pode nos dar para o futuro.

12 DE FEVEREIRO DE 2020

*Gritar slogans políticos não vai aliviar a dor
do povo de Wuhan.*

Faz 21 dias que a cidade entrou em *lockdown*. É quase como se eu estivesse vivendo em um transe. É difícil acreditar que estamos em confinamento por todo esse tempo. Estou um pouco surpresa por ainda sermos capazes de fazer coisas comuns, como trocar piadas com amigos, bater papo em grupos, ou falar sobre o que estamos comendo todos os dias. Fiquei sabendo até de uma colega que corria três quilômetros apenas de um lado para o outro entre a cozinha e o quarto!

Ontem, a ordem de bloqueio foi estendida a todos os distritos. Agora ninguém pode sair. Esse pedido foi baixado para que a quarentena possa ser aplicada com mais rigor. Depois de ver tantas tragédias, todos entendemos por que isso precisa ser feito e aceitamos com calma.

Percebendo que todas as famílias precisam de um fornecimento de alimentos, cada bairro estabeleceu uma série de medidas práticas para que a cada três ou cinco dias, uma pessoa de cada família possa sair para comprar mantimentos e itens básicos em caráter de revezamento. Hoje, o marido de uma das minhas colegas não só foi buscar compras para sua casa, como trouxe uma sacola para mim e outra para meu vizinho Chu Feng. Faço parte do grupo de risco de contrair o vírus, e Chu Feng tem uma lesão nas costas que dificulta sua locomoção; então nós dois temos muitas pessoas cuidando de nós. Na sacola havia carne, ovos, asas de frango, frutas e legumes frescos. Acho que nem *antes* da quarentena eu tive tanta comida em casa. Para mim, que faço refeições tão simples, isso durará meses!

Meu irmão mais velho me disse que existe apenas um portão em seu condomínio que é aberto para uma pessoa de cada família por vez, a cada três dias, para sair e fazer compras. Meu outro irmão disse que há um entregador em sua vizinhança circulando e entregando comida a todos. As famílias fazem listas e ele cuida do resto. Meu irmão está mais tranquilo de não precisar sair, pois mora do outro lado do Hospital Central, que nos últimos dias tem sido a área mais perigosa em toda Wuhan em termos de número de infecções. Ele espera que, se todos unirem esforços, no final de fevereiro, tudo voltará ao normal.

Isso é realmente o que muitos de nós esperamos.

Há muitas pessoas de bom coração que fazem coisas incríveis em tempos difíceis. A escritora da província de Yunnan, Zhang Manling,* me mandou um vídeo do povo do condado de Yingjiang enviando quase cem toneladas de batatas e arroz para serem doadas ao povo de Hubei. Estive na província de Yunnan muitas vezes ao longo dos anos, embora nunca em Yingjiang, mas agora sempre me lembrarei desse lugar.

Na internet não há nada de muito novo. Talvez o ponto de virada que estamos aguardando chegue a qualquer momento, mesmo que os que foram infectados no início continuem a morrer a um ritmo alarmante. De qualquer forma, tenho uma sensação desconfortável por dentro. Mesmo que o atendimento médico seja mais fácil agora, ao mesmo tempo, o povo de Wuhan está começando a ficar cada vez mais deprimido com a situação geral.

---

* Zhang Manling (n. 1948) é diretora, produtora de filmes e roteirista. Foi a primeira mulher chinesa a aparecer na capa da revista *Time*, durante a Era da Reforma. É a autora premiada de vários livros e roteiros.

FEVEREIRO

É difícil encontrar alguém que não esteja sofrendo algum tipo de trauma psicológico com tudo isso, e temo que nenhum de nós possa evitar. Quer sejam os indivíduos ainda saudáveis (incluindo crianças) que ficaram presos em casa por mais de 20 dias, os pacientes que passam algum tempo vagando pela cidade no frio e na chuva tentando encontrar um hospital para acolhê-los, os parentes forçados a ver seus entes queridos amarrados em um saco de cadáveres e mandados para um crematório, ou aqueles profissionais de saúde que viram, desamparados, paciente após o paciente morrer, incapazes de salvá-los. E há muitas outras histórias traumáticas que continuarão sendo um fardo psicológico para as pessoas por muito tempo. Depois que essa praga passar, receio que Wuhan precise de um exército de conselheiros e psicólogos para ajudar as pessoas a superar as consequências. O povo precisa de uma libertação, de um bom choro, de um lugar para gritar suas acusações e precisa ser consolado. Gritar slogans políticos não vai aliviar a dor do povo de Wuhan.

Hoje, na verdade, estou me sentindo muito mal e acho que realmente preciso tirar algumas coisas do meu peito.

Várias cidades já enviaram trabalhadores humanitários para apoiar todas as funerárias locais de Wuhan. Todos esses funcionários estão aparecendo com bandeiras chinesas, tirando fotos em frente às casas funerárias e depois postando essas fotos por toda a internet. Há um número bastante grande desses voluntários, e ver suas imagens inundarem as redes sociais me deixou um pouco fora de mim. Sinto meu cabelo arrepiar; é doloroso de ver. É claro que sou grata por terem vindo ajudar, mas o que quero realmente dizer é: nem todas as situações exigem que vocês fiquem patrióticos e agitem suas bandeiras. É realmente necessário nos intimidar com tudo isso?

Acho ótimo o governo ter pedido a ajuda dos servidores públicos para atender as necessidades mais básicas do povo. Mas então um amigo me enviou um vídeo de um grupo desses funcionários públicos carregando um monte de bandeiras chinesas, marchando para servir aquelas pessoas desprivilegiadas. Geralmente, quando tiramos foto em frente à bandeira nacional chinesa, é porque estamos visitando algum local famoso durante as férias; não é o tipo de coisa que fazemos quando estamos arregaçando as mangas como voluntários em uma região devastada por doença e sofrimentos.

DIÁRIOS DE WUHAN

Depois de tirar as fotos, eles jogaram seus equipamentos de proteção em uma lata de lixo na rua. Meu amigo perguntou: "O que eles estão fazendo?!". Como eu iria saber? Suponho que é assim que eles estão acostumados a operar. Tudo o que fazem começa com um bom show para provar como são importantes. Se ir para as classes menos favorecidas e ajudá-las fizesse parte de sua rotina diária de trabalho, eles precisariam agitar essas bandeiras?

No momento em que eu escrevia a frase anterior, outro vídeo apareceu no *feed* do meu amigo, e me deixou ainda mais desconfortável. Um dos hospitais temporários recebeu aviso de que um determinado líder político local estava prestes a fazer uma visita, e várias dezenas de pessoas fizeram fila na entrada, incluindo funcionários, profissionais médicos e provavelmente até alguns pacientes. Todos estavam usando máscaras e foram cantando para um a um com todos os pacientes em seus leitos: "Não haveria uma nova China sem o Partido Comunista!". É uma música que todo mundo conhece, mas existe realmente necessidade de sair cantando em coro para todos esses pacientes que sofrem? Não estamos lidando com uma doença contagiosa? Não afeta os pulmões, dificultando a respiração? E aqui vocês querem que eles cantem?

Por que o surto se tornou tão mortal aqui em Hubei? Por que esses altos funcionários de Hubei estão sendo criticados por todos na internet? Por que as medidas tomadas para controlar o surto em Hubei foram marcadas por repetidos erros? Todo e qualquer passo ao longo do caminho tem sido uma sucessão de erros que apenas aumentaram o sofrimento do povo de Hubei. E agora, depois de todo esse tempo, quer me dizer que ainda não existe uma única pessoa no governo disposta a refletir sobre isso? O ponto de virada sobre o qual ouvimos falar ainda não chegou e nosso povo está sofrendo, mas aqui eles são tão rápidos em levantar suas bandeiras vermelhas e cantar canções patrióticas sobre a grandeza da nação?

Também quero perguntar: quando esses funcionários públicos farão seu trabalho sem tirar mais fotos comemorativas? Quando nossos líderes políticos farão uma inspeção em um hospital sem esperar que as pessoas cantem canções de gratidão ou façam grandes apresentações por eles? Meu povo, somente quando vocês entenderem o bom senso é que serão capazes de realmente entender como cuidar de assuntos práticos. Caso contrário, como poderemos esperar que o sofrimento das pessoas acabe?

FEVEREIRO

13 DE FEVEREIRO DE 2020

Talvez então eles finalmente entendam o que as pessoas comuns estão passando.

Abri a janela à tarde e notei que o sol havia saído novamente. Acredito que hoje marca o Sétimo Dia* da morte de Li Wenliang? O Sétimo Dia é quando aqueles que embarcaram em sua jornada distante retornam uma última vez. Quando a alma de Li Wenliang no céu voltar a este antigo lugar pela última vez, eu me pergunto o que ele verá.

Depois de dois dias tranquilos praticamente sem notícias, ontem à noite as coisas voltaram à vida. Em particular, houve três artigos de opinião curtos publicados no jornal *Yangtze* que realmente irritaram muitos leitores e lhes deram uma injeção de energia. Essa energia vem de estarmos todos ansiosos pela oportunidade de podermos descarregar toda a nossa raiva em alguém ou em algo, o que seria uma saída psicológica produtiva para a maioria de nós.

Uma vez minha filha perguntou a seu avô de 99 anos qual era seu segredo para uma vida longa. A resposta: "Coma muita carne gordurosa, não se exercite e não deixe de amaldiçoar quem merece". E assim, o terceiro segredo de uma vida longa é amaldiçoar as pessoas.

Tentamos lamentar juntos a perda do dr. Li Wenliang, mas não foi suficiente; só o que resta a tentar é lançar maldições sobre as pessoas que nos causaram tanta dor. Além disso, o povo de Wuhan sempre teve um talento especial para colocar as pessoas em seu devido lugar, o que, depois, deixa o corpo completamente revigorado. Mas devo dizer que as opiniões retratadas nesses três ensaios foram acertadas. Suspeito de que muitos wuhaneses estejam secretamente guardando rancor pela morte do dr. Li,

---

* De acordo com o costume tradicional chinês, o "Sétimo Dia" (*tou qī*) é um ritual que ocorre sete dias após a morte. Acredita-se que, no sétimo dia, a alma do falecido retorne para casa. Nesse dia, espera-se que a família prepare uma refeição para o falecido e depois se retire para o quarto ou para algum lugar fora da vista, para que a alma errante não encontre os membros de sua família e fique nostálgica, o que poderia ameaçar sua capacidade de renascer.

e tenho certeza de que se lembrarão disso. É claro que sei que há muitas coisas que não podemos criticar, mas podemos criticar vocês!

Quando acordei, a primeira coisa que fiz foi ver se as autoridades da internet haviam publicado um aviso informando que haviam excluído a postagem. Adivinhem? Não havia nada! Isso significa que o próprio *Yangtze* excluiu os artigos! Agora, isso realmente deixa a gente com algo em que pensar.

As coisas ainda estão bastante tensas devido ao surto, mas on-line as manchetes continuam mudando, alternando-se entre histórias deprimentes e animadoras. O comandante-chefe responsável por liderar a luta contra o surto em Wuhan foi finalmente substituído. Na verdade, não importa quem seja enviado no lugar. Contanto que tenha capacidade de controlar o surto, que seja capaz de evitar os erros que continuam sendo cometidos repetidamente, se puder se abster daquelas exibições sem sentido e evitar repetir as baboseiras vazias de novo e de novo, essa pessoa vai servir.

Quanto aos funcionários do governo de Hubei que foram destituídos do cargo, eles nunca cumpriram sua responsabilidade mais básica de proteger esta terra e manter a segurança do povo. Apesar disso, ainda não está claro se serão simplesmente transferidos para outro local onde possam começar tudo de novo. Na China tradicional, o imperador costumava ter uma política de "nunca mais empregar" funcionários que cometiam graves erros que levavam a consequências catastróficas para o povo e para a nação. Penso que, no mínimo, essa abordagem deveria ser adotada aqui — esses funcionários na verdade estariam saindo no lucro. Se forem despojados de seu poder e provarem o que é ser uma pessoa comum, acho que poderão finalmente entender o que as pessoas comuns estão passando.

Uma foto que recebi hoje de um médico me deixou arrasada: uma pilha de celulares no chão de uma funerária; os proprietários desses aparelhos já haviam sido reduzidos a cinzas. Sem palavras.

Em vez disso, é melhor falar sobre o surto. Por nove dias seguidos, o número de pessoas infectadas na região ao norte de Hubei está em declínio. Hubei, por outro lado, continua indo na direção oposta, e só hoje o número de casos confirmados continuou a se multiplicar. A razão para isso é clara; é o que os especialistas chamam de "pacientes acumulados". Significa que são as pessoas que originalmente não conseguiram entrar no sistema hospitalar devido à superlotação, então foram simplesmente mandadas para casa e instruídas à autoquarentena como "casos suspeitos". Agora, o governo está fazendo o possível para todos serem oficialmente diagnosticados em um hospital e tentando garantir que todos os casos suspeitos estejam em quarentena. Talvez os números que estamos vendo hoje sejam o pico? Suspeito que, daqui em diante, não veremos outro influxo como esse. É claro que existem todos os tipos de razões objetivas para explicar os erros cometidos desde o início; no entanto, no que diz respeito às pessoas comuns, todas essas razões objetivas resultaram na perda de vidas humanas reais. Fugir da responsabilidade é inútil quando milhões de internautas estão controlando esses registros.

Pelo menos aqueles vídeos comoventes de pessoas que choram ao céu em busca de ajuda desapareceram. Desta vez, estou confiante de que a situação está realmente melhorando e que não foi apenas mais um caso de censores da internet apagando esses vídeos.

Mas uma coisa é clara: as ações tomadas pelo governo para controlar o surto estão se mostrando cada vez mais eficazes. Com o tempo, também estão gradualmente encontrando métodos mais humanísticos. Um grande número de funcionários públicos foi enviado para ajudar as comunidades locais em nível básico. Entidades como minha unidade de trabalho da Associação de Escritores de Hubei enviaram várias pessoas. Até membros do Partido Comunista Chinês, que são profissionais qualificados, estão sendo enviados para ajudar. Cada pessoa é designada para supervisionar um grupo de famílias, a fim de ajudar o governo a entender sua condição de saúde atual e o que pode estar faltando em sua vida cotidiana agora: alimentos e outros itens básicos.

Uma das minhas amigas é editora-assistente da *Revista de Artes Yangtze* e, embora tenha mestrado em uma escola de alto padrão, ainda ganha muito menos do que a maioria dos servidores públicos; mesmo assim, coube a ela a tarefa de supervisionar um bloco de seis famílias. Ouvi-la recordar os detalhes daquelas famílias e o que elas estão passando nos deixa sem palavras. Atualmente, a maioria das famílias tem apenas um filho e geralmente há várias pessoas idosas em casa para cuidar. Uma família, por exemplo, era composta por marido e mulher de meia-idade, cada um com pai e mãe idosos sob sua responsabilidade; além disso, a esposa também cuidava dos filhos, e o marido cuidava das compras para todos. Wuhan é uma cidade grande; mesmo se você tiver carro, dirigir para entregar comida a todas essas pessoas é um trabalho exaustivo. Em tempos normais, as pessoas já comentavam sobre as dificuldades dessa organização familiar, mas hoje em dia, parece pouco frente às famílias que sofrem com doença e morte. Todos, porém, continuam dizendo que serão capazes de aguentar e que acreditam no que o governo está fazendo.

Um suprimento interminável de provisões humanitárias continua a inundar Hubei. Esta noite, meu irmão me disse que a doação de 180 mil máscaras faciais acabara de chegar a Wuhan da cidade de Pittsburgh (EUA), por meio de uma remessa da China Air. "Eles ainda estão preparando o envio de mais suprimentos médicos. Por que você não menciona isso em seu blog hoje?" Pittsburgh e Wuhan são cidades irmãs; é claro que vou mencionar, disse a ele. Na verdade, visitei Pittsburgh duas vezes há muitos anos e gostei muito da atmosfera de lá. Mas, no que diz respeito a meu irmão, ele realmente não se importava se éramos ou não cidades irmãs; o importante é que seu filho e seus netos moram em Pittsburgh. Como alguém que vive no centro dessa zona de doença, ele só queria encontrar uma maneira de expressar sua gratidão à cidade de Pittsburgh.

Deixe-me concluir a postagem de hoje com uma citação de um desses memes da internet: "Não desejo minha viagem a Yangzhou para apreciar a paisagem de primavera em março, desejo apenas poder finalmente descer as escadas em março".

14 DE FEVEREIRO DE 2020

O problema é que seu chamado espírito humanista não permitiu que você pensasse nas coisas pela perspectiva de outra pessoa.

O tempo hoje está um tanto estranho. Estava perfeitamente claro esta tarde e, em um instante, de repente começou a chover. Acabei de descer para pegar um pacote de comida de cachorro que minha filha conseguiu pedir para mim, pois sabia que eu estava sem. Quando cheguei lá embaixo, senti que o vento estava aumentando e ouvi trovões. Eu tinha ouvido que chegaria uma frente fria e que a temperatura cairia pelo menos dez graus; poderia até nevar. Estou imaginando que o governo já deva ter tomado as medidas necessárias para fornecer cobertores e outras provisões para os pacientes em quarentena naqueles hospitais temporários.

Quando olhei o WeChat esta manhã, vi imediatamente as notícias sobre um empresário amigo meu que estava ocupado liderando um grupo de voluntários distribuindo doações. Nos últimos dias, ele tem feito esse tipo de trabalho sem parar, e também conseguiu mobilizar um grupo de outros empreendedores para fazer doações. Nunca o vi tão abatido quanto nas fotos.

Os funcionários públicos no comando não se atrevem mais a relaxar, o que significa que o público está agora em muito melhor forma. Um dos meus colegas de escola compartilhou um slogan que muitas pessoas têm dito sobre funcionários do governo: "Se você não vai trabalhar, é melhor encontrar um ramo diferente!". Basicamente, isso significa que, se você não estiver 100% comprometido em combater esse surto, é melhor se demitir agora!

Ainda hoje, duas autoridades locais do distrito de Wuchang foram demitidas. Um homem que ainda está em confinamento disse a seu vizinho de infância: "Somente nos últimos dias eu finalmente ouvi um funcionário do governo que fala com um tom de voz razoável! Todas aquelas autoridades anteriores só sabiam gritar de um lado para o outro!". O vizinho respondeu: "Entendo por que estão sempre gritando assim. São muito poucos e simplesmente não conseguem lidar com todas as pessoas que os procuram em busca de ajuda! Todos estão enlouquecendo! Mas, por outro lado, também fico bastante emocionado ao ouvir alguém falando conosco em um tom de voz calmo e normal". Em tempos de crise, esses pacientes realmente não têm muitos pedidos; eles só querem uma resposta gentil a suas perguntas, mas até isso estava sendo considerado um luxo.

É melhor eu mudar de assunto e voltar a falar dos outros pacientes que estão adiando seus tratamentos. Com o passar do tempo, o atendimento a pacientes com problemas crônicos de saúde acaba se tornando uma sentença de morte. Muitos em diálise ou que precisam de cirurgia imediata geralmente estão a apenas um dia ou dois de correr um risco grave, mas muitos hospitais ficaram com leitos exclusivos para o tratamento de coronavírus. A maioria dos outros departamentos fechou, provocando uma debandada desses pacientes para buscar tratamento em outro lugar, ou até mesmo para morrer em casa. Mas como é possível realmente não haver mais nada a se fazer por essas pessoas?

Dizem que outros hospitais fora de Hubei não estão dispostos a aceitar novos pacientes com coronavírus devido ao alto risco de espalhar a doença; mas e esses outros pacientes com doenças crônicas? Por que não enviam ambulâncias para buscá-los e oferecer tratamento? Talvez seja um pouco complicado e possa envolver custos adicionais, mas esses pacientes também fazem parte do quadro geral do que está acontecendo. Ainda ontem ouvi que dois pacientes que precisavam de diálise morreram. Mesmo que ainda não tenhamos chegado a esse ponto de virada que parece se afastar cada vez mais, que as tropas de apoio tenham chegado, que um novo comandante-chefe tenha assumido as rédeas, e que nossa batalha contra esse vírus esteja agora claramente no caminho certo, não há pontos mais delicados que podem ser tratados com um pouco mais de minúcia e cuidado? Existem pessoas por aí sofrendo de todos os tipos de enfermidades, e elas também são pessoas.

Também quero ressaltar que esse surto nos permitiu ter uma imagem clara do nível humanitário de nossa sociedade frente a uma catástrofe. Depois que isso finalmente passar, receio que haverá gente fazendo todo tipo de apelo sobre o quanto é importante para a população melhorar sua educação moral humanística, o que deveria ter feito parte de nossa educação básica desde o início. Vemos em filmes de guerra os médicos tratando feridos sem julgar a raça ou a origem, geralmente oferecendo o mesmo cuidado para os soldados inimigos e para suas próprias tropas. Contanto que sejam humanos, merecem a salvação. Isso resulta dos fundamentos mais básicos sobre o que é o espírito humanitário. Mas agora nos encontramos em meio a um surto semelhante a um campo de batalha, e ainda assim o nível de humanismo que exibimos é tão baixo, tão baixo, que fico simplesmente sem palavras para descrever.

FEVEREIRO

As pessoas geralmente têm justificativas para suas ações, tais como "estávamos apenas cumprindo diretrizes escritas". Mas a realidade é repleta de todos os tipos de imprevistos, enquanto as diretivas escritas são frequentemente feitas às pressas, apenas como instruções gerais, embora não costumem conflitar diretamente com os princípios básicos do bom senso e do humanitarismo. Tudo o que precisamos é que as pessoas designadas para aplicar esses princípios tenham um pouco mais de espírito humanista; apenas o suficiente para que um motorista parado nas estradas por mais de 20 dias não acabe com sua vida em perigo; apenas o suficiente para que quando alguém esteja infectado com coronavírus, uma multidão de pessoas não barre sua porta da frente com uma haste de aço para que todos fiquem trancados; apenas o suficiente para que, quando um adulto for forçado a entrar em quarentena obrigatória, seus filhos não acabem morrendo de fome sozinhos em casa. É só o que peço.

Se nosso espírito humanista fosse amplo e abrangente, não precisaríamos abandonar nossos doentes e fracos enquanto lutamos contra esse terrível vírus. Se nosso espírito humanista tivesse sido construído de forma mais completa, teriam nos dito para fazermos tudo ao nosso alcance para evitar o sofrimento e garantir o tratamento de outros pacientes em que precisavam continuar a receber cuidados. Deve haver outro caminho que ninguém apresentou ainda. Afinal, é isto que as pessoas fazem: nós encontramos novos caminhos a seguir. Nossos recursos sociais são fortes, e esta não é uma nação fraca de forma alguma; deve haver solução.

Veja como me pego sempre reclamando dessas questões de bom senso. A adesão aos princípios humanísticos é o tipo mais básico e fundamental de bom senso. Afinal, somos parte da raça humana.

Hoje eu gostaria de mandar lembranças para uma amiga de infância, que estudou comigo desde os primeiros anos de escola até o ensino médio. Desejo uma rápida recuperação. Também faço bons votos ao marido de outra colega, que está fazendo diálise em seu tratamento para os rins. Espero que ela se cuide durante esses exaustivos dias de correria em busca de tratamento para o marido.

DIÁRIOS DE WUHAN

15 DE FEVEREIRO DE 2020

Wuhan, esta noite eu não me importo com os idiotas, eu me importo apenas com você.

Somente quando se está vivendo em um momento de emergência é que todo o bem e o mal da natureza humana vêm à tona. É somente a partir dessa experiência que você começa a perceber coisas que jamais imaginou que veria. Você fica chocada, triste e com raiva, mas, então, se acostuma.

A neve está caindo pesado. Ouvi dizer que o vento rasgou uma parte do telhado do Hospital de Leishenshan ontem à noite, o que mostra como a tempestade foi feroz. Espero que os pacientes afetados possam ser transferidos com segurança para diferentes quartos; é mais uma pequena crise para eles em meio a uma calamidade muito maior.

Hoje estou de péssimo humor. Em algum momento durante as primeiras horas da manhã, descobri que alguém chamado "Xiang Ligang* do CCTIME.COM" havia entrado no Weibo e postado uma foto de celulares à venda em um mercado de segunda mão ao lado de uma das minhas postagens que mencionava os celulares descartados ao lado de um crematório. Ele então enviou uma mensagem alegando que fui eu quem carregou a foto e me acusou de espalhar boatos pela internet! Eu nunca posto fotos com os meus textos. Um leitor postou um comentário ao sr. Xiang dizendo exatamente isso, mas ele não respondeu. A internet está cheia de pessoas arrogantes e desagradáveis tentando causar problemas aos outros. Esse é um sujeito grandalhão de meia-idade que usa uma conta verificada e tem mais de 1,1 milhão de seguidores no Weibo. E se ele tivesse alguma decência, teria esperado minha conta ser desbloqueada para pelo menos poder amaldiçoá-lo como um idiota com morte cerebral. Estou errada? Em vez disso, tudo o que posso fazer é postar meus pensamentos no WeChat.

Um de meus amigos me recomendou um advogado hoje, mas de que vai adiantar? Morando em uma cidade tão fechada, não é possível nem

---

* Xiang Ligang (n. 1963) é um comentarista político especializado no campo das comunicações. É ativo nas mídias sociais chinesas, com mais de 1 milhão de seguidores no Weibo.

FEVEREIRO

chegar aos correios para enviar uma carta a um advogado. De qualquer forma, o sr. Xiang repentinamente excluiu todas as suas postagens, o que me pareceu um sinal claro de que ele estava com medo de uma ação judicial. Difícil de acreditar que existem pessoas assim no mundo!

Na verdade, existem muitas pessoas por aí como "Xiang Ligang". Já vi muitos, mas é melhor não dar atenção. Dito isso, alguns de seus mais de um milhão de seguidores começaram a xingar nas minhas postagens e me enviar mensagens privadas desagradáveis. Parecia que nossas famílias tinham disputas que vinham durando por gerações, quando, na realidade, a maioria deles nem sequer leu uma postagem do meu diário on-line.

Um jovem fotógrafo de Wuhan me enviou uma mensagem longa cheia de palavrões e ameaçou vir à minha casa me bater. O que poderia fazê-lo ter um ódio tão profundo por alguém que ele nunca conheceu e de quem não compreende absolutamente nada? Talvez pessoas assim sejam criadas em um ambiente de ódio e animosidade em vez de verdade e bondade? Ou talvez pessoas assim não tenham cérebro.

Hoje as más notícias continuam chegando. Uma enfermeira chamada Liu Fan* ainda estava trabalhando no segundo dia do Ano-Novo Lunar [26 de janeiro] sem usar máscara e acabou sendo infectada. Mais tarde, seus pais e seu irmão mais novo adoeceram. Seus pais morreram primeiro e ontem ela morreu também. O irmão mais novo era o único ainda lutando; mas, esta tarde, minha amiga médica me disse que ele acabou de falecer. E assim, o vírus engoliu uma família inteira. Estou arrasada, mas também me pergunto se o vírus foi a única coisa que os engoliu.

O que está me deixando ainda mais deprimida é que uma colega de classe do ensino fundamental, muito próxima, também morreu ontem. Ela era um ano mais nova que eu. Em meados de janeiro, ela foi ao mercado duas vezes fazer compras para o Ano-Novo Chinês e, infelizmente, acabou sendo infectada. Foi extremamente difícil para ela finalmente conseguir

---

* Liu Fan (1961-2020) foi a primeira enfermeira a morrer devido à COVID-19 na China. Trabalhou no Hospital de Wuchang, em Wuhan, onde atuou como assistente de chefe de enfermagem. Sua morte foi amplamente coberta pela mídia na China e ganhou muita atenção, pois seus pais e irmão também morrerem devido ao novo coronavírus. No início, sua morte esteve sujeita a uma variedade de rumores e especulações na internet.

DIÁRIOS DE WUHAN

ser internada, mas ouvi dizer que estava se recuperando bem, mas então, de repente, sua família recebeu a notícia chocante de seu falecimento. Todos os meus antigos colegas de escola estão chorando por ela hoje.

Também aprendi um novo termo hoje: "vírus trapaceiro" [*rogue virus*]. Um especialista disse que esse vírus é bem estranho e difícil de controlar. Durante os estágios iniciais da infecção, geralmente não há sintomas, o que levou a um grupo de "portadores assintomáticos". Uma vez que o paciente seja infectado e recuperado, parece que o vírus foi erradicado completamente, mas pode muito bem estar escondido no fundo do seu corpo. Quando você sente que pode finalmente voltar à sua rotina diária, de repente ele explode. Pensando assim, é realmente um "trapaceiro".

Na verdade, o vírus não é o único que se comporta assim. Há também os políticos que agem sem considerar a vida das pessoas comuns, não se importando se vivem ou se morrem; aquelas pessoas que aceitam doações e depois as revendem pela internet para obter lucro; as pessoas que cospem intencionalmente nos elevadores ou limpam a saliva na porta da frente do vizinho; aquelas pessoas que roubam as encomendas de suprimentos médicos de emergência dos hospitais antes mesmo de chegarem; e, claro, aqueles que andam por aí espalhando todo tipo de rumores cruéis que prejudicam as pessoas. O senso comum nos diz que, enquanto as pessoas existirem, a doença sempre coexistirá conosco. E o mesmo se aplica à nossa vida social — desde que haja pessoas, sempre haverá os doentes (estou me referindo aos idiotas corruptos) vivendo entre nós.

Durante tempos de estabilidade, as pessoas se escondem atrás da rotina monótona e ocultam tanto sua grande bondade quando a horrível maldade de que são capazes. Porém, quando nos encontramos em um momento de inquietação, durante uma guerra ou uma terrível tragédia, esses atos de grande bondade e de mal terrível começam a se revelar. Começamos a ver aquilo que nunca pensamos que os humanos fossem capazes de fazer. Ficamos chocados, tristes, com raiva e, depois de um tempo, nos acostumamos. O ciclo então se repete. Felizmente, quando o mal levanta a cabeça feia, a face do bem se eleva ainda mais. É isso que nos permite testemunhar os que são altruístas e destemidos, os que estão dispostos a se sacrificar pelos outros, os que chamamos de heróis. Esses são os anjos de branco que vemos aqui hoje.

Mas deixe-me contar mais sobre o que está acontecendo em Wuhan agora, já que é nisso que as pessoas estão mais interessadas. Um médico meu amigo me disse que antes de 20 de fevereiro, Wuhan deveria abrir uma nova ala hospitalar com mil leitos e ter o suficiente em suprimentos para 100 mil pacientes. Isso significa que a estimativa antecipada dos especialistas de que haveria 100 mil infectados em Wuhan não era uma loucura, afinal. Wuhan deve ser capaz de oferecer atendimento a todos que precisam. Embora exista um número incrivelmente alto de infectados, ainda não ficou pior do que o indicado por algumas projeções anteriores.

Além disso, meu amigo médico fez um pedido especial para que eu dissesse: atualmente, em Wuhan, existem apenas três hospitais em toda a cidade que aceitam pacientes não relacionados ao novo coronavírus: o Hospital de Tongji, o Hospital da União de Wuhan e o Hospital Popular de Hubei. Todos os demais estão sendo usados na luta contra o coronavírus. Para que os pacientes possam buscar seus medicamentos prescritos com comodidade, dez farmácias especiais foram abertas em toda a cidade e as prescrições são feitas com os cartões de seguro-saúde e certificado de diagnóstico. Dos três hospitais abertos a pacientes de não coronavírus, dois estão em Hankou e um em Wuchang; isso significa que, sem qualquer transporte público funcionando, os pacientes devem confiar nas comunidades locais para ajudar a organizar o transporte.

16 DE FEVEREIRO DE 2020

Não há paz quando se vive em meio a uma calamidade...
e "ser-para-a-morte" é apenas um luxo dos sobreviventes.

Não me lembro quantos dias se passaram desde o início da quarentena. Hoje o tempo está tão bonito que poderia muito bem ser primavera. Toda a neve de ontem derreteu sem deixar rastro. Olhei pela janela do segundo andar e pude ver as folhas do lado de fora refletindo a luz do sol.

Embora meu estado de espírito hoje seja muito mais calmo do que ontem, esses ataques pela internet vindos da capital continuam chegando. É difícil entender o que poderia estar provocando tanto ódio. Essas pessoas devem viver todos os dias apenas transbordando de raiva reprimida. Há tantas pessoas que eles desprezam, tantas coisas que odeiam em sua campanha inclemente de ódio... O engraçado é que sou o alvo desse ódio, mas nunca nos conhecemos e não temos absolutamente nenhuma conexão.

Foi ontem que "Xiang Ligang do CCTIME.COM" estava correndo para excluir seus posts difamatórios, mas agora ele postou um novo texto em que escreve: "Onde você conseguiu essa foto? Você fica presa em casa inventando histórias para provocar pânico, implicando que há um grande número de pessoas morrendo de doença e ninguém está fazendo nada a respeito! Você tem consciência?". Como posso responder a uma pergunta tão ridícula? Esse cara supostamente trabalha na mídia, mas faz essa pergunta imatura. Vivemos em uma época em que drones não tripulados podem abater alvos humanos com precisão do ar, mas, de alguma forma, não consigo acessar fotos pela internet de dentro da minha casa? Não consigo entender o que está acontecendo aqui na minha própria cidade? Ninguém mais que lê meu diário está em pânico, mas de alguma forma você está? Estou aqui nesta zona de epidemia, confinada em meu apartamento, acompanhando os acontecimentos via internet e conversando com meus amigos e colegas, documentando o que vejo e ouço todos os dias, esperando impacientemente por algum tipo de ponto de virada. E aí está você, livre como um pássaro em Pequim, usando todo o seu precioso tempo para lançar ataques diários contra mim. E ousa falar sobre consciência? Bem, posso lhe dizer que a maioria dos que leem minhas postagens me diz que se sente mais à vontade depois de lê-las.

Outro usuário do Weibo de nome "Pansuo" comentou: "Quando você vê Fang Fang postar coisas como 'um amigo médico me enviou uma foto', 'meu colega faleceu' ou 'isso ou aquilo aconteceu ao meu vizinho', ela nunca usa o nome completo de ninguém. Tudo o que está fazendo é tentar espalhar o medo. Lendo suas postagens recentes, sinto que ela criou mais do que seu quinhão de 'personagens anônimos'. É uma conquista literária!". Ora, aí está outro idiota sem bom senso. Moro na cidade, fui educada aqui, meus colegas e vizinhos moram aqui. Você acha que eles gostariam que seu sofrimento

FEVEREIRO

pessoal fosse exposto dessa forma nas minhas postagens abertas? Não acha que chamariam minha atenção se eu estivesse inventando tudo isso? "Pansuo" não viu os números oficiais de mortos divulgados pelo governo? Aqui estão mais de mil vítimas somente em Wuhan, e meu diário referenciou apenas uma pequena fração delas! Apenas para deixar perfeitamente claro, não divulgarei os nomes de nenhum indivíduo falecido, a menos que já tenham sido relatados em reportagens oficiais da mídia.

Falando em "meu amigo médico", devo mencionar que tenho mais de um. Devo também dizer a Xiang Ligang e seus companheiros que esses médicos são profissionais do topo de suas áreas de atuação; então certamente não vou revelar seus nomes. A razão pela qual insisto em negar é justamente porque existe escória como você. Nosso governo irracional pode comprar suas histórias unilaterais, mas nunca deixarei meus amigos se tornarem suas vítimas.

Hoje à tarde, outro amigo médico, com quem há muito eu não falava, me ligou. Discutimos meus "Diários de Wuhan". Ele disse que sempre que seus amigos de fora da província de Hubei ligam para perguntar o que está acontecendo com o surto em Wuhan, ele sempre recomenda que comecem a ler meu diário, pois podem encontrar alguma verdade em meus escritos. Claro, também conversamos sobre o coronavírus. Ele disse que o surto deve estar mais ou menos sob controle agora. O nível de toxicidade parece estar diminuindo, mas o nível de contagiosidade parece estar aumentando. Entre o grupo atual de pacientes em tratamento, a maioria apresenta casos leves, com alta taxa de recuperação. As infecções graves e mortes ainda são todas remanescentes da fase inicial do surto. Parece que médicos de hospitais diferentes têm basicamente as mesmas observações sobre a situação atual. Há alguns fatores que contribuem para a melhoria da situação geral:

1. O nível de toxicidade do vírus parece estar diminuindo;
2. Como houve um afluxo de profissionais de saúde vindo a Wuhan para fornecer apoio, todos agora podem trabalhar com mais eficiência;
3. Não há mais escassez de suprimentos médicos, e as pessoas são mais instruídas sobre como se proteger;
4. Após muitos dias de tratamento clínico, os médicos agora têm mais experiência com os tratamentos e medicamentos mais eficazes.

DIÁRIOS DE WUHAN

No final da tarde, meu amigo médico me enviou um vídeo sobre um jovem que falava sobre o coronavírus de um modo científico, mas popular. Ele sempre repetia para não sairmos por aí falando sobre coisas que não entendíamos. Eu não poderia concordar mais. Quando se trata de assuntos que estão acima da nossa capacidade educacional ou intelectual, é mais sensato observar e refletir antes de tirar conclusões. E também não fazer ataques infundados contra as pessoas. Uma dessas pessoas acabou de deixar um comentário me criticando: "Não me diga que nenhum dos familiares das vítimas foi ao crematório? Ninguém da família do falecido foi buscar seus pertences pessoais?". O que se pode responder a comentários como esses? Se continuarem aplicando sua lógica cotidiana de comportamento a um período de extrema calamidade, não há como essas pessoas entenderem o que está acontecendo aqui.

No momento, Wuhan está no meio de uma calamidade. O que é uma calamidade, você pergunta? Calamidade não é ter que usar máscara, estar em quarentena em casa ou ter que apresentar uma autorização oficial para acessar determinadas áreas. Uma calamidade é quando o hospital usa uma pasta inteira de atestados de óbito em apenas alguns dias, o que em tempos normais pode durar vários meses. Calamidade é quando o transporte funerário passa de ser um carro entregando no crematório um único corpo em um caixão a ser um caminhão inteiro entregando corpos enfiados em sacos. Uma calamidade não ocorre quando você sofre uma morte na família; é quando toda a sua família é exterminada no decorrer de apenas alguns dias ou semanas. Calamidade é quando você arrasta seu corpo doente em um dia frio e chuvoso e vai de hospital em hospital procurando um lugar para ser atendido e receber um leito, mas não há nenhum. Calamidade é quando você vai ao hospital logo de manhã para ver um médico e não é atendido até o meio da noite no dia seguinte — isso, se você não desmaia esperando. Calamidade é quando você fica em casa esperando o hospital informar que há um leito para você, mas quando isso acontece, você já está morto. Calamidade é quando um paciente grave chega ao pronto-socorro e se essa pessoa morrer mais tarde, sua família nunca mais a verá ou terá a chance de dizer um adeus adequado.

Você acha que em tempos como esse ainda existem familiares que acompanham seus parentes falecidos ao crematório? Acha que existe um local para os parentes buscarem os pertences de seus familiares? Acha que os mortos ainda podem morrer com dignidade? Não, receio que não. Quando você está morto, você está morto. Eles arrastam seu corpo para longe e o queimam imediatamente.

Durante o período inicial, além da grande escassez de profissionais de saúde, leitos e equipamentos de proteção, também havia escassez de agentes funerários nos crematórios, de carros funerários para transportar os corpos, e os fornos crematórios eram muito poucos para dar conta. Além disso, como os corpos que chegavam estavam infectados, era necessário descartá-los rapidamente.

Conhecem algo assim? Estamos diante de uma calamidade! Todos fazem o seu melhor e todos estão sobrecarregados, mas ainda não parecem capazes de atender aos padrões esperados por esses babacas da internet. Não há paz quando se vive em meio a uma calamidade; só há sofrimento para os pacientes que sucumbem à doença; há apenas tristeza quando se vê o que sua família está passando; e "ser-para-a-morte" é apenas um luxo dos sobreviventes.

O caos da fase inicial já passou. Pelo que entendi, os especialistas estão agora elaborando um relatório sobre como garantir que as vítimas e suas famílias sejam tratadas de maneira mais digna. Isso significa, por exemplo, criar medidas seguras para reaver os itens pessoais dos falecidos, como celulares, em parceria com as empresas de telefonia, que poderiam tentar localizar as famílias. Esses itens podem servir de lembrança para os familiares ou, se não puderem ser devolvidos, os aparelhos poderiam ser expostos como memória do que aconteceu em Wuhan.

17 DE FEVEREIRO DE 2020

Você não é o único sofrendo e enfrentando dificuldades, existem muitas maneiras de viver.

Outro dia claro; se fosse em outra época, certamente haveria muitas pessoas sentadas ao sol, mas é uma pena que ninguém poderá apreciar esse cenário por algum tempo. Vivemos uma época incomum, mas pelo menos podemos aproveitar pela janela.

A ordem mais estrita do governo sobre a quarentena acaba de ser emitida: todos agora precisam permanecer em suas casas o tempo todo. Exceções serão feitas apenas para os que ainda precisem sair para o trabalho ou para tratar de assuntos oficiais durante a quarentena, mas precisarão portar uma permissão especial. Ouvi dizer que se você for pego do lado de fora sem permissão, será colocado em confinamento estrito por 14 dias, mas não sei se é verdade.

Para alguém como eu, ficar em casa é uma tarefa bastante simples. Meu cachorro pode simplesmente correr pelo meu pátio, então não preciso levá-lo para passear. Além disso, como ele já é bem velho, com algumas voltas no pátio, já está pronto para voltar à lavanderia e tirar uma soneca. Depois que comprei sua almofada aquecida, ele fica ainda mais relutante em sair da cama.

Este ano parece que eu estava com um sexto sentido ou algo assim. Em meados de janeiro, quando estávamos nos preparando para o Ano-Novo Chinês, de repente tive o impulso de comprar um novo aquecedor de ambiente, e a empresa de aquecimento veio instalá-lo em seu último dia de trabalho antes do feriado. O aquecedor antigo ainda funcionava, mas estava ficando velho e, depois de usá-lo por tantos anos, tive medo de que não fosse mais seguro. O novo é realmente muito mais forte que o antigo e posso configurá-lo para uma temperatura ambiente entre 22 e 25 graus Celsius, sem me preocupar com nenhum problema de segurança.

Com essa proibição estrita de sair, agora esses grupos de entrega de supermercado realmente decolaram, e todos os outros sites tradicionais de comércio eletrônico também aprimoraram seus métodos de vendas. Se não fosse por esses sites, realmente não sei como teríamos passado nos dias em que ficamos presos em casa. Simplesmente alimentar uma família típica teria sido um desafio para a maioria. Com a proliferação desses grupos comunitários, as empresas de *e-commerce* estão fazendo ajustes e se flexibilizando para atender as realidades locais, oferecendo tipos variados de refeições para "entrega sem contato".

Comparadas às ações idiotas dos burocratas velhos e teimosos que apenas carimbam formulários o dia todo, essas pessoas capazes do setor

FEVEREIRO

privado realmente lhes fazem vergonha! É assim quando seu método de trabalho é orientado por objetivos práticos e realistas; o governo deveria extrair algumas lições desses grupos e aprender a apreciar esse método de fazer as coisas. Para falar francamente, se não fosse pelo modelo de trabalho antigo e teimoso do governo, vários erros e atrasos repetidos em vários níveis, o surto nunca chegaria aonde está hoje.

Hoje, também procurei um de meus amigos médicos para ter uma ideia da evolução do surto. Posso resumir nossa conversa com os seguintes pontos:

1. Nos círculos médicos, o termo "ponto de virada" tem um significado diferente que eu imaginava. Para simplificar, refere-se a quando o número de pacientes infectados atinge um pico. Sob essa perspectiva, ainda chegaremos a esse ponto de virada; ou seja, espera-se que o número de infectados ainda aumente antes de alcançar um patamar ou declinar. Ele acha que esse pico chegará no final de fevereiro ou no início de março: daqui a no mínimo duas semanas.

2. Eu queria saber como estava a situação atual depois que aquele grande número de profissionais de saúde foi infectado ou sacrificou suas vidas. Segundo meu amigo, mais de 3 mil desses profissionais foram infectados. A grande maioria deve conseguir se recuperar totalmente, mas como essa doença leva muito tempo para seguir seu curso completo, a maioria ainda não foi liberada dos hospitais. Esse número de 3 mil é uma estatística oficial do governo, mas suspeito de que o número real possa ser um pouco maior. A maioria desses médicos e enfermeiros foi infectada precocemente, antes de usarem equipamento de proteção adequado, ou mais tarde, quando os hospitais começaram a ficar sem suprimentos. No momento, porém, poucos profissionais de saúde estão sendo infectados.

3. Meu amigo diz que 75% dos pacientes de coronavírus foram tratados nos hospitais em Wuhan com medicina tradicional chinesa, o que mostrou sinais claros de eficácia. Quando perguntei por que os outros 25% não foram tratados com medicina chinesa, ele disse que estes estavam submetidos à entubação, então os outros tratamentos não podiam ser administrados. Todos os pacientes entubados claramente eram os casos mais graves, o que eu achei uma porcentagem aterrorizante.

4. Qual porcentagem de pacientes é considerada crítica e qual a taxa de recuperação? Meu amigo disse que anteriormente, em Wuhan, o número de casos

DIÁRIOS DE WUHAN

> críticos ficava na faixa dos 38%; mas foi porque esses pacientes ficaram em casa e só foram aos hospitais quando seu estado tornou-se mais grave. Agora que adicionamos mais leitos, os pacientes recebem tratamento hospitalar mais cedo, o que ajudou a reduzir o percentual de casos graves para cerca de 18%. A taxa de recuperação para estes também é muito maior do que antes. Acho que quando se tem quase 60 mil pacientes confirmados, ainda se estará enfrentando números realmente altos. Receio que a taxa de mortalidade não caia tão cedo.

Um leitor me perguntou por que apenas registrei esses pequenos detalhes da vida cotidiana e não coisas importantes como o Exército Popular de Libertação entrando na cidade, o apoio que pessoas de toda a China mostraram a Wuhan, a construção milagrosa dos Hospitais de Huoshenshan e de Leishenshan, e todos esses indivíduos heroicos e altruístas que estão correndo para Hubei a fim de oferecer ajuda. Como devo responder? É uma questão de preferência. Em toda a China, há muitas agências oficiais de notícias e outras independentes fornecendo uma macroperspectiva dos fatos em estilo grandioso que eu mal consigo acompanhar.

Eu, por outro lado, como escritora independente, só tenho minha perspectiva minúscula sobre as coisas. Presto atenção e vivencio os pequenos detalhes e acontecimentos ao meu redor, sobre pessoas reais que encontro na minha vida. Documento os acontecimentos triviais à minha volta; escrevo sobre meus sentimentos e reflexões em tempo real, à medida que as coisas acontecem, a fim de deixar para mim um registro dessa experiência de vida.

Além disso, sou escritora de profissão. No passado, quando compartilhava meus pensamentos sobre escrever ficção, sempre dizia que os romancistas costumam estar intimamente ligados aos perdedores, misantropos e solitários. A ficção tem a capacidade de expressar um meio mais amplo de abraçar o mundo das emoções humanas. Às vezes me sinto como uma mãezona designada para proteger aquelas pessoas e coisas abandonados pela história e as vidas ignoradas e deixadas para trás pela sociedade em avanço. Os poderosos deste mundo, os chamados vencedores, geralmente não se importam muito com literatura; para eles, é apenas um adorno florido. Mas, para os fracos e despossuídos, costuma ser uma luz que brilha por sua vida; é a jangada improvisada de palha à qual você pode se agarrar quando está flutuando rio abaixo, é aquele salvador ao qual você pode recorrer quando está chegando ao fim. Só a literatura pode lhe dizer que está tudo bem, pois você não está sozinho, não é o único que sofre ou sente dor, não é o único que sente ansiedade e fraqueza. Existem muitas maneiras de viver. É claro que é ótimo ter sucesso, mas não ter nem sempre é ruim.

Olhe para mim — uma romancista documentando todas essas ocorrências diárias triviais aqui neste diário e, ainda assim, de alguma maneira, sigo a direção de minha literatura para observar, refletir, experimentar e, finalmente, colocar minha caneta no papel e escrever. Não me diga que isso é um erro, é?

A postagem de ontem no WeChat foi excluída novamente. Além do desamparo, há apenas mais desamparo. *Onde posso compartilhar esse registro de minha vida nesta cidade sitiada? Ancorado na margem enevoada, o mensageiro está repleto de pesar.* Observar, refletir, experimentar e, finalmente, colocar minha caneta no papel e escrever. Não me diga que isso é um erro, é?

18 DE FEVEREIRO DE 2020

No surto, as pessoas choram... Por que nos voltamos uns contra os outros?

Hoje o tempo permanece limpo e bonito; é o suficiente para fazer com que pareça haver novas possibilidades de vida em toda parte. As nuvens estão bem características, parecem "escamas de peixe".

Faz quase um mês que a quarentena começou. Quando vi pela primeira vez a ordem de bloqueio, não tinha absolutamente nenhuma ideia de que duraria tanto tempo. É óbvio que essas severas restrições ajudaram Wuhan a sair de seus dias mais tenebrosos. A essa altura, parece que as pessoas finalmente começaram a se acostumar com essa nova forma de vida protegida. Mesmo aquelas crianças espirituosas e cheias de energia, de alguma forma, conseguiram suportar. A capacidade que a vida tem de se adaptar e tolerar mudanças é realmente algo impressionante.

Os apelos desesperados desapareceram da internet. Hoje em dia, as discussões todas incluem informações sobre como pedir legumes e mantimentos. Agora que as pessoas passam o tempo todo prestando atenção às questões da vida prática, nossos dias se parecem cada vez mais com o céu de hoje, repleto de novas possibilidades. Todos os grandes supermercados começaram a implantar serviços de entrega de planos de refeições; cada remessa indica cuidadosamente o nome do distrito e o local de entrega para o grupo, bem como o nome e o número de celular da pessoa de contato. Isso tornou a organização infinitamente mais conveniente para cada responsável local. Ouvi inclusive histórias de grupos içando pacotes de mantimentos em cordas até as janelas dos apartamentos!

Um antigo colega de classe, Lao Geng, cuja esposa administra um desses grupos de distribuição de compras com a ajuda dele, havia feito um pedido em meu nome, e minha encomenda chegou. Além dos diferentes tipos de pão, também incluía algumas verduras frescas. No entanto, não existe muito prazer em cozinhar quando se está sozinha em casa; por isso, geralmente sigo o caminho mais fácil e preparo uma tigela de *lamen* ou cozinho batatas raladas.

Aliás, alguns amigos que têm escrito para tentar me animar mencionam repetidamente o assunto comida. Os wuhaneses adoram discutir qual restaurante faz a melhor comida da cidade, e esse momento é mais propício do que nunca para isso.

Não faço parte de muitos grupos do WeChat, mas eles são ambientes muito populares para discutir todo tipo de assuntos, especialmente piadas. Nos últimos meses, porém, as discussões foram dominadas pelo tema coronavírus e pela comparação de situação entre as diversas províncias chinesas. Posso dizer que lugares de toda a China estão realmente fazendo o possível para ajudar com a situação em Wuhan. Essas forças de apoio permitiram a Hubei, que estava sitiada, finalmente dar um suspiro de alívio. O fato de as coisas estarem começando a melhorar tem muito a ver com o apoio e as contribuições que estamos recebendo de outras províncias.

Hoje, um dos meus amigos médicos ligou e conversamos por um longo tempo; ele provavelmente tinha muito a desabafar. Falou sobre as

FEVEREIRO

dificuldades desde o início do surto e a quantidade de energia necessária para salvar um único doente. Depois de fazer os procedimentos para salvar a vida de um paciente grave, os médicos e enfermeiros precisam remover os trajes de proteção usados imediatamente. Porém, no início do surto, eles não tiveram escolha a não ser assistir, impotentes, aos pacientes morrerem diante de seus olhos, sem nada que pudessem fazer. Pessoas morrerem em hospitais é algo comum, mas ver um paciente claramente capaz de ser salvo e você não pode fazer nada porque está tão exausto que simplesmente não tem mais forças para salvar outra pessoa ou porque não tem mais itens médicos necessários... isso é uma outra história.

"Você nunca será capaz de entender como é isso", disse ele. "Os médicos costumam se focar em sua própria área de especialização, mas desta vez todos trabalhamos juntos para salvar essas pessoas". Entendo completamente o que ele estava tentando expressar. Durante esse surto, todos vimos imagens de médicos sacrificando tudo para salvar esses pacientes. Alguns até entraram na internet para gritar sobre como a situação era terrível. Foram esses gritos que finalmente expuseram muitos dos problemas e começaram a permitir que as doações de suprimentos médicos fossem canalizadas diretamente para os hospitais que mais precisavam. Muitas vidas foram salvas por esses pedidos de socorro.

Meu amigo disse que os hospitais temporários foram construídos muito bem. Se tivessem sido construídos antes e mais pacientes fossem postos em quarentena, os casos leves seriam reduzidos logo no início e não teriam se agravado, o que também teria salvado muitas vidas. Foi precisamente a política de quarentena que conseguiu interromper a rápida disseminação da doença que observamos.

O povo agora está mais calmo, comprando comida, fazendo algumas atividades normais, mas ainda aguarda o verdadeiro ponto de virada.

Alguns dias atrás, escrevi sobre uma enfermeira chamada Liu Fan e sua família, que morreram por causa do coronavírus. Bem, agora parece que outra pessoa na internet afirma que a história não passou de um "boato fabricado"! O que posso dizer? Às vezes, os internautas que parecem defensores da verdade acabam sendo os maiores fabricantes de todas elas! O povo de Wuhan nunca esquecerá a tragédia que se abateu sobre essa família.

Depois de escrever tudo isso, me pergunto se as pessoas que estão sempre me atacando on-line começarão a me acusar de espalhar boatos. Vou deixar claro aqui: se vierem atrás de mim, estarei aqui para revidar, exatamente como já fiz antes. Também assegurarei que seus nomes sejam arrastados na lama, assim como o grupo anterior que veio atrás de mim quando lancei o livro *Ruan mai* ["Um enterro suave"].*

Hoje quero tirar do meu peito algo que pesa há muito tempo: os ultraesquerdistas** da China, responsáveis por causar danos irreparáveis à nação e ao povo. Tudo o que eles querem é voltar aos bons e velhos tempos da Revolução Cultural e reverter todas as políticas da Era da Reforma. Qualquer pessoa com uma opinião diferente da sua é considerada inimiga. Comportam-se como um bando de bandidos, atacando qualquer um que não coopere com eles, lançando onda após onda de ataques. Pulverizam o mundo com sua linguagem violenta e cheia de ódio e costumam recorrer a táticas ainda mais desprezíveis, tão vis que quase desafiam a compreensão. Mas o que realmente não entendo é: como conseguem publicar essas coisas ridículas on-line e virar a verdade de cabeça para baixo com tanta frequência, embora, de alguma forma, suas postagens nunca sejam censuradas ou excluídas e ninguém interrompa suas ações flagrantes? Talvez eles tenham parentes trabalhando no escritório de censura da internet?

Nos últimos dias, fiquei totalmente exausta, o que transpareceu nos meus textos. Alguns leitores até notaram. Agora, para encerrar, gostaria de dizer: *Aqui nesta cidade em quarentena, as pessoas estão ansiosas; no surto, as pessoas choram. Todos enfrentamos dificuldades semelhantes, por que nos voltamos uns contra os outros?*

---

* Romance de Fang Fang publicado em 2017. Explora o trauma e a dor de décadas do Movimento de Reforma Agrária em uma família, usando a amnésia como metáfora para a perda de memória histórica. O romance foi sujeito a ataques violentos de grupos ultraesquerdistas na China e foi posteriormente banido.

** Na China, o termo "ultraesquerdista" refere-se a grupos políticos com fortes visões nacionalistas e laços com o movimento esquerdista da Revolução Cultural (1966-1976). Representam a facção mais conservadora do Partido Comunista Chinês e costumam criticar o capitalismo e o Ocidente.

FEVEREIRO

19 DE FEVEREIRO DE 2020

O espectro da morte continua a assombrar
a cidade de Wuhan.

Não está tão ensolarado quanto ontem, mas o céu continua muito claro. Começou a nublar um pouco pela tarde, mas não está tão frio e, de acordo com a previsão do tempo, os próximos dias serão relativamente quentes.

Antes de sequer me levantar da cama, recebi um telefonema de um amigo pintor que mora em Nova York. Ele doou 100 mil yuans alguns dias atrás (espero que ninguém o acuse de "conluio com o inimigo", só porque ele mora nos EUA!) e me disse que outro pintor chinês radicado na Alemanha, de sobrenome Su, também se comprometeu a doar 100 mil! Segundo me contou, esse pintor da Alemanha me conhecia e inclusive já tinha visitado meu apartamento uma vez! Continuou ele: "Nos últimos dias, ele leu seus *Diários de Wuhan*, e a esposa decidiu que eles deveriam fazer algo pelo povo da cidade". Essa família Su também é originária de Wuhan e estão extremamente preocupados com a situação por aqui. Para muitos nativos da cidade, não importa a que distância vivam, ou há quanto tempo estejam longe: Wuhan sempre será seu lar espiritual. Meus agradecimentos especiais ao sr. e à sra. Su.

Mencionei que estava com dor de cabeça, então hoje uma das minhas colegas pediu ao marido, que está trabalhando fora, para me trazer pomada chinesa.* Quando desci para buscar esse e outros medicamentos fitoterápicos tradicionais, vi muita gente no portão do condomínio da Federação de Literatura e Artes, onde moro. Perguntei o que estava acontecendo e soube que os pedidos de supermercado acabavam de chegar e estavam sendo descarregados e organizados por voluntários, que incluíam muitos jovens.

De acordo com as Nações Unidas, a definição de voluntário é: "Qualquer pessoa que voluntariamente participe de serviço público benéfico à sociedade, sem receber qualquer forma de incentivo ou benefício, monetário ou não. Às vezes chamados de trabalhadores de caridade". Essas

---

* Pomada tradicional chinesa vasodilatadora também conhecida como *essential balm* ou "pomada chinesa do dragão e do tigre". (N. T.)

DIÁRIOS DE WUHAN

organizações de voluntários são realmente incríveis e é ótimo ver tantos jovens de bom coração oferecendo seu apoio. Com essas atividades, eles não só contribuem com suas capacidades, como também é uma ótima maneira de observar a sociedade, entender algo sobre a vida e alimentar suas próprias habilidades e conhecimentos. Durante o surto em Wuhan, dezenas de milhares de voluntários contribuíram para todos os aspectos da sociedade. Se não fosse por eles, só poderíamos confiar nos escritórios mecânicos do governo e tenho certeza de que tudo teria sido muito pior.

Na frente do prédio, além dos pedidos entregues, havia uma pilha enorme de aipos, que chegaram como parte da doação vinda de Shandong, exclusivamente para o nosso distrito, e aquela porção ali cabia à nossa federação. Peguei alguns, embora não precisasse.

Ver a pilha de aipos me fez pensar no primeiro carregamento de legumes doados para Wuhan pela cidade de Shouguang, na província de Shandong. De alguma forma, algum departamento do governo acabou entregando os legumes aos supermercados para serem vendidos! Isso provocou grandes protestos públicos, e chegou a circular pela internet uma gravação de telefone com acusações feitas contra o governo da cidade. Na verdade, se você me perguntar, acho que, a menos que esses vegetais tenham sido especificamente destinados à doação direta a lanchonetes de hospital ou a um local com condições adequadas de estocagem, provavelmente o mais eficaz seria, de fato, distribuir os alimentos nos supermercados, onde poderiam ser vendidos a um preço bem baixo para os cidadãos. No mínimo, os supermercados têm instalações para armazenamento e opções de entrega, com canais de distribuição de alimentos para a população. Talvez pudessem destinar a renda gerada para organizações de caridade em nome do doador original. Ou poderiam até reembolsar o dinheiro e continuar vendendo os vegetais a esse preço com desconto para o mercado local de Wuhan. Essa seria uma maneira de todos se beneficiarem. Pelo menos o resultado seria melhor do que apenas entregar a comida diretamente às comunidades locais, como no caso das pilhas de aipo.

Desde o início do surto, os agentes comunitários enfrentam uma situação particularmente difícil: ter que dividir as doações e distribuí-las a todas as comunidades é uma tarefa muito desafiadora. Mesmo que esses itens tenham sido doados, todo o processo ainda poderia ser tratado de

FEVEREIRO

maneira muito mais prática. Se essas doações forem desperdiçadas, também seria um desperdício da bondade e da boa vontade dos benfeitores, sem mencionar de seu dinheiro.

Hoje, mais más notícias chegaram. Vi um vídeo com o cortejo fúnebre do dr. Liu Zhiming,* ex-diretor do Hospital de Wuchang, um profissional exemplar que certamente salvou inúmeras vidas. Além disso, a Universidade de Wuhan acabou de perder um de seus Ph.Ds para o vírus, e a Universidade de Ciência e Tecnologia de Huazhong acabou de perder um professor... O espectro da morte continua a assombrar a cidade de Wuhan.

Atualmente, os casos confirmados de novo coronavírus na província de Hubei já ultrapassam 70 mil pessoas. Não está muito longe da estimativa inicial do meu amigo médico. Todos os dias, há cerca de 1.500 novos casos confirmados. Os números parecem enormes, mas, na realidade, a taxa de crescimento está mais lenta. O número que ainda não começou a diminuir é o referente às mortes, atualmente em pouco mais de 2 mil, segundo as estatísticas oficiais do governo. Existem também mortes que não chegaram a ser confirmadas como relacionadas ao coronavírus e outras que ocorreram em casa, antes que essas pessoas chegassem a um hospital. Suspeito de que nenhuma delas esteja incluída nesses números, por isso receio que ainda tenhamos apenas um registro incompleto de vítimas. Depois que tudo tiver passado, vários departamentos do governo terão que trabalhar juntos para compilar um número mais preciso de mortos durante essa tragédia.

A situação geral continua bem grave. Atualmente, ainda há quase 10 mil pacientes críticos em tratamento no Hospital de Huoshenshan, no Hospital de Leishenshan e em outros pela cidade, muitos ainda submetidos a procedimentos de suporte de vida.

Quando falamos em um ponto de virada, o parâmetro é sempre a grave situação que enfrentamos desde o início. Agora que todos os pacientes podem ser atendidos e internados, mesmo que um recuse o tratamento, os

---

* Liu Zhiming (1968—2020) formou-se em 1991 na Faculdade de Medicina da Universidade de Wuhan. Era neurocirurgião e diretor do Departamento de Neurocirurgia do Terceiro Hospital Municipal de Wuhan antes de ser nomeado presidente do Hospital de Wuchang, em 2015. O dr. Liu morreu em 18 de fevereiro de 2020, de insuficiência pulmonar ocasionada pelo novo coronavírus.

hospitais os forçam a serem admitidos e, lá, todos recebem tratamento médico garantido. Meu amigo me disse que a maioria desses novos casos apresentam sintomas leves e que muitos pacientes devem se recuperar totalmente. O ponto de virada está à vista.

Também vi notícias afirmando que Wuhan adotaria um novo sistema, estruturado em quatro grupos: um para garantir que todos os pacientes tenham acesso a leitos hospitalares; um grupo de controle de surtos; um grupo de coordenação para os médicos voluntários que chegam a Wuhan; e um grupo de avaliação do Partido Comunista Chinês. Esses quatro grupos supervisionarão essas várias tarefas e, embora no geral pareçam ter sido criados com objetivo de proporcionar praticidade, sinto que seria melhor ter uma "divisão de supervisão e avaliação" em vez de um "grupo de avaliação do PCC". Teria sido um sinal do governo de que o mais importante são as vidas humanas, não as responsabilidades do partido. Afinal, essa guerra contra o coronavírus afeta toda a sociedade; existem muitos não membros do partido lutando na linha de frente e estes não devem ser vistos como estranhos ou forasteiros.

20 DE FEVEREIRO DE 2020

Já aguentamos por muito tempo; não podemos permitir que os que lutam por nós lutem em vão e, quanto a nós, que suportamos pacientemente, não podemos simplesmente jogar tudo isso fora.

É outro dia claro; o céu está límpido como cristal e posso visualizar esse sol quente brilhando naquelas ruas vazias, no Parque de Zhongshan, no Parque da Libertação e no Jardim do Lago Oriental desertos; é uma pena que não haja ninguém lá fora para apreciar nada disso.

Sinto muita falta daqueles dias em que costumava passear de bicicleta pelo Jardim do Lago Oriental com meus colegas, quase toda semana.

FEVEREIRO

Dávamos a volta até o lado mais remoto do lago, subindo a colina e atravessando a ponte, num percurso total de quase três horas. No caminho, parávamos em um lugar tranquilo para nos sentar e conversar e, na volta para casa, comprávamos legumes frescos de produtores que vinham direto da fazenda. Não éramos nada como "guerreiros revolucionários corajosos e destemidos", mas aproveitávamos a vida que tínhamos construído para nós mesmos. E agora descubro que duas das minhas principais companheiras de bicicleta estão lidando com doenças graves. Uma está doente e a outra está com um familiar doente. Nenhum dos casos parece ser coronavírus, mas são enfermidades bem sérias. Ambas estão passando por muito mais dificuldade do que eu neste momento, e quantos estão sofrendo todo tipo de doenças em Wuhan e só lhes resta esperar? Eles continuam esperando.

Hoje, as notícias sobre o coronavírus geraram muita discussão entre meus ex-colegas de classe no WeChat, que chamaram a atenção para a queda dramática do número de novos casos. Embora a informação tivesse causado uma onda repentina de otimismo, pouco depois, um dos meus amigos médicos, analisando as estatísticas, chegou à conclusão de que Wuhan outra vez havia alterado os padrões de contagem. Assim como o salto repentino de alguns dias antes, essa queda brusca não representava um padrão ou uma mudança fundamental na propagação da doença. Apesar disso, talvez fosse possível identificar alguma tendência geral de melhoria. Ele acha que o ponto de virada possa chegar na semana que vem.

Mais uma semana antes de vermos um ponto de virada? Com certeza espero que sim, mas também espero que não nos decepcionemos outra vez.

Por outro lado, vi uma postagem de um especialista nos encorajando a continuarmos vigilantes. Estamos em quarentena há quase um mês e a maioria das pessoas que conheço já não suporta mais. Muitos dizem que estão prestes a sair de casa e que, se usarem proteção adequada, não serão infectados. Na realidade, eles podem acabar infectados e nem perceber; depois voltar para casa e contaminar toda a família, quando já seria tarde demais para arrependimentos.

Se todos decidissem sair às ruas, certamente haveria contato e transmissão interpessoal, o que tornaria em vão toda a nossa paciência e grande esforço até aqui. Afinal, o truque mais traiçoeiro do novo coronavírus é sua taxa incrivelmente alta de contágio, e agora que seu poder está em declínio,

DIÁRIOS DE WUHAN

o que ele mais almeja é que mais pessoas comecem a se aventurar do lado de fora, o que lhe daria a oportunidade de recuperar as forças. Você realmente quer ajudar a facilitar seu renascimento? Já aguentamos por muito tempo; não podemos permitir que os que lutam por nós lutem em vão e, quanto a nós, que suportamos pacientemente, não podemos simplesmente jogar tudo isso fora.

No grupo de bate-papo dos meus vizinhos, vi um artigo publicado hoje sob o título "Agradeço e oro", do sr. Xiang Xinran,* o arquiteto que apresentou os planos de reconstruir a Torre do Grou Amarelo. O texto foi sua tentativa de agradecer aos colegas de classe que manifestaram preocupação durante o atual surto. O sr. Xiang tem quase 80 anos. Eu o encontrei algumas vezes ao longo dos anos, mas nunca fomos próximos. Hoje, porém, quando li o artigo desse venerável senhor, fiquei verdadeiramente emocionada e muito triste. Com a permissão dele, gostaria de compartilhar o texto com vocês:

> Meu nome é Xiang Xinran e estou lendo a edição de ontem da publicação da minha comunidade local, *Relatório do Coronavírus*. "De acordo com as recomendações gerais emitidas pelo governo municipal, o distrito já identificou 15 indivíduos que se enquadram nas quatro categorias: pacientes confirmados com coronavírus, pacientes suspeitos de infecção por coronavírus, pacientes com febre e pessoas em contato próximo com pacientes confirmados. Fornecemos a esses indivíduos o tratamento necessário e todos foram removidos da nossa comunidade residencial."
>
> De acordo com o zoneamento municipal, o distrito em que vivo é considerado o de maior risco para novas infecções por coronavírus. Seis residentes já faleceram vítimas da doença, a maioria sem conseguir atendimento hospitalar. Embora exista um hospital destinado ao tratamento de coronavírus ao lado de nossa comunidade, é extremamente difícil conseguir um leito. Pacientes positivos para coronavírus formam fila em frente ao

---

* Xiang Xinran (n. 1940) é considerado um dos principais arquitetos da China. Seus projetos mais conhecidos incluem a reconstrução da Torre do Grou Amarelo, em Wuhan, e a nova adição ao Museu da Província de Hubei. Também atuou como membro do Congresso Nacional do Povo.

hospital a noite toda, apenas na esperança de conseguir entrar. A fila se estende até a entrada do meu condomínio. (Nosso complexo rapidamente lacrou o portão traseiro para impedir a entrada dos pacientes.) Wuhan era assim nos estágios iniciais do surto.

Como nossa comunidade é formada principalmente por pessoas antes afiliadas à antiga Escola de Design, todos se conhecem aqui; todos somos ex-colegas de trabalho e vizinhos de longa data; portanto, é muito difícil ver tantos amigos de repente serem levados, o que nos deixou em estado de medo. Enquanto essa nuvem escura paira sobre nossa cidade, os residentes idosos que vivem sozinhos como eu e minha esposa ficam completamente desamparados!!

Foi nesse momento que recebi uma mensagem no WeChat de um antigo colega de classe: "Como sabemos que você está em Wuhan, estamos ainda mais preocupados com a atual luta contra o coronavírus e queremos expressar nosso apoio!". Isso mesmo. Eu me formei em 1963 e fui alocado para trabalhar em Wuhan, no Instituto de Arquitetura e Design Centro-Sul. Três formandos da minha turma foram enviados a Wuhan, e fui o único que ficou aqui todos esses anos.

Pouco a pouco, outros colegas também começaram a enviar mensagens e orações por mim, até mesmo um que agora vive nos Estados Unidos. Ainda mais deles me ligaram para expressar sua preocupação e me dar uma palavra encorajadora. Da maneira como expressam sua preocupação, todos esses amigos estão me tratando mais como família do que como amigo, proporcionando calor e força a mim e à minha esposa. Serei eternamente grato.

Na verdade, não tenho medo da morte. Afinal, já superei a expectativa de vida na China; é apenas uma questão de tempo até a morte chegar, é natural. No entanto, se eu morrer desse vírus, sem dúvida seria considerado uma forma de "assassinato". Eu não vou aceitar!

Já faz mais de um mês que desci e saí do meu prédio. Costumo ficar na minha varanda do quinto andar, observando o mundo silencioso que me rodeia lá embaixo.

Eu costumava ver muitas postagens sugerindo que os idosos não deveriam se preocupar muito; que só deveriam comer bem e se divertir. Existe alguma lógica porque, mesmo preocupados, não podemos fazer muito para mudar as coisas! Afinal, nesta nossa fase da vida, alguma atitude pode realmente afetar o mundo? Se bem que existe um velho ditado: *Quando entende os ensinamentos do caminho moral, você é obrigado a segui-los até a morte!* E, portanto, não tenho escolha a não ser me preocupar com o que está acontecendo e expressar minha preocupação.

Durante esses dias, enquanto a doença corre solta em nossa sociedade e permanecemos enclausurados em nossas casas, eu me pergunto por que o povo chinês estava fadado a um destino tão cruel! Por que nosso povo continua a enfrentar calamidade após calamidade? Quando penso em tudo isso, sinto que só nos resta orar. E, portanto, oro para que, ao fim dessa calamidade, a China se depare com um mundo de paz e prosperidade... Pelo menos essa é minha esperança.

Cada palavra, cada frase, é sustentada por sentimentos genuínos. Quantos em Wuhan também considerariam assassinato uma morte provocada por esse vírus?

Há muitos idosos vivendo sozinhos aqui em Wuhan, assim como o sr. Xiang. Em tempos normais, muitos deles tinham cuidadores ou ajudantes que vinham trabalhar por algumas horas; mas, como o surto ocorreu durante o Ano-Novo Chinês, a maioria desses trabalhadores tinha voltado para suas casas no campo, deixando os idosos sozinhos e à própria sorte.

Pensando por outro ângulo: receio que muitas pessoas de idade precisem despender enorme energia só para manter a rotina diária e viver uma vida normal. Todos sabemos que cuidar das tarefas domésticas básicas, como cozinhar, limpar, lavar e passar roupas, quando somadas, são um grande trabalho. Não sei se as comunidades locais têm pessoas de prontidão para ver como estão esses idosos e ajudá-los quando necessário.

As nuvens escuras da morte continuam a pairar sobre o céu de Wuhan. Hoje uma delas passou por mim: fiquei sabendo que um famoso jornalista do *Hubei Daily* recém-infectado, junto com toda a sua família, tentava há duas semanas dar entrada no hospital, mas não havia resposta de vaga. Quando finalmente foram admitidos, seu estado já havia se deteriorado. Ele morreu hoje. E hoje também o mundo ganhou mais uma família destruída.

FEVEREIRO

21 DE FEVEREIRO DE 2020

Eu doo meu corpo para a nação; mas e minha esposa?

Trinta dias agora desde a imposição da quarentena. Meu Deus, como faz tempo. Hoje está ensolarado e quente. No passado, os antigos moradores de Hankou faziam cestas de piquenique, alugavam um riquixá e iam até a beira do lago para passear. Hoje, as áreas à beira do lago nos três principais distritos urbanos de Wuhan foram transformadas em parques, e é possível passear em quase qualquer lugar. Na área do Rio Oriental, há um jardim repleto de flores de ameixa, mas este ano elas floresceram em vão. Receio que agora todas já tenham derramado suas pétalas em desolada solidão, por isso expresso aqui minha nostalgia por aquelas flores que ninguém verá.

As estatísticas de ontem revelaram uma queda drástica no número de novas infecções, o que desencadeou um amplo debate na internet. Desta vez, meu amigo médico já me disse que realmente se trata de uma mudança no cálculo das estatísticas. Tenho certeza de que isso é só para dar ao público uma impressão de melhoria. Foi uma surpresa quando, hoje, o governo imediatamente corrigiu o erro e reajustou os números para o nível em que deveriam estar. É claro que maquiar números não tem efeito quando se está combatendo uma doença, mas eu me pergunto se essa velocidade na correção não indica uma mudança na forma como o governo passará a operar futuramente. Afinal, a única maneira de lidar com esse surto é falarmos a verdade, corrigirmos os erros em tempo hábil e preenchermos imediatamente as lacunas que encontrarmos pelo caminho.

Um novo grupo de líderes do governo chegou para liderar a luta contra o surto em Hubei, usando pulso mais forte do que seus antecessores, o que tem se mostrado eficiente. No entanto, também sinto que não há razão para serem tão ríspidos em suas palavras. Enquanto as pessoas tiverem fé em seu governo, elas agirão, mas os líderes também precisam lhes dar tempo suficiente para executar as políticas estabelecidas. Receio que nenhuma política seja eficaz se for apressada: é simplesmente uma questão do que é realista e do que é prático. Wuhan é uma cidade grande com um sistema complexo dividido em vários distritos; muitos residentes não se enquadram estritamente em

111

nenhuma dessas comunidades residenciais oficiais; também há muita desorganização nas áreas entre a cidade e as zonas rurais circundantes. Uma varredura completa em todo esse território será quase impossível em apenas três curtos dias, que dirá qualquer tipo de investigação conclusiva.

Hoje vi um vídeo de um senhor de idade: não importava o que fizessem para convencê-lo a se colocar em quarentena, ele simplesmente se recusava. O desenvolvimento de Wuhan está ligado à sua história como cidade portuária.* Isso significa que sempre houve muita gente acostumada a um estilo de vida bastante despreocupado e indisciplinado. Eu não chamaria esse senhor de indisciplinado, mas sem dúvida ele era bem teimoso. No vídeo, a polícia fez o possível para convencê-lo a se colocar em quarentena; mas, no fim, não tiveram escolha a não ser carregá-lo à força. Pense em quanto tempo é desperdiçado cada vez que a polícia passa por esse processo, multiplicado por todas as pessoas que insistem em sair, como ele? Não acho que essa varredura de três dias será tempo suficiente para percorrer toda a cidade, mas me preocupo que os chefes dos distritos acabem demitidos por isso. Talvez seja algo apenas para agitar as coisas, mas espero que não comecem a entrar em terreno perigoso.

Mesmo hoje, as notícias ruins não param de chegar. Eu lamento, mas não sou o tipo de pessoa que consegue se focar apenas no que é bom e ignorar o que há de negativo, pois o deus da morte continua a perambular entre nós. Ontem, faleceu o dr. Peng Yinhua, de apenas 29 anos. Com a eclosão do surto, ele adiou seu casamento, que estava marcado para o dia 8 do Ano-Novo Lunar, e foi para a linha de frente de combate ao coronavírus. Infelizmente, acabou infectado e faleceu, abandonando sua jovem noiva e todas as suas promessas de futuro. Uma tristeza terrível.

No entanto, há notícias ainda piores. Alguns dias atrás, vi um meme que dizia: "A prisão é o lugar mais seguro para se estar neste momento". Só que hoje veio a notícia de que vários detentos em penitenciárias de todo o país já testaram positivo para o coronavírus; todos infectados por carcereiros. Uma notícia horrenda! Dada a forte tendência a comportamentos antissociais desses presos, o tratamento se torna ainda mais desafiador e, segundo meu amigo médico, o progresso de controle nesses ambientes é muito lento.

---

* Embora não tenha saída para o mar, Wuhan se encontra na confluência do rio Yangtzé com o rio Han, na China Central. (N. T.)

Outro ponto que faço questão de registrar: um paciente de Wuhan chamado Xiao Xianyou acabou de falecer. Pouco antes, ele havia deixado um testamento com apenas duas linhas, com 11 caracteres chineses. No entanto, quando o jornal publicou uma matéria sobre sua morte, usou a seguinte manchete: "As sete palavras finais que levaram todos às lágrimas". As sete palavras em questão foram: *Eu doo meu corpo para a nação*, mas, na realidade, havia outras quatro palavras logo em seguida: *mas e minha esposa?* Tenho certeza de que ainda mais pessoas choraram ao lerem essas últimas palavras. Claro, é um gesto comovente doar o corpo para a ciência, mas o último suspiro antes da morte foi reservado para expressar o quanto ele sentirá falta da esposa, o que é tão comovente quanto. Então, por que o jornal não deu a manchete "As onze palavras finais que levaram todos às lágrimas"? Por que fizeram especial esforço para remover essas últimas quatro palavras? Talvez o editor pensasse que, enquanto o amor pela nação é sublime, o amor pela esposa tem valor menor e não quisesse endossá-lo?

Conversei com um jovem pela internet hoje e ele mostrou forte descontentamento com a postura da mídia em relação a essa história. Fico muito feliz que jovens como ele estejam aprendendo a ter pensamento crítico sobre o que leem. Eu lhe disse que o governo ama a primeira linha do testamento, mas o povo ama a segunda; a mídia se preocupa apenas com os problemas, mas os cidadãos comuns se preocupam mais com a vida humana; estes representam dois sistemas de valores diferentes.

Agora deixe-me contar um pouco sobre o que está acontecendo na minha vida ultimamente. Enquanto costumo dormir até tarde todos os dias, meu irmão sempre acorda cedo. Ontem, porém, ele ficou acordado até tarde da noite e até me enviou uma mensagem: "Você fica escrevendo o seu diário, e eu fico fazendo compras on-line!". Perguntei por que ele estava comprando naquele horário e ele me disse que, se não fosse rápido, os produtos esgotavam em questão de minutos. Era por isso que ele ficava acordado esperando o momento de os estoques serem reabastecidos. Depois de ficar em casa por 31 dias, ele disse que tinha consumido todo seu estoque de comida e que estava começando a ficar ansioso. Desde o fechamento completo da cidade, as pessoas estavam correndo ao supermercado em frente ao apartamento dele e comprando tudo, e era preciso enfrentar as multidões só para conseguir colocar as mãos em alguma coisa.

Pela internet, os vendedores listam seus novos itens às 23h30, mas as pessoas partem para o ataque de imediato. Meu irmão já tinha enchido seu carrinho de compras e estava pronto para finalizar a operação às 23h30 em ponto, porém, o sistema travou. Quando voltou a funcionar, seu carrinho estava vazio e, os produtos, esgotados. Ele e minha cunhada estavam enlouquecendo.

Tenho a sorte de estar em situação muito melhor que meu irmão, pois vários colegas e vizinhos me ajudaram desde o início. Ontem, uma colega pediu ao marido que me trouxesse latas de canja de galinha. Eu não esperava, mas aceitei o presente com um sorriso. No entanto, em troca, ela insistiu que eu lhe enviasse uma cópia do meu diário todos os dias, no segundo em que terminasse cada postagem. Naturalmente concordei, mas parece que estou obtendo um lucro injusto!

Enfim, as pessoas agora estão começando a discutir mais sobre o cronograma de recuperação econômica da cidade, ainda mais do que o próprio surto. Muitas indústrias estão à beira do colapso e inúmeras pessoas não têm fonte de renda alguma e estão enfrentando a questão de como sobreviver se isso continuar. Todas essas questões têm influência direta em nossa estabilidade social. Ao colocar em quarentena nossos doentes, também isolamos os saudáveis. Com o passar do tempo, os danos que isso causa começam a se multiplicar. Já comecei a ouvir muita gente fazer o apelo de que pessoas saudáveis também precisam seguir com suas vidas.

Mas não tenho respostas; tudo o que faço é registrar as questões da forma como as vejo.

22 DE FEVEREIRO DE 2020

A propagação é muito difícil de conter, o que é realmente um desafio.

O tempo continua aberto e quente, mas aqui estou eu, deitada na cama, olhando o celular.

FEVEREIRO

Depois de completar um mês de quarentena, hoje fiz outra entrevista com Xia Chunping, editor-assistente da China News Agency. Fizemos a entrevista pela internet e, à tarde, ele e sua equipe vieram tirar algumas fotos, quando pudemos conversar um pouco mais. Embora Xia e sua equipe tenham todas as credenciais de imprensa adequadas, os guardas no portão do condomínio foram meticulosos em seguir todas as regras, registrando-os oficialmente e medindo-lhes a temperatura antes de permitir a entrada. Na visita, Xia Chunping não só me trouxe mais máscaras, como também leite e iogurte. Quando voltei ao meu apartamento, também descobri que ele havia escondido uma caixa de chocolates na sacola! Sempre dou os chocolates que recebo para a filha pequena de uma colega. Um dia, quando me viu, ela me disse: "Vovó Fang Fang, a senhora é como o Lei Feng* da vida real!". Depois que ouvi isso, fiquei ainda mais ansiosa para lhe dar chocolates; afinal, agora eu tinha um fundamento teórico para minhas ações!

Menos de meia hora após a partida de Xia Chunping, recebi uma mensagem de um amigo nos Estados Unidos que acabara de ler a entrevista! O link incluía até as fotos que eu mal tinha tirado! A velocidade com que a internet pode espalhar notícias é realmente chocante.

A plataforma de notícias *Jinri Toutiao* ["Manchetes hoje"] me colocou em destaque e enviei uma postagem do meu diário para a página "Microdestaques". Em um dia, foi lida por 20 milhões de usuários e, alguns dias depois, chegou a 30 milhões de visualizações. Para uma escritora como eu, acostumada a um círculo muito pequeno de leitores, esses números são aterradores. É tão estranho, que quase desisti deste diário. Foi só após vários antigos colegas de classe me incentivarem que decidi continuar.

Estou familiarizada com as organizações oficiais de mídia do governo na China. Quando entrevistam, fazem uma tonelada de perguntas, mas geralmente apenas uma pequena parte das respostas é impressa. No entanto, como entendo o funcionamento dessas agências, ainda tento fornecer o

---

* Lei Feng (1940-1962) foi um "soldado modelo" que serviu no Exército de Libertação Popular, apoiado por Mao Tsé-Tung e elevado ao papel de herói nacional por sua disposição em fazer sacrifícios pelos outros, mostrar modéstia e trabalhar com afinco sem esperança de receber crédito ou recompensa. Décadas após sua trágica morte, crianças em toda a China ainda são ensinadas a "aprender com o espírito de Lei Feng".

DIÁRIOS DE WUHAN

máximo de detalhamento nas respostas quanto possível, para que os editores tenham material suficiente para selecionar. O bom é que, quando acrescentam material sem a minha permissão, eu sempre me posiciono, e eles, de modo compreensivo, concordam em remover e fazer o possível para respeitar meus desejos.

No geral, a Agência de Notícias da China possui um padrão relativamente tranquilo, embora permaneça bastante prudente no tocante a determinados temas. É certo que não são tão livres e abertos quanto algumas das plataformas de redes sociais e mídia independente em que publico. Em comparação, a Sina Weibo continua sendo a plataforma com as políticas mais liberais de expressão na China. Além disso, eu gosto de escrever postagens curtas nessas caixinhas. Produzo um texto em um fôlego só, o que é sempre gostoso. Apesar disso, é uma pena que não consigam impedir que esses grupos ultraesquerdistas denunciem minhas postagens o tempo todo, o que resultou na suspensão da minha conta. Deixei uma mensagem para eles: "Adoro vocês do Weibo, mas estou realmente decepcionada!".

A primeira coisa que fiz hoje de manhã foi conversar com meu amigo médico para me atualizar sobre o surto de coronavírus. Resumindo o que ele me disse, as tendências gerais são de melhora no quadro geral, mas não houve transformações fundamentais, pois a disseminação não foi contida e o número de casos presumidos continua alto. A única notícia boa é que há menos pressão agora por novos leitos hospitalares, e isso ocorre por dois motivos: primeiro, porque muitos pacientes já receberam alta; segundo, porque muitos já morreram. Todos os dias, há cerca de 100 novas mortes.

Essa notícia é muito triste. E, na realidade, muitos cidadãos ainda estão insatisfeitos com a gestão dessa crise. Talvez seja justamente por isso que Wuhan esteja construindo mais 19 hospitais temporários. O plano é aumentar o número de leitos, a ponto de sempre haver leitos abertos esperando novos pacientes; essa situação impedirá significativamente que inúmeros casos leves se agravem. Meu amigo médico reiterou o que ele tinha dito antes: ainda existem quase 10 mil pacientes, infectados na fase inicial do surto, em estado grave ou crítico.

Por outro lado, conversando com esse meu amigo, que é especializado em medicina ocidental, eu realmente queria saber como esses médicos estavam avaliando o uso da medicina chinesa no tratamento do coronavírus.

FEVEREIRO

A seguir, reproduzo vários trechos de suas respostas, um pouco restruturadas por mim, mas cujo conteúdo é inteiramente da autoria dele:

> No momento, existem muitos hospitais em que toda a ala de tratamento é administrada por médicos praticantes de medicina chinesa, e eles obtiveram resultados muito positivos. Certamente, esses médicos tradicionais também empregam algumas práticas de medicina ocidental. Essa mistura de ambas as correntes produziu resultados muito positivos e também obteve um alto nível de aprovação junto às agências médicas nacionais. No começo, muitos médicos treinados em medicina ocidental eram extremamente resistentes à abordagem tradicional e até zombavam dela. No entanto, agora que demonstrou resultados positivos notáveis, a maioria desses críticos se acalmou. Suspeito de que, após o surto passar, o Estado dê um bom apoio para desenvolver ainda mais o campo da medicina tradicional chinesa. Esse tratamento também é muito mais acessível que o de medicina ocidental. Embora eu nunca tenha entendido bem os princípios da prática tradicional, também nunca a desprezei; afinal, a medicina tradicional nos acompanha ao longo de 5 mil anos de história chinesa, enquanto a medicina ocidental só tem sido amplamente difundida na China há algumas décadas. Certamente há doenças para as quais a medicina chinesa é bastante eficaz.

Quando publiquei algumas dessas informações no meu grupo de ex-colegas de faculdade, um deles mencionou que, em alguns aspectos, era possível até afirmar que o coronavírus tinha salvado a medicina tradicional chinesa. Acho esse comentário um tanto assustador. Então outro colega, do Instituto de Medicina Chinesa, respondeu: "Deveríamos agradecer ao coronavírus por permitir que a medicina tradicional chinesa finalmente mostrasse o rosto! A abordagem básica dessa prática é completamente diferente da medicina ocidental: 'A medicina chinesa sempre dá uma saída ao vírus, acompanhando-o educadamente até a porta, mas se vai viver ou morrer, isso depende (geralmente o vírus morre)'. A medicina ocidental, por outro lado, tenta erradicar completamente o vírus, mas quando fracassa, não tem mais nenhuma carta na manga". Achei esse ponto de vista interessante, mas um pouco tendencioso. Seu entendimento da medicina tradicional chinesa tem um toque filosófico, mas sua compreensão da medicina ocidental parece simplesmente distorcida.

DIÁRIOS DE WUHAN

Esta noite, a discussão da medicina tradicional chinesa continuou e, pelo visto, muitos colegas são totalmente contra. Então, meu colega do Instituto de Medicina Chinesa voltou a se manifestar: "Estritamente falando, não existe uma síntese verdadeira entre a prática chinesa e a prática ocidental. Do ponto de vista teórico, são incompatíveis, como dois carros dirigindo em estradas completamente diferentes. Quando falamos sobre uma síntese entre ambas, geralmente falamos sobre usar a medicina chinesa como base, enquanto empregamos alguns equipamentos médicos, suprimentos e terapias ocidentais no plano de tratamento, dependendo da eficácia. Mas a verdade é que existem muitos problemas com essa abordagem; de fato, essas duas tradições costumam entrar em conflito".

Não sou muito versada nos vários debates entre ambas as correntes de medicina, mas posso dizer que, quando vou ao médico, costumo procurar a medicina ocidental. Já para a manutenção diária da saúde, costumo recorrer à medicina chinesa — por exemplo no inverno, quando tomo muitas infusões de ervas medicinais.

Mudando de assunto, há várias histórias de wuhaneses se cansando do sistema e praguejando contra as agências do governo. Para ser sincera, depois de todo esse tempo, coisas básicas como obter alimento suficiente também se tornaram um problema pronunciado para muita gente. Por exemplo, o modelo de compras coletivas, que acabou revelando suas deficiências. Todos os dias, na hora da entrega, formam-se multidões para buscar suas compras na entrada de cada condomínio, sendo que, além disso, é difícil que todos os itens cheguem ao mesmo tempo, o que resulta em as pessoas precisarem descer várias vezes para coletar um pedido inteiro. Isso para não mencionar que alguns moradores estão perdendo a sensatez e encomendando caixas inteiras de cerveja e itens supérfluos, em vez de apenas itens básicos para as necessidades diárias. Essa atitude sobrecarrega muito os voluntários, que já passaram do estado de exaustão.

Vi uma postagem interessante resumindo em que ponto as coisas se encontram: o primeiro grupo de pessoas com coronavírus foi infectado antes do Ano-Novo Lunar; o segundo grupo infectado inundou os hospitais; o terceiro grupo de infectados inundou os supermercados; o quarto grupo de infectados começou a se inscrever cegamente em grupos de compras pela internet.

FEVEREIRO

Segundo meu amigo médico, a propagação é extremamente difícil de conter, e esse, na realidade, é nosso maior desafio.

23 DE FEVEREIRO DE 2020

Você precisa ser corajoso e aceitar as consequências de suas decisões.

Hoje é outro dia claro e límpido. Alguns dias atrás, pensei que as flores de ameixeira já deviam ter perdido as pétalas, mas ontem me surpreendi ao descobrir que todas do nosso pátio haviam florescido numa explosão escarlate, como nunca as vi nos últimos anos, anunciando sua presença gloriosa em uma enxurrada de beleza e cor.

Num piscar de olhos, o primeiro mês do Ano-Novo Lunar se passou e já não nos preocupamos mais em contar os dias de isolamento. Já não importa, pois só fico em silêncio em casa, esperando pacientemente, tentando manter a calma. Já não espero o ponto de virada, que parece não chegar nunca, que parece ilusório. Para que esperar em vão? Só aguardo o dia de poder sair de casa outra vez. Quem sabe? Talvez, como disse o diretor Wang do Hospital de Leishenshan, esse ponto de virada já tenha chegado e partido. De fato, os dias mais sombrios, trágicos e dolorosos que Wuhan enfrentou já estão para trás.

No momento, o coronavírus pode estar avançando de forma um pouco mais lenta, mas ainda temos que escapar das garras da morte. Recentemente, mais médicos morreram. São um total de nove que partiram enfrentando essa doença até agora? Já é difícil de acompanhar.

Hoje eu estava pensando: dizem que pessoas com doenças preexistentes são mais suscetíveis ao vírus, mas dizem também que, ao não receber tratamento cedo, é mais provável que você apresente sintomas mais graves e corra risco de morte. Ora, esses médicos falecidos tinham entre 29 e 40 anos e não parecem se encaixar em nenhuma das categorias; todos eram

DIÁRIOS DE WUHAN

saudáveis e receberam tratamento desde o início, então como é que nenhum deles sobreviveu?

Levei a pergunta ao meu amigo médico, que respondeu: "É verdade que idosos com comorbidades têm mais probabilidade de não resistir; já quanto aos profissionais de saúde, eles realmente têm acesso a atendimento médico de excelente qualidade, mas a razão desses óbitos é atribuída a diferenças inerentes à constituição de cada paciente, com seus distintos níveis de sensibilidade e reação a infecções". Ele não me explicou com muita clareza, mas reiterou o que tinha dito: "Esse vírus é muito estranho. Ontem vi uma reportagem de uma pessoa de 97 anos que se recuperou completamente e recebeu alta. Na hora também comecei a me perguntar se havia outro motivo para a alta taxa de mortalidade entre os profissionais de saúde".*

Hoje, no meu grupo de faculdade, vi muitos elogios a um colega chamado Lao Xia, que trabalha com mídia desde a graduação e nunca mudou de campo. Segundo Lao Xia, "desde o início do surto, todo o escritório editorial parece uma sala de guerra. Os repórteres correm para as linhas de frente, acompanhando as histórias aonde quer que os levem. Além de relatar, eles também mergulham no trabalho comunitário". Lao Xia é responsável por quatro distritos e está comprometido em apoiar essas áreas e prestar serviços aos residentes, ajudando-os a obter alimentos e remédios, um trabalho muito difícil. Entre todos os meus ex-colegas de classe, Lao Xia é o único que conheço que está lá na linha de frente, combatendo esse vírus. Ele brinca que está contribuindo para o Dormitório Oito, o prédio onde todos nós morávamos na Universidade de Wuhan, quando estudávamos. Sugeriram que, este ano, ele deveria ser reconhecido a Pessoa do Ano do Dormitório Oito!

Falando dos jornalistas, pelo que sei, pelo menos 300 deles vieram a Wuhan para cobrir o surto de coronavírus. É certo que há muito mais, se incluirmos os freelancers prestando serviço para vários websites. São seus incansáveis esforços em toda a cidade para fazer uma cobertura

---

* Embora ainda preliminares, estudos mais recentes sugeriram que uma razão para muitos profissionais de saúde não apenas serem infectados, mas também sofrerem sintomas graves da COVID-19, pode ser a exposição a uma "carga viral" mais alta. Em "Dinâmica viral em casos leves e graves de COVID-19", publicado em 19 de março de 2020, um estudo feito com pacientes positivos para coronavírus em Nanchang, na China, indicou uma correlação preliminar entre a gravidade dos sintomas e a quantidade de vírus presente no nariz.

FEVEREIRO

aprofundada e realizar entrevistas meticulosas que nos permitem entender de verdade o que está acontecendo. Registrando os principais estágios desse surto, eles ajudam a esclarecer todos os problemas e obstruções que testemunharam. Ainda mais importante: eles nos apresentaram inúmeros incidentes e figuras heroicas que, de outra forma, teriam nos passado despercebidos.

Diferente do terremoto de 2008 em Wenchuan, em Wuhan, a doença infecciosa ataca silenciosamente. Não se tem ideia de que lugares são perigosos e que lugares não são. E nem se o entrevistado está infectado ou não. E há também casos em que se sabe que a pessoa *está* infectada, mas se continua a entrevista, pois a história precisa ser contada. Disseram-me que muitos dos repórteres são bem jovens e têm uma ética de trabalho muito forte; eles fazem grandes esforços e não temem os riscos. Como já trabalhei em uma rede de TV quando era mais jovem, sei bem como são exaustivas essas reportagens de campo.

Mas hoje vi um artigo muito incisivo que me doeu ler. Vou compartilhar um pequeno trecho para reflexão posterior: "Não tenho absolutamente nenhum respeito pelos chefões da mídia em Hubei e Wuhan. É claro que alguns desses funcionários do governo devem assumir a responsabilidade pelo que está acontecendo! Não ousem tentar me convencer de que vocês têm a consciência limpa! Sua carreira e salário são realmente mais importantes do que a segurança de dezenas de milhões de cidadãos? Como podem não saber como esse vírus é perigoso? Por que não fazem algo para combatê-lo e começam a relatar a verdade para variar?".*

Gostaria de perguntar ao autor desse artigo se ele realmente acha que ainda existem líderes seniores no campo da mídia com bom senso, profissionalismo e uma forte ética de trabalho. Com o tempo, os mais talentosos e os que chamam atenção para si por serem bons são eliminados, e os gerentes inferiores chegam ao topo. Esses inovadores e talentosos vão procurar emprego em outro lugar. Deve haver muita gente na mídia que simplesmente usa

---

* "Se Wuhan tivesse uma mídia de verdade, teria havido um surto?", publicado no site *Jiaodian ribao* ["O dia em foco"] em 26 de fevereiro de 2020. Disponível em: <http://www. jdxwrb.com/pingshuo/1596.html?from=singlemessage&isappinstalled=0#10006-weixin-l- -52626-6b3bffd01fdde4900130bc5a2751b6d1>. Acesso em 07 jul. 2020.

seu poder para progredir, e esses nunca cometeriam o erro flagrante de falar em nome do povo, ainda mais durante o Ano-Novo Chinês! O povo não é nada a seus olhos; tudo com o que precisam se preocupar é em fazer seus superiores felizes, porque eles são os únicos que podem proteger seu status — mas isso não tem absolutamente nada a ver com as necessidades do povo.

Mas quando se trata de bravos jornalistas profissionais em Hubei e Wuhan, ainda existem muitos. Zhang Ouya não pediu publicamente a substituição dos líderes que supervisionavam a luta contra o coronavírus?* Infelizmente, seu chefe ficou muito mais chateado com esse clamor do que com o coronavírus! Tendem a reprimir imediatamente os que se manifestam, enquanto negligenciam a seriedade dessa doença monstruosa.

Com exceção dos pacientes e profissionais de saúde, os repórteres é que são forçados a se aproximar mais desse vírus. Agora eles o enfrentam sem medo, mas, no início, escolheram permanecer calados, o que é uma tragédia. Ao mesmo tempo, os repórteres estão em posição difícil, pois seus superiores não lhes permitem falar a verdade, mas seus leitores exigem a verdade. Não lhes resta uma verdadeira escolha. Na maioria das vezes, eles acabam tomando o partido de seus superiores.

24 DE FEVEREIRO DE 2020

Existe apenas um teste verdadeiro, e é como você trata os membros mais fracos e vulneráveis da sua sociedade.

No segundo dia do segundo mês do Ano-Novo Lunar, o dragão levantou a cabeça. Normalmente, suponho que começariam a arar os campos para a

---

* Em 24 de janeiro de 2020, o repórter Zhang Ouya pediu em seu perfil no Weibo que os líderes políticos de Wuhan fossem substituídos por líderes mais fortes, como os que lideraram a luta contra a SARS, em Pequim, durante 2003. A empresa em que Zhang trabalhava, o *Hubei Daily*, emitiu um rápido pedido de desculpas a vários órgãos do governo pela postagem.

FEVEREIRO

primavera hoje, não? Mas não sei se há agricultores lá fora. O tempo continua aberto e faz calor. Parece que o sol grande e brilhante pode até mesmo cozinhar o vírus e matá-lo. Não cuidei das rosas chinesas no meu pátio, mas começaram a brotar e crescem vigorosamente.

Hoje vimos mais um exemplo dos erros do Centro de Controle de Prevenção de Surtos de Wuhan. Emitiram uma Ordem de número 17 e, no mesmo dia, ela foi revogada e substituída pela Ordem de número 18. Vi um professor postando sua interpretação desse caso nas redes, usando o velho ditado: "Emitir uma ordem ao amanhecer e revogá-la ao entardecer", só que nesse caso, era preciso acrescentar: "Emitir uma ordem ao amanhecer e revogá-la antes do meio-dia!". Meu Deus, o país inteiro está de olho em Wuhan e ainda assim continuamos insistindo em cometer erros tolos. Como isso é frustrante.

Os médicos ainda estão fazendo tudo o que podem para salvar os pacientes infectados no início, cujo estado continua bem sério. Disso vemos que o agravamento dos casos dificulta o tratamento ao extremo. A vida e a morte dependem completamente da capacidade do paciente de combate ao vírus.

Ouvi dizer que alguns dos pacientes internados nos hospitais temporários não querem sair mesmo depois de se recuperar! Esses hospitais são extremamente espaçosos, oferecem alimentação excelente e contam até com áreas de entretenimento! Os pacientes adoram estar lá pelos benefícios sociais. Além de o hospital cuidar de tudo para você durante a internação, há o mais importante: é tudo de graça. Dessa forma, muitos preferem estar lá a ficarem presos em casa sozinhos. É tudo tão estranho que até parece uma piada de mau gosto.

A principal tarefa agora é conter a propagação do surto, mas é também a tarefa mais difícil que estamos enfrentando. Mesmo que os líderes políticos à frente da situação em Wuhan tenham ordenado um censo completo, esta é uma tarefa complicada e desafiadora em uma grande cidade espalhada, com mais de nove milhões de habitantes. Além disso, todos os trabalhadores mobilizados para a tarefa, além de correrem o risco de infecção — com máscaras e trajes protetores escassos —, não têm absolutamente nenhum recurso quando se deparam com resistência de gente que se recusa a abrir a porta de casa para eles. E se já não for suficiente a dificuldade de garantir a segurança desses trabalhadores e voluntários em distritos com altas taxas de

DIÁRIOS DE WUHAN

infecção, será ainda pior se não encontrarem todos os cidadãos que se enquadram naquelas quatro categorias e garantirem que todos estejam em quarentena ou recebendo tratamento adequado. A cidade nunca será capaz de reabrir até que isso seja feito e, para impedir a maior propagação da doença, é da maior prioridade bater de porta em porta, em todos os lares de Wuhan.

Esta tarde, li um relatório de um jornalista da Caixin Media sobre a situação com a qual muitos lares de idosos e casas de repouso estão lidando em meio a esse surto de coronavírus. Mesmo em situação normal, os idosos já se encontram em posição particularmente fragilizada e marginalizada na sociedade. Suspeito de que muitos vivam em circunstâncias bem abaixo da média, em comparação à maioria da população na China hoje. Mas como esse vírus já começou a atingir muitos jovens saudáveis, você pode imaginar o que está fazendo com os idosos.

Provavelmente foi há cerca de dez dias que ouvi falar de uma série de mortes em uma casa de repouso estatal. Não cheguei a mencionar esse fato nas minhas postagens, pois não tinha conseguido verificar a autenticidade da informação, mas agora que li as entrevistas meticulosas do repórter, que incluem locais, horários e nomes reais das pessoas apresentadas, tudo claramente exposto, não vejo motivos para continuar evitando o problema. Dizer algo como "Não tenho mais lágrimas para chorar" não chega nem perto de fazer justiça à verdadeira dor que sinto quando vejo essas histórias.

O artigo da Caixin Media dizia: "Ontem, alguns familiares receberam uma ligação da casa de repouso onde vivem seus parentes para informá-los de que alguns idosos residentes precisavam ficar em quarentena. Os familiares responderam com uma enxurrada de perguntas: 'Aonde devemos levá-los para a quarentena? Quem cuidará deles lá? O que qualifica alguém para ficar em quarentena ou receber tratamento? Outros residentes também foram infectados? Eles receberão tratamento eficaz? Podem nos enviar os resultados dos testes? A administração da casa estará disposta a nos dar informações em tempo hábil? O governo aumentará o quadro de funcionários para os lares de idosos, incluindo apoio a enfermeiros e recursos médicos?'". Esses familiares estavam muito preocupados.

A meu ver, como o governo já concordou em cuidar desses idosos, naturalmente cuidará de tudo e garantirá que não sejam negligenciados; afinal, quem cuida dessas instituições também são seres humanos.

Mas o que realmente precisa ser dito é que o verdadeiro teste do nível de civilidade de um país não tem nada a ver com a construção do arranha-céu mais alto ou com dirigir o carro mais veloz; também não importa o quanto é avançado seu sistema armamentista ou o poder do seu exército. Também não se trata do quanto sua tecnologia é de ponta e nem as suas conquistas artísticas. Em especial, não tem relação com o luxo de suas reuniões oficiais de governo ou com o esplendor dos espetáculos de fogos de artifício; nem mesmo com quantos turistas chineses ricos estão consumindo em diferentes partes do mundo. Existe apenas um teste verdadeiro, e esse é como você trata os membros mais fracos e vulneráveis da sua sociedade.

Só mais um detalhe final por hoje: há alguns dias, finalmente liberaram minha conta do Weibo. No começo, relutei em voltar à plataforma; acho que se pode dizer que fiquei decepcionada com eles. Também existem muitos imbecis no Weibo, e vários colegas sugeriram que eu ficasse longe para me proteger das ofensas. Apesar disso, refleti um pouco e decidi retomar minha conta.

Ouvi uma gravação, há alguns dias, que terminou com as seguintes palavras: "Não deixe o mundo nas mãos dos imbecis!". É por essa mesma razão que decidi não deixar meu amado Weibo nas mãos daqueles imbecis. Pelo menos, a plataforma tem uma forma de reportar as pessoas que não seguem a etiqueta on-line adequada, assim posso denunciar cada um dos que me perseguirem. Essa lista de banimento é meu traje de proteção, é a máscara N95 que uso para deixar esses imbecis infecciosos em isolamento!

25 DE FEVEREIRO DE 2020

Quando a música terminar, procuraremos uma cura.

O tempo está notavelmente bonito; deve ter chegado a uns 20°C à tarde. Com o aquecedor no meu apartamento, na verdade ficou quente. Mas, ao cair da noite, começou a chover de repente, uma mudança estranha e inesperada.

A primeira coisa que vi hoje de manhã no celular foram duas categorias de vídeos que preciso muito comentar. Os primeiros foram uma série de vídeos documentando os resultados desastrosos de várias doações de legumes e verduras de outras províncias a Hubei. Havia entregas sendo confiscadas na estrada, sacos inteiros de vegetais sendo jogados no lixo e outras imagens de vegetais apodrecendo em armazéns. O outro conjunto de vídeos mostrava cidadãos reclamando do aumento de preços nas entregas de supermercados de legumes e verduras. Essas pessoas vivem com o dinheiro contado e já considerava esses grupos de compras em supermercado muito caros, quando ainda por cima se recebe uma mistura de produtos bons com outros nem tão bons. É de se esperar que eles reclamem do aumento.

Não importa se são vídeos reais ou falsos, ainda sinto que deve haver uma maneira mais adequada de distribuir todos os alimentos doados a Wuhan. No momento, temos uma situação em que as doações não chegam nas mãos das pessoas certas, enquanto os legumes e verduras vendidos nas lojas estão muito caros. De alguma forma, estamos errando nas duas pontas. Além disso, é um verdadeiro insulto às pessoas de bom coração que fazem essas doações. Eu realmente não consigo pensar em uma opção melhor do que doar todos esses vegetais a um atacadista que possa distribuí-los uniformemente aos principais supermercados que, por sua vez, os venderiam ao consumidor a preços muito baixos, como já mencionei. O clima está esquentando e está se tornando cada vez mais difícil preservar todas essas doações de alimentos frescos. O ideal seria mantermos tudo o mais prático possível.

Deixe-me voltar ao coronavírus. Hoje de manhã, um dos meus amigos médicos me escreveu dizendo que, além de Wuhan, os surtos na maioria das outras cidades chinesas estão agora mais ou menos sob controle. Wuhan é a única onde o vírus continuou a se espalhar e ainda não está controlado. A pressão nos hospitais com poucos leitos está diminuindo, mas o motivo para o vírus continuar se espalhando não é algo que eu entenda completamente. Wuhan está em quarentena há mais de um mês, o que significa que, supondo que o coronavírus tenha um período de incubação de até 24 dias, até agora, todos os infectados já deveriam ter apresentado sintomas. Com todos trancados em suas casas, deveria haver pouquíssimas, se não zero, novas infecções. Então, por que ainda surgem tantos casos novos?

FEVEREIRO

Esse amigo também está intrigado e não soube explicar o motivo por trás desses novos casos confirmados e suspeitos. Qual é a fonte de todas essas novas infecções? É necessário pesquisar a origem para adotar novas medidas de prevenção direcionadas. Embora tenhamos pago um preço enorme por essa quarentena de longo prazo, o resultado ficou aquém das nossas expectativas. Meu amigo médico novamente usou a palavra "estranho" para descrever esse novo coronavírus e disse que devemos nos preparar para que dure ainda mais do que pensávamos.

Se o que ele disse é verdade, significa que precisaremos estar preparados para continuar isolados em casa ainda mais tempo. Tem sido muito difícil para o povo de Wuhan. Primeiro passamos pelo período inicial de medo e ansiedade, rapidamente seguido por um período de tristeza, dor e desamparo sem precedentes. E agora, embora não vivamos mais em terror, e a tristeza tenha se dissipado um pouco, devemos enfrentar um tédio e inquietação indescritíveis, juntamente com uma espera sem fim. Tenho certeza de que não vai demorar muito agora. Basta colocar o programa de TV mais barulhento e vulgar para assistir e passar o tempo. O que mais podemos fazer?

Hoje de manhã, vi outro vídeo de uma mulher que insistia em sair de casa, embora não estivesse usando máscara. Não importava o que dissessem, ela se recusava a voltar e insistia em conversar com as pessoas sem colocar a máscara. Agentes comunitários e funcionários públicos ficam em situação difícil quando encontram pessoas assim. Depois, houve um vídeo de uma pequena rua cheia de pessoas e todas as lojas ainda abertas, como se não houvesse surto. Com gente se comportando assim, parece que toda essa quarentena não significa realmente nada! A maioria dessas pessoas sente que o coronavírus não tem nada a ver com elas; no entanto, as dificuldades que temos para controlar o surto e o fato de termos sido forçados a permanecer em confinamento por tanto tempo têm tudo a ver com o comportamento de pessoas assim!

Hoje, um dos meus colegas de classe me disse que estava se preparando para sair quando sua neta de três anos implorou: "Vovô, por favor, não saia. Tem doença lá fora!". Mas a história mais comovente foi do avô que morreu há dias, mas seu neto tinha medo de sair por causa do coronavírus, então viveu à base de bolacha salgada por vários dias. Existem muitas histórias dessas. Há muitas crianças que não se atrevem a sair, porque seus pais as amedrontam: "Você vai ficar doente!". O vírus já encontrou o caminho até os corações, vivendo como um demônio dentro deles. Essas crianças nunca cometeram nenhum crime, mas precisam suportar esse sofrimento junto com os adultos.

Hoje à tarde, alguns colegas e eu conversamos pela internet, e cada um refletiu um pouco sobre o que estava fazendo antes de 20 de janeiro; acabamos amaldiçoando aquelas pessoas que consideramos os maiores culpados por tudo isso, o que nos fez sentir um pouco melhor. Todos ficamos traumatizados de maneiras diferentes; olhando para trás, nenhum de nós sente que teve sorte — apenas nos sentimos sobreviventes.

Finalmente, gostaria de registrar mais algumas notícias:

1. Vinte e seis médicos e enfermeiros já morreram na luta contra o coronavírus. Espero que descansem em paz. A razão para cuidarmos de nós mesmos e permanecermos trancados é para que o sacrifício deles não seja em vão.

2. Ouvi de um amigo professor que representantes da Organização Mundial da Saúde em Pequim disseram que, até o momento, o único medicamento comprovadamente eficaz no combate ao novo coronavírus parece ser o Remdesivir.

3. Há mais de dois milhões de máscaras faciais entrando em Wuhan por dia. Todas as manhãs, a partir das 10h, você pode reservar máscaras para compra usando seu cartão de identidade ou outras formas de identificação.

26 DE FEVEREIRO DE 2020

Gritar slogans como "por qualquer meio necessário" não se baseia na boa ciência.

Hoje o céu está nublado e encoberto, mas não faz muito frio. Pela janela, vejo sinais de primavera por toda parte. Deixei meu cachorro sair para brincar no pátio; faz um mês que ele não toma banho e está começando a ficar fedido.

FEVEREIRO

Meus amigos médicos continuam me enviando atualizações sobre o coronavírus. Resumi o que me contaram, juntamente com algumas reflexões minhas baseadas em percepções próprias:

1. Em Wuhan, o número de pacientes totalmente recuperados e com alta hospitalar continua a aumentar. Em infecções leves há uma taxa muito alta de recuperação.

2. O número de mortes relacionadas ao coronavírus está claramente em queda. Afinal, depois de ouvir tantas histórias de pessoas próximas a mim que perderam a vida, de tantas famílias destruídas, é uma excelente notícia. Os médicos estão fazendo tudo ao seu alcance, mas precisamos encorajá-los a continuar para poupar o mundo de ainda mais tristeza e dor.

3. Na última semana, o número de pacientes recém-confirmados e de novos casos suspeitos continuou a flutuar. Ontem houve 401 novos casos em Wuhan, mas o número total de novos casos na província de Hubei, excluindo Wuhan, foi inferior a 40. Fora da província, menos de 10 novos casos foram relatados em todo o país. Ou seja, agora o coronavírus está mais ou menos sob controle em todo o país, com exceção de Wuhan. Isso me leva a algo que ainda me causa bastante confusão. Se em Wuhan todos ficaram em quarentena durante o mês passado, então de onde vêm todos esses novos casos? Perguntei a opinião de outra amiga médica. Ela acredita que esse fenômeno se deve à existência de alguns pontos cegos com ainda mais casos não relatados. Por exemplo, ninguém previu que haveria um grande aumento de infecções dentro do sistema penitenciário, e ninguém antecipou o grande número em lares de idosos. Foram locais ignorados durante os estágios iniciais do surto. Além disso, nessas instituições há um grande número de funcionários que vão para casa todos os dias e sabe-se lá com quantas pessoas entram em contato. Talvez essa seja a fonte de muitas infecções. Essas pessoas são um tanto marginalizadas em relação à sociedade dominante; no entanto, quando você soma todos eles, o número total não é nada insignificante. E existe o fato de que, quando os idosos são infectados, a menos que apresentem sintomas graves, eles não podem ser admitidos nesses hospitais temporários (há restrição de idade), então muitos nunca entram no sistema hospitalar. Isso também é um problema. A única questão a comemorar agora é que quase todas as novas infecções são casos leves e tendem a ter uma taxa de recuperação muito alta.

DIÁRIOS DE WUHAN

4. A disponibilidade de leitos hospitalares continuou a melhorar. Quando falei sobre a questão de pacientes mais idosos não poderem entrar nos hospitais, minha amiga médica disse que agora, com a maior oferta de leitos, isso mudou e os idosos podem ser internados. Mas há quem queira ficar escolhendo em qual hospital quer dar entrada e em qual não quer, às vezes preferindo recusar a internação a ser admitido em um hospital que não seja de sua preferência. Ao que me parece, com o surto, o atendimento prestado em todos esses hospitais é bem padronizado, não? É melhor entrar onde você puder receber tratamento primeiro e evitar o risco de piorar seu quadro. Quem sabe se você ainda vai estar vivo quando vagar um leito no hospital que você quer? É sua vida que está em jogo.

5. O surto em Wuhan ainda não está sob controle. (Algumas pessoas não concordam com as opiniões desta médica e pensam que está tudo em ordem, mas ela refutou perguntando: "Então, de onde você acha que vêm essas centenas de novos casos todos os dias?"). Segundo essa médica, depois que vários funcionários do governo foram demitidos em Huanggang, as medidas de prevenção de doenças melhoraram acentuadamente. Huanggang é uma região pobre e muito populosa, vizinha de Wuhan. No geral, Huanggang fez um excelente trabalho ao gerenciar o surto, e equipes médicas podiam ir e voltar de uma cidade à outra para prestar auxílio.

6. A quarentena prolongada de Wuhan forçou as pessoas a suportar todo tipo de inconveniências e nos levou ao limite. Precisamos começar imediatamente a descobrir a origem das centenas de novos casos. Não há como todos eles terem estado com o vírus incubado por um mês inteiro e só agora manifestarem sintomas. As infecções são mais recentes e mais de 100 novas por dia não é um número pequeno. Prorrogar ainda mais o isolamento, a longo prazo, não é uma solução, pois levará a uma reação em cadeia de outros problemas sérios. Se as pessoas entrarem em quarentena com precisão cirúrgica, divididas naqueles quatro grupos (casos confirmados, casos suspeitos, pacientes com febre alta e contatos próximos com pacientes), todos os demais devem estar seguros e poderemos começar a restaurar a sociedade à sua ordem normal de funcionamento. Esta seção inteira consiste em comentários da minha amiga médica, retransmitidos aqui.

7. O primeiro grupo de médicos voluntários de fora de Hubei trabalha com afinco há mais de um mês, e muitos já passaram do ponto de exaustão; agora eles

FEVEREIRO

precisam desesperadamente de descanso e reorganização. Mas onde estão as tropas de apoio? Não há como o país enviar mais 30 mil profissionais de saúde para aliviá-los! Se não conseguirmos controlar esse surto em breve, as coisas começarão a ficar muito perigosas. Esses também são comentários literais da minha amiga.

Li uma entrevista bem interessante na revista *Caijing* com o professor Wang Liming, da Universidade de Zhejiang. Nessa entrevista, ele expressou ideias muito inteligentes que me ajudaram a entender o que ainda me causava dúvida. Eis alguns destaques:

1. Como cientista, parece-me que as teorias da conspiração estão assumindo o controle, a tal ponto de que agora estão se tornando uma parte comum desse nosso mundo cada vez mais complicado. A ciência e a tecnologia estão se tornando cada vez mais especializadas e não intuitivas; estamos chegando ao ponto em que uma pessoa comum não consegue mais se localizar neste mundo moderno e confuso.

2. Desde o Iluminismo, a humanidade sentiu que tudo no mundo poderia ser compreendido pelo conhecimento humano existente. Claro, pode-se enxergar isso como o triunfo do conhecimento humano, mas também pode ser um sinal da arrogância humana.

3. Ao tentar controlar essa ameaça à saúde pública, devemos primeiro respeitar a ciência e a opinião de especialistas na área; não devemos permitir que motivações políticas substituam a orientação de especialistas.

4. Enfatizo uma vez mais que, embora seja maravilhoso que a nação tenha canalizado toda a sua energia e seus recursos para combater esse surto, ao determinar os problemas que precisam ser tratados, e à medida que ajustamos nosso foco no curso dessa luta contra o coronavírus, devemos respeitar os princípios da ciência básica. Gritar slogans como "por qualquer meio necessário" não se baseia em boa ciência.

5. Penso que, nesta fase do surto, o que realmente precisamos são de infectologistas que possam nos ajudar a analisar as características únicas do novo coronavírus. Precisamos que pesquisem como essa doença difere de outras doenças infecciosas e, em seguida, que façam previsões científicas sobre como o vírus provavelmente se comportará, e seguir adiante, para que

possamos ajustar nossas estratégias de contenção futura. Nossa estratégia de controle não pode ser guiada por decisões aleatórias.

6. Desde o surgimento do novo coronavírus, dezenas de milhares de pessoas foram infectadas. Alguns milhares de pacientes morreram e, com isso, sofremos perdas econômicas no total de várias centenas de milhões de yuans. Durante esse período, não vimos uma única parte responsável se levantar e assumir a culpa pelo que aconteceu; ninguém assumiu nem uma parcela da culpa e ninguém pediu desculpas ao povo. É como se todos aceitassem silenciosamente que ninguém é culpado por nada disso. Não devemos esquecer onde está a responsabilidade e usá-la para melhorar nosso sistema.

27 DE FEVEREIRO DE 2020

Isso mesmo; não há nada melhor do que permanecer vivo.

Está nublado novamente, com um frescor no ar, apesar de não fazer tanto frio assim. Se você fosse lá fora e olhasse para cima, descobriria que a ausência do sol deixa o céu escuro e sombrio.

A postagem de ontem no WeChat foi excluída novamente. Também foi bloqueada no Weibo. Pensei que minha conta estivesse completamente bloqueada, mas testei e descobri que foi apenas aquela postagem. Suponho que eu deveria estar feliz, depois de toda a minha apreensão, mas já nem sei mais o que dizer. Combater o coronavírus é a tarefa mais importante diante de nós; deveríamos fazer tudo ao nosso alcance para cooperar com o governo e seguir sua liderança, mas será que realmente preciso sacudir meu pulso no ar e jurar minha lealdade à causa? Será suficiente?

Aqui ainda estamos trancados em nossas casas, mas outros já começaram a cantar canções da nossa vitória sobre esse surto! Até vi a capa de um livro sobre como saímos vitoriosos da luta contra o coronavírus (não sei se a capa era real ou uma paródia)! Hoje vi outro meme na internet: *Quando ouvir as pessoas dizerem "Vamos sacrificar tudo a qualquer custo", não entenda mal — o custo é você.*

Hoje meu amigo médico me disse que alguns pacientes acabaram de ser liberados dos hospitais. Até agora, mais de 2 mil pacientes se recuperaram, e o número de mortes também caiu consideravelmente. Pesquisei e descobri que, durante os dois dias anteriores, houve cerca de 100 mortes por dia, mas ontem houve apenas 29. Como espero que possamos reduzir esse número a zero em breve! Assim as famílias ansiosas enfim poderão recuperar a tranquilidade. Contanto que possamos permanecer vivos, tudo pode ser resolvido depois.

Ontem vi um programa comovente na TV que descrevia o processo de um médico tentando salvar um paciente com coronavírus. Na entrevista, o paciente, que sobreviveu, disse que precisou confiar em sua própria força de vontade, junto com a fé que seu médico tinha nele para superar a doença. Outro paciente disse que, depois de sobreviver a toda a jornada, sente que agora irá valorizar todos os dias que terá pela frente. É isso; não há nada melhor do que permanecer vivo.

O que ainda nos surpreende é o alto e contínuo número de novas infecções. Wuhan está em um impasse. Ontem mesmo, o número de infecções novas e prováveis chegava a 900. Ainda nos faltam detalhes sobre tudo isso, ou alguns relatórios precisam ser tornados públicos, até mesmo para que saibamos nos proteger.

E além desses 900 infectados estarem mantendo reféns em suas casas dezenas de milhões de habitantes na província de Hubei, há cinco milhões de wuhaneses presos fora da cidade, incapazes de voltar para casa. Como será que eles têm passado? No início, eles já estavam sofrendo preconceito; será que melhorou? Por outro lado, também existem pessoas de outras províncias que trabalham em Wuhan e estão presas aqui, incapazes de sair da cidade. Outro dia vi um relatório sobre alguns desses que não têm dinheiro suficiente para um hotel, ou não encontram vagas e acabaram dormindo na estação de trem. Outros não têm o suficiente para comer e acabam revirando o lixo e comendo restos. Os timoneiros da nação geralmente negligenciam esses pequenos detalhes; os encarregados de cuidar da maioria geralmente ignoram os indivíduos mais marginalizados.

DIÁRIOS DE WUHAN

Uma boa notícia foi que mais tarde vi uma reportagem sobre uma "linha direta de ajuda para pessoas de fora da cidade presas em Wuhan durante o surto de coronavírus". Cada distrito tem sua própria linha direta para as pessoas telefonarem. Só não sei se funciona. Muitas linhas dessas são criadas apenas como fachada para melhorar a imagem dos políticos. O mundo do funcionalismo público está cheio de gente que nunca aprendeu nada na vida inteira, mas uma coisa que dominam é a arte de fazer um espetáculo. Sua capacidade de fugir à responsabilidade também é inigualável; se não tivessem uma boa base em todas essas habilidades inúteis, esse surto nunca teria se multiplicado para a calamidade em larga escala que é hoje.

Desde os primeiros casos do coronavírus em Wuhan até o momento em que a quarentena foi imposta, houve um atraso de mais de 20 dias; isso é um fato indiscutível. Mas qual foi o principal motivo desse atraso? Quem exatamente causou esse atraso que daria tempo e espaço para o coronavírus se espalhar, levando ao isolamento social sem precedentes de toda a cidade de Wuhan? Colocar em isolamento cerca de nove milhões de pessoas em suas casas é uma situação estranha e rara, mas certamente não é motivo de orgulho. Deve haver uma investigação para chegar à causa raiz desse atraso.

Há muitos repórteres na China a serviço do governo, mas nunca tivemos escassez de jornalistas corajosos que ousam falar. Nos últimos dias, há um grupo cavando histórias reais incansavelmente, fazendo pesquisas investigativas profundas, e precisamos também de internautas para ajudar a esclarecer e expor esses eventos críticos, trazendo os segredos à superfície.

Precisamos descobrir quem mentiu e por que mentiu, sob cujas ordens decidiram contornar a verdade. Sabiam que eram mentiras flagrantes ou alguém intencionalmente espalhava informações falsas e eles simplesmente escolheram acreditar? Eles achavam que não tinham escolha a não ser aceitar a farsa? Essas mentiras vieram do governo ou das equipes de especialistas? Mais de 2 mil almas "assassinadas" (tenho certeza de que ainda há mais não contabilizadas nos números oficiais) e seus familiares morreram e sofreram, profissionais médicos têm lutado dia e noite para salvar pacientes gravemente enfermos, nove milhões de residentes de Wuhan foram forçados a entrar em quarentena, cinco milhões de residentes de Wuhan ficaram presos fora da cidade, incapazes de voltar para casa

— todos nós queremos uma explicação; todos nós queremos algum tipo de fechamento.

Mas tudo o que conseguimos é uma espera sem fim — esperar a reabertura da cidade, esperar uma explicação.

28 DE FEVEREIRO DE 2020

Esse período que chamamos de início da primavera sempre parece durar vários dias.

O céu continua nublado, e está começando a esfriar. O crepúsculo está chegando mais cedo do que antes; se não acendermos as luzes às 16h, dentro de casa já fica escuro. Esse período que chamamos de início da primavera sempre parece durar vários dias.

Notei que alguém enviou no Weibo um vídeo do ex-primeiro-ministro chinês Zhu Rongji* fazendo uma autoapresentação em Xangai. Gostei em especial de uma frase de seu discurso: "O núcleo da minha filosofia se resume ao pensamento independente". Essa é também minha crença. Participei de uma conferência literária logo após me formar na faculdade e ouvi o escritor veterano Jiang Hong dizer o seguinte: "Devemos garantir que nossa cabeça seja firmemente sustentada por *nossos próprios* ombros!". Essa citação causou uma impressão profunda em mim. Na época, pensei: isso mesmo, nossa cabeça, nossos pensamentos, não devem se sustentar nos ombros de nossos professores ou nos jornais que lemos, e principalmente não nos documentos distribuídos nas reuniões do governo; precisam ser sustentados firmemente por nossos próprios ombros. Meu cérebro

---

* Zhu Rongji (n. 1928) é um político chinês veterano, que atuou como primeiro-ministro da República Popular da China de 1998 a 2003. Antes, havia servido como vice-primeiro-ministro. Durante seu mandato, Zhu supervisionou um crescimento econômico expansivo. Aposentou-se em 2004.

só tem valor se eu usá-lo para promover o pensamento independente. Portanto, não importa se os ultraesquerdistas me insultam ou se os ultradireitistas me criticam; nenhum deles pode mudar minha visão de mundo, nem pode abalar minha visão sobre a sociedade e a natureza humana.

Conversando com meu colega Yi Zhongtian* ontem, falamos que esses dois grupos radicais eram essencialmente os mesmos. E digo isso porque nenhum deles é capaz de aceitar alguém com opiniões diferentes das suas. Segundo Yi Zhongtian me escreveu: "Eles são como dois lados da mesma moeda; nenhum deles é capaz de abraçar um ambiente pluralista; os dois querem um mundo que aceite apenas um tipo de voz, um tipo de ponto de vista".

Todos os dias registro as pequenas coisas que acontecem à minha volta e acrescento alguns pensamentos e sentimentos que acho interessantes. Este é um registro puramente individual, escrito em forma de diário e não se destina a ser um receptáculo para grandes narrativas, nem pode registrar todos os detalhes que cercam o surto de coronavírus, e certamente tento evitar a linguagem apaixonada desses jovens escritores idealistas. Em vez disso, tento escrever livremente e colocar minhas emoções no papel. Esta não é uma crônica de notícias e certamente não é um romance. Ao mesmo tempo, as emoções que expresso são muitas vezes muito diferentes das de outras pessoas, e nem sempre estão alinhadas com o que os outros esperam. No entanto, um registro individual nunca deve se encaixar em um pacote padronizado, não é esse o senso comum? Mas há pessoas que gastaram energia sem limites acumulando sua raiva contra mim por causa deste diário. Desperdiçam seu tempo valioso para me insultar, o que é uma vergonha. É claro que, se eles realmente sentem tanto prazer com esses atos de ódio, talvez eu deva permitir que eles tomem suas doses.

Li hoje um artigo dizendo que Fang Fang não deveria se esconder em casa escrevendo seu diário com base nas fofocas que ela ouve; ela deveria era sair a campo, onde tudo está acontecendo! Como posso responder a

---

* Yi Zhongtian (n. 1947) é escritor, acadêmico e historiador chinês. É professor de língua e literatura chinesa na Universidade de Xiamen e publicou amplamente nas áreas de literatura, arte, estética e história. É autor de vários livros e conhecido por apresentar vários *talk shows* e documentários populares.

FEVEREIRO

isso? Não é uma questão de querer ir a campo; eu moro *aqui* em Wuhan! Eu sou uma das nove milhões de vítimas desta epidemia. Meus vizinhos e colegas compartilham suas experiências na internet, por que não posso documentá-las? Não me diga que apenas os locais onde os médicos, policiais e funcionários públicos estão trabalhando se qualificam como "campo"! Estou aqui no campo registrando o que ouço e vejo, mas se você insistir em chamar isso de fofoca, não há nada que eu possa dizer; faça como quiser.

Esqueça, não vamos falar sobre isso.

Na postagem de ontem, falei da origem dos novos casos. Pouco depois, um amigo me enviou uma planilha com dados de todos os pacientes recém-diagnosticados em Wuhan. Ali pude ver que não há um único foco: as novas infecções estão espalhadas por toda a cidade. Isso significa que a ideia de começar gradualmente a abrir alguns distritos hoje menos afetados simplesmente não é prática. Um dos meus amigos médicos me disse que esses novos casos estão dispersos em conglomerados nos 13 distritos da cidade. Enquanto todo o país já tem o coronavírus sob controle, Wuhan ainda precisa permanecer vigilante.

A boa notícia é que mais e mais pacientes estão recebendo alta. Pesquisei algumas declarações do governo e parece que, após um monitoramento cuidadoso, não houve casos observados de pacientes curados espalhando a doença para outros. Além disso, a maioria dos novos casos acabou sendo de pacientes que estavam anteriormente na categoria "casos suspeitos"; a proporção parece ser tão alta quanto 80 ou 90%. Apesar disso, essas fontes oficiais são muito mais otimistas do que as informações que recebo de meus amigos médicos.

A taxa de mortalidade declinou dramaticamente. Li muitas histórias on-line afirmando que nas autópsias recentes de vítimas de coronavírus descobriu-se um problema com a fleuma acumulada. Isso levou a novas medidas de tratamento, que reduziram o número de mortes pela metade. Meu amigo médico disse que "o declínio nas mortes deve ser atribuído a uma infinidade de fatores: todos os nossos recursos médicos foram reabastecidos, os profissionais de saúde agora podem oferecer um atendimento melhor e mais especializado, graças ao aumento na capacitação, energia e recursos; mas certamente é muito mais do que apenas o resultado de algumas descobertas feitas durante autópsias recentes. Quando os pacientes

137

pioram, a Síndrome do Desconforto Respiratório Agudo (SDRA) se instala, grandes quantidades de líquido começam a se acumular nos alvéolos pulmonares e é comum a formação de grandes quantidades de muco pegajoso. Em muitos casos, o primeiro procedimento, ao inserir o tubo respiratório, é extrair o excesso de muco por meio de um tubo de sucção ou por uma broncoscopia. No entanto, se o catarro é pegajoso e enrijece dentro dos brônquios e alvéolos pulmonares, não pode ser aspirado, o que é um sinal comum de SDRA. É exatamente por isso que os pulmões são incapazes de funcionar normalmente; mesmo que o paciente receba oxigênio puro, ainda não será suficiente para compensar os níveis perigosamente baixos de oxigenação no sangue". Essas foram as palavras exatas do médico. Só consegui obter um entendimento básico de alguns dos pontos técnicos, então, naturalmente, não posso comentar sobre a precisão dessa avaliação. Mas com a permissão do meu amigo, incluí o que ele escreveu acima como parte do registro.

Também quero registrar o que o professor Liu Liang e sua equipe estão fazendo; sob as condições mais difíceis, eles têm realizado autópsias em novas vítimas de coronavírus, a fim de investigar melhor a doença, superando muitos desafios. Tenho enorme respeito pelos seus esforços e estou certa de que beneficiará o tratamento futuro e as novas estratégias preventivas. Também me emociona o altruísmo com que familiares doaram os corpos de seus entes queridos para pesquisa. Sem todo esse sacrifício, a equipe do professor Liu seria incapaz de alcançar novos avanços em nossa compreensão desse vírus. O conhecimento humano é sempre eclipsado pela vasta extensão do desconhecido e, para expandir um pouco a nossa compreensão, precisamos confiar nos esforços árduos de muitas pessoas.

O povo de Wuhan parece bastante calmo nos dias de hoje. Claro, podem estar cansados e deprimidos. Para evitar exposições múltiplas, as pessoas não podem mais se aglomerar em torno do portão principal para pegar suas entregas de supermercado. Então, criou-se um método alternativo: todos agora amarram uma corda a um balde e a abaixam lentamente de suas varandas. Os agentes comunitários colocam as compras nos baldes e os compradores içam os baldes de volta. Alguns fazem isso até o sexto andar! Assisti a um vídeo de dois minutos com algumas pessoas puxando suas compras e não pude deixar de sentir uma tristeza estranha. Os desafios e dificuldades que o povo de Wuhan e todos esses agentes comunitários estão enfrentando é realmente fora do comum.

29 DE FEVEREIRO DE 2020

O silêncio do coletivo é sempre o mais aterrorizante.

Hoje o céu está aberto de novo. O tempo anda assim ultimamente: um dia aberto, depois nublado, aberto, nublado; é como meus *Diários de Wuhan* — primeiro permitem, depois reprimem, depois permitem, depois reprimem novamente. Estou em casa há tanto tempo que me pergunto como vou me adaptar quando pudermos sair novamente. Eu até me pergunto se vou *querer* sair.

Hoje, meu vizinho Tang Xiaohe me enviou uma série de fotos recentes do Lago Oriental; parecem que foram tiradas por um drone. O lago está vazio e silencioso, as flores brancas e vermelhas das ameixeiras ao longo do lago estão em plena floração; é maravilhoso além do que posso descrever.

Tenho uma forte sensação de que a maioria das pessoas em Wuhan está se sentindo um pouco deprimida atualmente. Até meus colegas mais vibrantes e extrovertidos ficaram em silêncio. Quase ninguém na minha família envia mais mensagens para o nosso grupo de bate-papo. É uma verdadeira provação ficar em isolamento social e ociosos por tanto tempo, sob esse estranho estresse. Hoje já é o 38º dia da quarentena.

Com exceção de Wuhan, o coronavírus está agora sob controle, com zero novos casos relatados fora de Hubei. A situação em Wuhan também parece melhor. Meu amigo médico me disse que havia quase 40 mil pessoas que se enquadravam na categoria de contato próximo com pacientes confirmados; ele se perguntou se todos os novos casos suspeitos eram desse mesmo grupo de pessoas. Se são, esses novos casos confirmados também são principalmente desse grupo de pacientes suspeitos. Supondo que isso seja verdade, temos de fato uma imagem muito mais clara do surto e de seu padrão. Só precisamos rastrear esses 40 mil pacientes para confirmar. Nesta perspectiva, o surto em Wuhan poderia ser considerado sob controle. No entanto, meu amigo médico continua cauteloso e não fica otimista demais; ele acha que as estatísticas publicadas do governo precisam ser um pouco mais detalhadas antes que ele esteja pronto para tirar conclusões.

Hoje, um dos meus amigos me enviou um vídeo da província de Shandong; era do povo em Zibo dando as boas-vindas à equipe humanitária do Blue Sky Rescue, que retornava para casa depois de sua viagem de trabalho voluntário em Wuhan. Todos choravam ao ver o grupo regressar em segurança. Depois de assistir ao vídeo, eu também estava chorando. É difícil imaginar como seriam as coisas em Wuhan se não tivéssemos o apoio de todas as equipes de ajuda vindas de toda a China. Muitos choravam porque todos entendiam os perigos de vir a Wuhan para oferecer ajuda. Inclusive, ouvi dizer que em Wuhan, além da alta taxa de infecções entre profissionais de saúde, a polícia também foi atingida com força. Surpreendeu-me saber que quase 400 policiais foram infectados com o novo coronavírus na província de Hubei. Nunca imaginei que fossem tantos.

Escrevi para meu amigo policial e perguntei como estava a situação para ele e seus colegas. Ele respondeu que sempre estiveram na linha de frente desse surto. Ele, pessoalmente, não tirou um único dia de folga desde o início do surto, pois precisavam garantir o funcionamento da malha básica de transportes para as entregas e para garantir a locomoção do pessoal médico. Ao mesmo tempo, precisavam controlar para que pedestres e carros particulares não autorizados não transitassem. De alguma forma, eles precisavam controlar esses dois grupos. Muitos policiais têm ajudado a levar e trazer pacientes dos hospitais, por escassez de outras formas de transporte de pacientes. Além disso, também é necessária a presença policial em cada hospital, local de quarentena e vários locais de serviço público, a fim de manter a ordem, direcionar o tráfego e ajudar a resolver conflitos entre médicos e pacientes indisciplinados. Como a polícia tem muito contato com os pacientes, o risco de contaminação também é bastante alto. Portanto, não é estranho saber que tantos policiais foram infectados. Meu amigo me incentivou a escrever sobre o que a polícia vem passando. "Nós realmente trabalhamos sem parar!"

O povo de Wuhan tem um ditado popular: "Quando você está ocupado, morre de trabalhar; quando está ocioso, morre de tédio!". Mas agora parece claro: quando se está ocioso, é o estresse psicológico que pega; quando está ocupado, é o esforço físico que afeta.

Nos últimos dias, os repórteres têm investigado por que houve um atraso de quase 20 dias na resposta ao surto inicial. Um deles divulgou uma linha do tempo que mostra claramente que, por algum motivo, a Comissão Municipal de Saúde de Wuhan esperou vários dias antes de fazer uma declaração.

Um repórter investigativo entrevistou um especialista que alegou não saber o que estava acontecendo. Ele até suspeitava se havia algum médico realmente infectado, então ligou para perguntar, mas todos negaram. Decidi consultar um de meus amigos médicos: "Ouvi dizer que alguns especialistas ligaram para o hospital perguntando sobre o vírus desde o início". Meu amigo respondeu: "Não há como nos telefonarem no hospital". Então continuei: "Mas não poderiam ter falado com um dos administradores do hospital?". Ele disse que não sabia. Liguei para outra médica, para saber sua opinião. Ela foi categórica: "Todos eles vieram aqui ao hospital; como é possível que não soubessem?". Mas, segundo os especialistas, é um grande hospital e não havia como verificar tudo. Os funcionários apenas disseram que estavam seguindo o conselho dos especialistas. Eu disse à minha amiga médica o que esses funcionários e especialistas afirmaram, e ela respondeu: "Na verdade, todos os médicos sabiam que estava acontecendo transmissão de pessoa para pessoa; todos nós relatamos isso, mas ninguém informou o público, pelo menos até Zhong Nanshan chegar a Wuhan e fazer uma declaração pública". Outro médico que conheço me disse: "O silêncio do coletivo é sempre o mais aterrorizante". Mas quem realmente se inclui nesse "coletivo"? Não fiz essa pergunta, pois não queria complicar as coisas; afinal, não sou repórter. Mas alguém na internet resumiu perfeitamente quando disse: "O concurso de culpas começou oficialmente!".

Deixe-me compartilhar algumas citações de uma entrevista com o dr. Peng Zhiyong, diretor do Hospital de Zhongnan da Universidade de Wuhan:

DIÁRIOS DE WUHAN

Este vírus realmente se espalhou com extrema rapidez. Em 10 de janeiro, nossos 16 leitos de UTI já estavam ocupados. Assim que vi a gravidade da situação, procurei os administradores do hospital dizendo que precisávamos relatar o que estava acontecendo. Eles concordaram com a gravidade e enviaram um relatório à Comissão Municipal de Saúde de Wuhan. Em 12 de janeiro, a Comissão enviou uma equipe de três especialistas ao Hospital de Zhongnan para investigar. Com base em suas observações clínicas, os especialistas pensaram que o vírus se parecia um pouco com o da SARS; no entanto, insistiram em seguir os protocolos de diagnóstico padrão. Durante os dias subsequentes, os diretores do hospital se comunicaram várias vezes com a Comissão de Saúde, e sei que outros hospitais também o fizeram.

Pouco antes disso, a Comissão Nacional de Saúde já enviara uma equipe de especialistas ao Hospital de Jinyintan. Eles criaram um protocolo de diagnóstico, como ter visitado o Mercado de Frutos do Mar de Huanan, apresentar febre e testar positivo para o vírus; somente quando esses três critérios eram atendidos, a doença era confirmada no paciente. Eram especialmente rigorosos quanto ao terceiro critério, mesmo quando, na realidade, poucas pessoas, de fato, faziam o teste.

Com base no meu conhecimento prévio e observações clínicas ao tratar pacientes, considerei essa doença causada por um forte vírus contagioso que deveria exigir o mais alto grau de medidas de proteção. Os vírus não se dobram à vontade do homem; precisamos respeitar o espírito da ciência e prosseguir com base no que as evidências científicas nos dizem. Respondendo aos meus pedidos, a UTI do Hospital de Zhongnan adotou medidas estritas de quarentena, e nosso departamento só teve dois profissionais de saúde infectados com o novo coronavírus. Em 28 de janeiro, em todo o hospital havia apenas 40 profissionais infectados, um número muito menor do que em outros hospitais.

Nos três parágrafos anteriores, dá para ver que a situação era bastante grave antes de 10 de janeiro. No fim, os médicos precisaram tomar medidas individuais para se proteger. E mesmo no Hospital de Zhongnan, onde tomaram ações protetoras agressivas desde o início, ainda tiveram 40 profissionais de saúde infectados, o que representa uma taxa muito baixa de infecção em comparação com outros hospitais. Se você pensar bem, o

142

chicote do silêncio coletivo estalou sobre todos nós. Todos os hospitais precisam refletir sobre isso depois que a epidemia passar.

À tarde, passei muito tempo conversando com um amigo sobre como o coronavírus afeta crianças. Esse vírus dividiu muitas famílias; mas, de certa forma, as crianças foram afetadas ainda mais que os idosos. Quantas crianças ficaram órfãs ao longo desse surto? Não sei se alguém já calculou. Só entre os médicos falecidos, que a gente saiba, são quatro: dois bebês e dois que não chegaram a nascer, mas cujos pais já se foram. Minha amiga diz que existe cerca de duas dúzias de crianças que perderam tanto o pai quanto a mãe para o coronavírus; muitas outras foram afastadas de um ou ambos os parentais, que tiveram de ser levados para quarentena em hospitais. O governo já tomou providências para que essas crianças fiquem juntas em uma casa comunitária. São todas menores de idade; algumas têm apenas quatro ou cinco anos. Segundo minha amiga, muitas ficam apavoradas só de ver alguém com um traje completo de proteção e máscaras faciais. Nessa tenra idade, elas provavelmente nem sabem como expressar seus medos e compartilhar seus sentimentos com alguém. Certamente, suas necessidades básicas estão sendo atendidas, mas e as cicatrizes psicológicas? Isso é especialmente importante no caso de crianças que acabam de se tornar órfãs. As árvores grandes e fortes que antes os protegiam do vento e da chuva foram derrubadas e não resta mais ninguém com quem contar; muitos deles nunca mais conhecerão o amor incondicional dos pais. Eu me pergunto se há quem possa ajudá-los com essa dor. Como minha amiga sempre diz, quanto mais cedo eles receberem intervenção psicológica, melhor.

Fico ouvindo essas gravações na internet de uma criança em algum lugar chorando e gritando: "Mamãe, não me deixe! Eu te amo muito, mamãe...". Como mãe, sempre que ouço essa voz, não consigo deixar de sentir um calafrio percorrer todo o meu corpo.

MARÇO

1º DE MARÇO DE 2020

Ainda teremos de chorar muito mais do que já choramos.

Como nos distanciamos cada vez mais do Ano-Novo Lunar, eu decidi usar o calendário Ocidental em lugar do calendário lunar para datar as postagens.*

O tempo continua a oscilar entre bom e nublado, o que aumenta ainda mais o nervosismo de muita gente. Só agora percebo que hoje é domingo. Quando você está confinada em casa o tempo todo, um dos maiores problemas é que você perde completamente a noção do tempo. Geralmente eu nem sei dizer que dia é, e tenho ainda mais problemas para me lembrar em que dia da semana estamos. Quando vou poder sair? Quando vão reabrir a cidade? Essas são as perguntas que mais martelam em nossas cabeças nos dias de hoje. Agora todos podem ver claramente que as coisas estão melhorando com o coronavírus. Todas as pessoas na China estão colaborando para ajudar Wuhan a superar esse período difícil. Nós *conseguiremos* passar por isso; todos em Wuhan estão confiantes de que conseguiremos. O problema é que nós ainda não sabemos *quando* nossa vida voltará ao normal de novo. As pessoas não falam de outra coisa em suas conversas privadas.

Já faz 42 dias que meu irmão não pisa no lado de fora do seu apartamento. Eu pelo menos posso ir ao meu quintal quando preciso tomar um

---

* Na edição chinesa original do *Diários de Wuhan*, todas as entradas de 25 de janeiro até 29 de fevereiro foram datadas de acordo com o calendário lunar. A partir de 1º de março, as datas das entradas seguem o calendário ocidental. Por sugestão da autora, esta edição utiliza exclusivamente datas do calendário ocidental.

pouco de ar fresco, ou quando quero caminhar um pouco. Pelo menos a área do quintal é segura. Hoje a minha filha exibiu suas habilidades culinárias em algumas fotos do chat da nossa família. Ela sempre se queixa dizendo o quanto acha irritante cozinhar, mas apesar disso ainda se esforça para manter uma certa qualidade de vida. A carne de porco refogada com molho de soja que ela acabou de cozinhar está demais! Na foto em que a minha filha mostrou seu prato, o pai dela colocou uma sequência de elogios entusiasmados. Às vezes, imaginar que a geração mais jovem seja capaz de fazer essas coisas é difícil para nós. Minha filha disse que já havia salvado um monte de receitas culinárias on-line. Acho que nossos filhos não precisam que seus pais os ensinem a cozinhar; eles podem contar com a ajuda de grandes professores na internet.

Enquanto o tempo passa, porém, coisas bem tristes continuam acontecendo. Essa catástrofe realmente nos esmagou. Nós hoje choramos por qualquer motivo. Uma amiga me enviou um vídeo feito na comunidade onde ela vive. Um cidadão estava expressando seus agradecimentos a um líder local, e esse líder chorava feito um bebê. Um dos comentários postados abaixo do vídeo dizia: "A população de Wuhan derramou este mês as lágrimas de uma década". Há muita verdade nesse comentário. Essas lágrimas não são apenas de tristeza; são provocadas por centenas de emoções diferentes. Mas não espere que as pessoas que derramam essas lágrimas marchem à frente cantando canções de triunfo ou que reúnam suas forças e anunciem ao mundo que alcançaram a vitória — pois o nosso sofrimento ainda está longe de terminar.

Hoje, às cinco da manhã, morreu Jiang Xueqing,* diretor do Hospital Central de Wuhan, onde Li Wenliang trabalhava. Ele tinha 55 anos e estava no auge da sua carreira.

Um médico meu amigo me enviou uma mensagem sobre o dr. Jiang Xueqing, informando-me que o dr. Jiang foi um renomado especialista em câncer de mama e de tireoide na China. Muitos profissionais da medicina tiveram suas vidas tragicamente ceifadas durante essa epidemia. Em

---

* Jiang Xueqing (1964-2020) foi um médico extremamente respeitado do Hospital Central de Wuhan, especialista em câncer de mama e de tireoide. Ele também exerceu várias funções administrativas e de liderança dentro do hospital.

conversas privadas, alguém compartilhou comigo a história por trás da morte do dr. Jiang Xueqing, e sem dúvida foi terrível demais para ser descrito em palavras. A natureza trágica do que aconteceu não diz respeito apenas à perda da vida dele, mas também a aspectos de sua história sobre os quais nós não temos permissão para falar.

Com muita dificuldade e grande lentidão, o quadro da epidemia em Wuhan finalmente começa a mudar para melhor. Centenas de casos suspeitos e confirmados continuam a aparecer todos os dias. Um médico meu amigo ficou um tanto triste por causa dos números que via, e se baseou neles para fazer uma previsão: "Acho que ainda precisaremos de mais dez dias antes de testemunharmos uma mudança relevante, mas provavelmente levaremos mais um mês para conseguir controlar isso; depois serão necessários mais dois meses para que possamos erradicar esse vírus completamente".

Eu tenho recebido muitas mensagens a respeito de um terapeuta chamado Li Yuehua, que todos dizem ser capaz de operar milagres. Comenta-se que o seu método de injeção em pontos de acupuntura pode curar o novo coronavírus, e que, além disso, ele administra o tratamento sem usar nenhum equipamento de proteção e ainda assim não é atingido pelo vírus. Tenho um amigo que leciona no Instituto de Medicina Chinesa, e entrei em contato com ele para lhe pedir uma opinião a respeito do assunto. Sua resposta foi a seguinte:

1. Não importa agora saber se Li Yuehua tem ou não uma licença oficial para praticar medicina; a questão principal é saber se o seu método de tratamento funciona. Se esse método for eficaz, então devemos deixar que ele comece a tratar os pacientes. Afinal de contas, não deveríamos todos estar à procura de soluções práticas nesse momento?

2. Há uma porção de colegas médicos cuja capacidade para a prática é obstruída pelo fato de que eles não têm uma licença médica oficial. Pelo que sei, colegas médicos aptos agora podem obter uma licença de duas maneiras: uma é passar por um programa de capacitação; a outra é apresentar uma prova de especialização.

3. Algumas repartições públicas responsáveis pela concessão de licenças fazem o possível para ignorar fatos empíricos. Em vez disso, buscam apenas reprimir

DIÁRIOS DE WUHAN

esses colegas terapeutas. Eles alegam agir assim em nome da imparcialidade, mas está claro que muitos deles têm um motivo oculto. Parece claro que Li Yuehua pratica a medicina ilegalmente. Contudo, se ficar provado que o seu método de tratamento traz benefícios aos pacientes atingidos pelo novo coronavírus, as autoridades competentes devem tratar o seu caso de maneira diferente e abrir uma exceção para que ele trate pacientes. Se o método de Li Yuehua funciona, as questões relacionadas a suas credenciais médicas não devem barrar a sua aplicação.

Os comentários do meu amigo fazem sentido. Certa vez fui me consultar com um médico de medicina chinesa a fim de resolver um problema no meu pé. O tratamento que ele prescreveu foi incrivelmente caro, e os remédios que ele me receitou só fizeram piorar a minha situação! No final, procurei um médico formado na medicina ocidental para resolver o problema.

Como muitas pessoas, eu também acredito que se Li Yuehua diz que pode tratar o coronavírus com o seu método, por que fazer tanto estardalhaço a respeito do assunto? Não podíamos pelo menos deixá-lo tentar? Afinal, nós estamos lidando com uma situação de emergência das mais graves.

2 DE MARÇO DE 2020

No futuro, as pessoas precisarão tomar conhecimento dos sofrimentos que os habitantes de Wuhan tiveram de suportar.

Está chovendo novamente, e o dia está extremamente nublado. Parece fazer tanto frio quanto na ocasião do Ano-Novo Lunar. Um dos meus colegas encarou a chuva para me trazer pães cozidos no vapor, rolinhos primavera e outras comidas. Eu moro faz 30 anos no complexo da Federação de Literatura e de Artes, e meus vizinhos e colegas sempre cuidaram de mim; sou especialmente grata a eles por isso. Hoje vou comer pães

MARÇO

cozidos no vapor e uma tigela de mingau de aveia. Como eu já disse, cozinhar para uma pessoa não tem muita graça.

Nesses tempos, me acostumei a atravessar a noite acordada e ir dormir pela manhã. Quando vi as mensagens que o meu amigo médico havia me enviado já era meio-dia. Ontem esse meu amigo estava mal-humorado, mas hoje, ao contrário, parece bastante entusiasmado. Isso porque ele entendeu o motivo do aumento de novos casos de ontem; a maioria deles veio de um grupo de 233 presidiários que testaram positivo. Então hoje, pela primeira vez, o número de novos casos caiu para menos de 200; novos casos suspeitos também caíram para menos de 100. Nas palavras do meu amigo médico: "Existe agora a esperança de que dentro de dois ou três dias nós possamos ingressar num novo período de diminuição de casos (ou seja, menos de 100 novas infecções no intervalo de um dia) na trajetória desse vírus". Isso reacende as esperanças dos habitantes de Wuhan. Isso significa que poderão reabrir a cidade antes do que se esperava? É tudo o que os nove milhões de habitantes de Wuhan mais desejam. Perguntei a respeito desse assunto ao meu amigo essa noite, e ele disse que ainda deve levar duas semanas. Isso seria um pouco antes do que se esperava. Pelo menos nós não teremos de continuar nessa situação até abril.

Hoje percebi muita gente usando na internet a expressão "cidade da tristeza" para descrever Wuhan. Na minha opinião, isso não chega nem perto de descrever a gravidade da situação. Nós podemos chegar um pouco mais perto da realidade se empregarmos a expressão "tristeza cruel". Releia as últimas palavras de Chang Kai e você saberá o significado de tristeza cruel. Alguns dias atrás, li um artigo a respeito da experiência vivida por um profissional de saúde de Guangdong quando ele chegou a Wuhan para prestar ajuda. Fazia parte do artigo o seguinte trecho: "Eu me lembro que no segundo dia do Ano-Novo Lunar fui designado para a unidade de terapia intensiva, por volta do meio-dia; dentro de duas ou três horas, três pacientes já haviam morrido. Nessa mesma noite, outras duas pessoas perderam a luta contra o coronavírus. Houve um dia em que um paciente deu entrada na emergência, mas morreu antes mesmo que pudéssemos levá-lo a uma sala. O número de pacientes nesses dias era simplesmente grande demais; no pior momento nós chegamos a atender diariamente entre 1.500 e 1.600 pacientes com febre".

DIÁRIOS DE WUHAN

E essa é a situação em apenas um hospital de Wuhan; multiplique isso por todos os outros hospitais da cidade.

E quanto aos jornalistas que deram cobertura aos acontecimentos aqui em Wuhan — eles ainda estão fazendo suas matérias investigativas? Esse é um trabalho de extrema importância para nós da cidade. Agora que as coisas estão começando a mudar, a investigação desses jornalistas em busca da verdade precisa estar na ordem do dia. Caso contrário, o momento se perderá e toda a dor e a tristeza que experimentamos desaparecerão com ele. É preciso que esses jornalistas investiguem o que realmente aconteceu: Quem foi o responsável pelos 20 dias de atraso na resposta inicial à epidemia? Esses 20 dias custaram a vida de mais de 2 mil pessoas e provocaram o adoecimento de milhares delas, e nem se sabe ao certo se conseguirão sobreviver. Nove milhões de pessoas terminaram confinadas em suas casas, em quarentena, e cinco milhões de pessoas foram obrigadas a se manter fora de Wuhan, sem poder voltar para casa. Por isso queremos saber quem está escondendo a verdade de nós!

Após 40 dias de quarentena, as pessoas estão testando o seu limite psicológico; isso é algo que me preocupa bastante desde o início. Eu li um artigo intitulado "Nove milhões de tipos diferentes de corações partidos em Wuhan" — isso é que é título! O artigo contém histórias selecionadas entre dezenas de postagens de pessoas de Wuhan que escreveram textos na internet a respeito de suas experiências difíceis. Liberar as emoções falando ou escrevendo é uma válvula de escape psicológica importante para lidar com o estresse; na verdade, em parte é por esse motivo que escrevo esse diário dia após dia. Contudo, de tempos em tempos o rótulo "energia positiva"* continua sendo empurrado para indivíduos que tentam apenas encontrar uma saída e desabafar.

Vários repórteres me entrevistaram nos últimos dias. Um deles me fez uma pergunta que considerei bastante interessante: "Durante essa

---

* "Energia positiva" (*zheng nengliang*) faz referência a um conceito político cunhado pelo secretário-geral do Partido Comunista da China, Xi Jinping, em 2012. É geralmente relacionado a discursos de teor "politicamente correto" e se alinha aos pontos de vista e políticas do Partido Comunista Chinês. O discurso público que desafia ou discorda da linha seguida pelo partido é considerado "energia negativa" (*fu nengliang*).

epidemia, quais são as pessoas ou coisas que foram negligenciadas?". Agora que tive algum tempo para pensar nisso, sinto que muitas pessoas e coisas foram negligenciadas. Quando essa epidemia começou, o *lockdown* foi imposto com muita afobação à cidade inteira. Foi como tentar vedar um grande cesto de madeira sem fundo e com uma centena de buracos: o tempo todo o governo fazia o possível para tentar impedir que a água escoasse pelo fundo; entretanto, não restou ninguém para parar o vazamento pelas centenas de buracos. Temos de agradecer a todos os voluntários que se apresentaram para ajudar a vedar a cidade — pessoas como Wang Yong, Wu You, Liu Xian. Esses jovens voluntários foram realmente incríveis. Se não fosse por eles, quem sabe quanta tragédia mais teria se abatido contra Wuhan?

Hoje aprendi mais uma expressão: "desastre secundário". O *lockdown* em Wuhan foi um mal necessário, nós não tivemos escolha a não ser suportá-lo; mas depois de um longo período de quarentena é preciso sem dúvida contar com um plano geral — caso contrário, haverá consequências difíceis de imaginar. Se as autoridades governamentais não souberem lidar de maneira séria com a questão do sustento das pessoas, se não colocarem em prática medidas para lidar com as dificuldades de natureza econômica que atingiram muitas pessoas saudáveis, eu acredito que os problemas que nos aguardam mais à frente resultarão em outra "epidemia". As pessoas têm comentado bastante esse assunto ultimamente.

Na noite passada, um colega de classe me encaminhou uma carta de apelo que teve grande repercussão no WeChat, pois levanta a questão dos trabalhadores migrantes. A carta é esta:

O povo é o coração da nação, o povo necessita de comida para sobreviver, o governo é o governo do povo, o povo sustenta a nação com o suor do seu trabalho. Enquanto combatemos essa epidemia, recorremos a várias agências do governo para que seja estabelecida uma comissão de trabalho voltada para o emprego do trabalhador migrante. Nesse momento, todos em Hubei estão impedidos de deixar a província; as empresas localizadas fora de Hubei estão cancelando seus contratos com trabalhadores de Hubei, e há casos em que esses trabalhadores são sumariamente recusados para empregos. Dentro de 30 dias, quando as restrições começarem a ser retiradas em regiões de Hubei nas quais o vírus está sob controle, nós precisaremos ter ônibus do governo ou voluntários que possam levar trabalhadores diretamente a um local de trabalho, a fim de evitar que eles sejam colocados em quarentena por mais duas semanas assim que chegarem. Se o governo não der a devida atenção a esse problema, trabalhadores migrantes de Hubei acabarão sendo substituídos por trabalhadores de outras províncias, o que causará desemprego generalizado entre os trabalhadores de Hubei. Esse será um enorme efeito colateral da epidemia de coronavírus, e é necessário que o governo o enfrente. Muitos trabalhadores não possuem economias, e eles não conseguiram obter nenhum ganho esse ano devido à epidemia. As famílias precisam comer. O que eles farão? O governo tem de ajudar a estimular a disponibilidade de trabalhadores de Hubei nas áreas não afetadas, e encorajar empresas a contratarem esses trabalhadores. Cabe ao governo tranquilizar esses trabalhadores e ajudar no acesso a oportunidades de emprego, e cabe às empresas providenciar transporte, acomodações na quarentena e equipamentos de proteção. Trata-se de solicitações bastante razoáveis; afinal, nem todas as pessoas em Hubei foram infectadas. Ao mesmo tempo que dá combate ao coronavírus, o governo precisa tomar medidas para garantir que a subsistência das pessoas seja preservada. Para muitas famílias de trabalhadores migrantes, não trabalhar hoje significa passar fome amanhã!

3 DE MARÇO DE 2020

Você precisa nos dar uma explicação.

O tempo continua nublado, faz um pouco de frio, e está ventando. Esta manhã, um vizinho me enviou uma fotografia. Sob a foto havia uma mensagem que dizia: "As begônias na sua varanda estão desabrochando, mas parece que o seu WeChat foi desativado". Estou acostumada a ver meus posts no WeChat serem retirados. Mas saber que as minhas begônias estão florescendo é realmente excitante.

MARÇO

Falei com um dos meus amigos médicos sobre a situação atual da epidemia de coronavírus, e ele agora se mostra extremamente otimista com relação ao andamento das coisas: "Tudo agora parece muito mais claro a respeito do coronavírus. Confirmando as boas notícias de dois dias atrás, ontem as coisas continuaram melhorando. A soma total de novos casos confirmados e suspeitos não chegou a 200 pessoas. Houve uma redução bastante significativa de casos suspeitos. Nos próximos dois dias, a expectativa é de que o número de novos pacientes caia para menos de 100. De acordo com essas estatísticas, controlar a propagação do coronavírus passa a ser uma meta que podemos alcançar! A partir dos progressos que obtivemos nós vamos nos dedicar a melhorar os resultados do tratamento, para diminuir ainda mais a taxa de mortalidade e encurtar o quanto for possível o período de hospitalização".

Claro que é absolutamente essencial diminuir a taxa de mortalidade. No entanto, notícias de mais mortes continuam a chegar, o que é uma pena. Uma notícia que chocou muita gente hoje foi a da morte do dr. Mei Zhongming, do Hospital Central. Ele foi diretor-assistente no departamento dr. Li Wenliang. Era um oftalmologista extremamente habilidoso, e tinha apenas 57 anos. Era muito solicitado em virtude da sua especialidade.

Não deve haver em toda Wuhan um hospital que tenha sido mais exigido do que o Hospital Central. Localizado muito próximo do Mercado de Frutos do Mar de Huanan, foi o primeiro que teve contato com pacientes vitimados pelo novo coronavírus. A primeira leva de pacientes com sintomas severos foi toda enviada a esse hospital para tratamento. No início, quando as pessoas não sabiam absolutamente nada sobre o vírus, os médicos tornaram-se basicamente uma primeira barreira humana de defesa. Esses médicos (e seus administradores) só se deram conta do horror que esse vírus representava quando começaram, um após o outro, a sucumbir diante da doença. Porém já era tarde demais.

Eu ouvi dizer que mais de 200 profissionais de saúde do Hospital Central foram infectados pelo coronavírus; muitos deles estão sofrendo de sintomas graves. Todos eles estão incluídos na primeira leva de pacientes infectados pelo novo coronavírus. Algum tempo atrás, surgiu uma notícia informando que Li Wenliang foi censurado por se manifestar a respeito do assunto. "A partir de 2 de janeiro, o hospital solicitou que nenhum dos seus

DIÁRIOS DE WUHAN

funcionários discutisse publicamente essa doença; eles foram proibidos de postar fotos ou textos que mais tarde pudessem ser considerados evidência do vírus. Somente em mudanças de turno os profissionais da saúde tinham permissão para trocar verbalmente informações sobre pacientes com colegas para que o tratamento prosseguisse. Quando os pacientes chegavam em busca de ajuda médica, os médicos eram forçados a permanecer em completo silêncio quanto a essa possível epidemia".

Outra agência de notícias, Chutian New Media, publicou também um artigo sobre o Hospital Central: "O Hospital Central de Wuhan já se tornou um dos hospitais com o maior número de profissionais da área de saúde infectados: todos os três diretores-assistentes do hospital estão infectados, bem como o seu diretor de enfermagem; os diretores de várias das suas especialidades clínicas estão atualmente dependendo de oxigenação por membrana extracorporal para se manterem vivos; diversos médicos-chefes estão em respiradores, e muitos dos profissionais médicos que trabalham na linha de frente enfrentam sintomas graves, que os deixam a um passo da morte". Embora eu não possa ir ao hospital pessoalmente a fim de confirmar esses dados, não há dúvida de que as perdas humanas no Hospital Central foram particularmente devastadoras.

Os habitantes de Wuhan continuam bastante deprimidos. Outro médico amigo meu disse que essa tristeza e essa depressão alimentam nas pessoas um sentimento de incerteza com relação ao futuro, o que as faz cair facilmente num estado de insegurança psicológica. Além disso, é preciso considerar também a questão do sustento das pessoas; a maioria delas não conta com nenhum tipo de renda no momento. Elas não sabem quando poderão voltar ao trabalho, não sabem nem mesmo quando finalmente poderão sair à rua de novo, e isso fez com que todos se sentissem perdidos. Quando estamos perdidos, tateando no escuro e sem o poder de controlar o nosso próprio destino, acabamos perdendo o nosso senso de segurança mais fundamental.

Especialistas da área de psicologia afirmam que o verdadeiro trauma começa a emergir só depois que você se retira de um local de perigo imediato.

MARÇO

4 DE MARÇO DE 2020

Fazer compras on-line, assistir televisão, dormir:
Essa é a nossa vida agora.

Hoje o dia está claro e luminoso. O sol brilha forte e a primavera está no ar. Todas as cores — verde, jade, vermelho e rosa — parecem competir para preencher cada espaço com uma boa dose de "energia positiva". Novos ramos começam a desabrochar nas rosas chinesas no meu quintal, embora eu jamais tenha cuidado delas, pois passei todo o último ano na minha casa no subúrbio trabalhando em um livro. Nunca aparei seus ramos, nem borrifei as pétalas com água, nem as adubei; elas simplesmente cresceram por conta própria, sem ninguém para impedi-las. Vendo-as assim, eu quase sinto pena quando amarro alguns dos seus ramos ao gradil.

O coronavírus está agora sob controle em nossa região; isso é um fato incontestável. Como moradora de longa data de Wuhan, sei como foi difícil chegar a esse ponto. Quando o horror de um vírus invisível, que pode estar em qualquer lugar, é introduzido numa cidade de grandes dimensões como Wuhan — com uma complicada estrutura de três cidades* e um complexo labirinto de alamedas tradicionais e antigas vielas —, ninguém pode duvidar de que foi uma façanha incrível tê-lo controlado num intervalo de tempo tão curto em termos relativos. Agora a cabeça do monstro foi cortada fora; finalmente nós temos liberdade suficiente para começar a cuidar de outros assuntos — como a ajuda a pessoas de fora das províncias que ficaram presas em Wuhan durante a quarentena, e também a pessoas que residem em Wuhan e que não puderam voltar para casa. Resolver esses problemas não deve ser muito difícil. Hoje o meu amigo médico me disse que a situação continua a melhorar, e ele espera que até amanhã a cidade possa voltar a ter algum nível de funcionalidade. Parece que podemos suspirar aliviados.

Essa tarde, um amigo me enviou um longo arquivo de áudio. Foi gravado por um administrador de hospital que veio a Wuhan para trabalhar no

---

* Para saber mais sobre a estrutura de três cidades, veja no final deste livro o ensaio de Fang Fang intitulado "Um Lugar Chamado Wuhan".

socorro a vítimas do coronavírus. Nesse áudio, ele relata toda a jornada da sua equipe até Wuhan e o processo de providenciar atendimento aos pacientes de coronavírus. Trata-se de um relato bastante lógico, contido e objetivo. Ele se limita a falar do processo de tratamento, e não entra em detalhes sobre outros aspectos. Mas sempre que menciona Wuhan e os habitantes daqui ele começa a hesitar um pouco, e é possível ouvi-lo engasgar. Apenas nós que somos de Wuhan percebemos o que está por trás desses momentos em que ele mostra hesitação. Nós sabemos que ele testemunhou pessoalmente a situação desde o início; ele simplesmente não pode entrar em detalhes, motivo pelo qual engasga incontrolavelmente.

Quando comecei a escrever este diário, não considerei a possibilidade de ter um grande número de leitores; só queria colocar no papel alguns pensamentos. Quando percebi que alguns usuários famosos do WeChat estavam usando títulos chamativos para publicar histórias a meu respeito, fiquei bastante incomodada. Afinal de contas, eu sei que aqui em Wuhan há muitas pessoas escrevendo blogs como o meu, além de escritores e poetas. Ocorre apenas que cada um de nós emprega um método diferente e se concentra em diferentes aspectos dos acontecimentos. Contudo, cada um desses registros é precioso. Quando falo sobre ficção, costumo dizer que embora a literatura seja uma forma de expressão individual, quando inúmeros indivíduos se expressam a literatura se torna um fórum para que toda uma nação se expresse; e quando muitas nações se expressam conjuntamente, a literatura se torna a expressão de uma era inteira. Pela mesma lógica, a versão de uma só pessoa nunca é suficiente; ela jamais poderá capturar o quadro inteiro. Mas quando você reúne incontáveis registros individuais, pode começar a ter um quadro mais completo para representar a verdade a respeito dos acontecimentos.

Teve início a partir de ontem um grande plano de três dias para limpar e desinfetar o Mercado de Frutos do Mar de Huanan, o local que se tornou um ponto central da epidemia desde o início. O mercado foi fechado no início de janeiro, e desde então a área é desinfetada diariamente. Na ocasião em que o mercado foi fechado, porém, tudo foi feito às pressas e muitas das mercadorias à venda foram deixadas para trás. Eu suspeito que ninguém chegou a imaginar que o mercado fosse permanecer fechado por tanto tempo; e certamente ninguém jamais imaginou que o vírus que havia surgido lá

MARÇO

desencadearia uma catástrofe que engoliria toda a China e depois o mundo. Depois que interromperam todo o fornecimento de energia e água para o mercado e a temperatura começou a subir, uma grande quantidade de frutos do mar deixada para trás passou a exalar um fedor lastimável. Há mais de mil comerciantes nesse mercado, e a grande maioria deles toca negócios legítimos. Como todos em Wuhan, eles também são vítimas das circunstâncias; na verdade, boa parte deles sofreu muito mais do que outras pessoas. Durante o processo de desinfecção do mercado, tenho certeza de que os donos desses estabelecimentos perderam tudo o que tinham em suas lojas.

Hoje vou falar sobre compras. Fazer compras on-line tornou-se uma atividade incrivelmente flexível. Meu irmão me contou que sua mulher também registra tudo o que acontece diariamente, todos os detalhes relacionados ao seu modo de fazer compras. Meu irmão até me enviou algumas das coisas que ela escreveu, e eu selecionei alguns trechos sobre compras nos tempos do coronavírus. Sei que os censores da internet não se dão ao trabalho de deletar postagens sobre compras de mantimentos. O texto que se segue mostra como a família desse meu irmão vem lidando com suas compras nos últimos dias; você pode considerar isso um instantâneo que reflete a experiência da maioria dos habitantes de Wuhan.

1. Na verdade eu já saí hoje uma vez para apanhar vegetais doados. A sra. X telefonou mais cedo para me lembrar de apanhá-los. A princípio nós achamos que essas doações fossem somente para famílias de baixa renda e para pessoas idosas que necessitam de ajuda. Embora nós tenhamos ambas mais de 60 anos e nenhuma criança more conosco, o que se encaixa nas qualificações, nós continuamos sentindo que não devíamos aceitar doações de nenhum tipo, já que nossa situação não é tão ruim. Assim, nas primeiras ligações que recebemos deles nós decidimos não sair para pegar doações do que quer que fosse. Hoje também não tínhamos a intenção de sair para apanhar nada lá fora; porém a nossa síndica em pessoa nos telefonou para avisar que havia uma sacola esperando por nós na entrada no primeiro andar. Ela pediu que nos apressássemos para pegá-la. Depois de ouvir isso, me cobri com o meu equipamento de proteção e desci para o primeiro andar. Havia duas enormes sacolas de vegetais e um punhado de sacos plásticos para facilitar o transporte dos alimentos. Peguei quatro cabeças de alface, o

suficiente para duas refeições se eu as refogasse. Agradeci a eles efusivamente, mas não me atrevi a me demorar ali e rapidamente tomei o elevador e voltei para o meu apartamento. Quatro cabeças de alface não são grande coisa em termos de custo, mas saber que alguém está pensando em você e se importa com você é algo que vale muito mais.

2.   Eu ainda preciso ser cuidadosa no que diz respeito a fazer compras on-line. Afinal, estamos atravessando um período incomum; às vezes, mesmo com um bom planejamento você não consegue acompanhar todas as mudanças com que se depara ao fazer compras dessa maneira. A carne de porco havia se esgotado, então eu alterei rapidamente o meu pedido e adicionei 30 ovos a fim de substituir a carne de porco. Qualquer coisa para não ter de sair de casa mais que o necessário. Ainda bem que todas as pessoas infectadas, com suspeita de infecção ou em contato direto com o coronavírus em nossa comunidade já foram afastadas do convívio. Quando o meu pedido chegou, para ir buscá-lo coloquei uma máscara com camada dupla; e quando o peguei, tomei o cuidado de não falar com ninguém, e rapidamente mudei de roupa e lavei as mãos ao entrar em casa.

3.   Esta manhã, recebi do meu grupo de compras on-line um aviso de que o meu primeiro pedido estava pronto para ser entregue, mas o único item do nosso pedido que chegou até nós foram dois pacotes de peito de frango. Eu estou bastante irritada com esse sistema de grupo de compras on-line; há pessoas demais, o que nos obriga a esperar por muito tempo até que as compras sejam entregues, e é bem difícil calcular quando as compras chegarão.

4.   Nos últimos dias, praticamente o único exercício físico que fiz foi ir até o portão sul do nosso condomínio para apanhar os nossos pedidos on-line. Mas, para dizer a verdade, esses pequenos passeios até o portão sul desencadeiam em mim uma descarga de adrenalina, pois cada vez que saio eu fico tensa e a ansiedade me invade. Eu não estou exagerando: na noite passada, quando fui apanhar nossas duas sacolas de compras (elas pesavam cerca de 2 quilos), eu as trouxe para dentro por volta de 11 da noite; normalmente eu lavaria as mãos, iria para a cama, assistiria um pouco de TV e depois iria dormir — mas na noite passada eu continuava bem acordada à 1 da manhã!

Como você pode ver, os trabalhadores voluntários da comunidade são bastante dedicados. E são mais eficientes nas suas entregas do que os

MARÇO

supermercados dos grupos de compras on-line. Fazer compras, assistir à televisão, dormir: essa é a nossa vida agora.

Hoje é o 42º dia de quarentena.

5 DE MARÇO DE 2020

O senso comum pode às vezes dar voz ao que há de mais profundo.

Hoje o dia está claro; o sol brilha com tanta intensidade que quase ofusca os olhos. Nós entregamos ao vírus nossas estradas, avenidas e parques enquanto ficamos em casa, deixando que ele vagueie pela cidade como um fantasma errante à procura de vítimas. O sol do meio-dia é tão poderoso que nos faz acreditar que poderia queimar o vírus até matá-lo. De acordo com o calendário lunar, hoje é o dia em que os insetos acordam do seu sono de inverno. É o 43º dia de quarentena. Alguns dias atrás, disse a um amigo que me sinto mais ocupada agora do que na época em que tudo era normal. Eu não assisto a uma única minissérie na televisão, e embora tenha selecionado um punhado de filmes que me interessam, nunca tenho a chance de ver nem ao menos um. Tang Xiaohe, minha vizinha, exibiu um vídeo de sua neta comendo. O modo como ela come nesse vídeo é simplesmente adorável. Uma amiga me disse: "De dia eu assisto aos vídeos da neta de Xiaohe comendo, e de noite leio o diário de Fang Fang; é assim que tenho passado os meus dias".

Hoje é um dia muito especial. Há três pessoas que despertam em mim muitas lembranças nessa data. A primeira delas é o primeiro-ministro Zhou Enlai.* As pessoas da minha geração devem se lembrar bem dele.

---

* Zhou Enlai (1898-1976) foi primeiro-ministro da República Popular da China de 1949 a 1976. Zhou desempenhou um papel importante na história do Partido Comunista Chinês de 1921 até a data da sua morte. Era conhecido por sua diplomacia, especialmente por sua gestão como ministro das Relações Exteriores, de 1949 a 1958.

DIÁRIOS DE WUHAN

Quando eu ainda era criança, o simples fato de ver o nome dele no jornal era reconfortante para mim. Dia 5 de março é o aniversário de Zhou Enlai; eu ainda me lembro da comoção de enormes proporções desencadeada após a morte dele, acontecimento que ficou conhecido como "Incidente de 5 de Abril em Tiananmen". Receio que muitos jovens nem mesmo tenham ouvido falar nesse incidente. A segunda pessoa, da qual tenho certeza de que muitos leitores já ouviram falar, é um homem chamado Lei Feng. A lembrança de Lei Feng acompanha-me desde a minha infância, e jamais se apagou da minha memória. Lei Feng foi uma alma bondosa que teve a admiração de todos da minha geração quando éramos jovens. No dia de hoje nós celebramos Lei Feng. Houve um tempo em que mal o dia 5 de março começava e jovens de toda a nação mobilizavam-se para praticarem boas ações, como acompanhar senhoras idosas até a sua casa — e nessas ocasiões o número de voluntários ultrapassava o de senhoras para acompanhar! Porém, há mais um homem a ser mencionado — alguém que talvez já tenha sido esquecido, ou de cuja existência muitas pessoas jamais tomaram conhecimento. O nome dele era Yu Luoke.*Cinquenta anos atrás ele foi executado em razões de coisas que publicou. Tinha apenas 27 anos de idade. Entre as pessoas da minha geração que fizeram parte do primeiro grupo a prestar vestibular depois da Revolução Cultural, não há quase ninguém que não o conheça. O seu destino estimulou muitos de nós a começar a pensar sobre o destino do nosso povo, o destino da nossa nação e o nosso próprio futuro. Algumas pessoas consideram que os textos de Yu Luoke não foram tão profundos assim; elas argumentam que tudo o que ele dizia não passava de senso comum. E estão certas, é isso mesmo. Contudo, sinto com frequência que as pessoas parecem ofuscadas por uma busca equivocada por "profundidade". O senso comum surge das verdades mais profundas e das coisas mais frequentemente colocadas em prática, podendo às vezes dar voz ao que há de mais profundo; prova disso é a frase

---

* Yu Luoke (1942-1970) era um trabalhador aprendiz na Fábrica Popular de Máquinas de Pequim quando escreveu uma série de ensaios a respeito de "linhagem". Seu ensaio mais conhecido, "Chushen lun" ["Sobre linhagens"], foi intensamente discutido na ocasião da sua publicação. Yu Luoke foi preso em 1968 e executado em 1970. Sua morte passou a ser amplamente associada à violência da Revolução Cultural.

MARÇO

"todos os homens são criados iguais". Às vezes não é fácil ser um homem normal que vive de acordo com os princípios do senso comum.

Mas voltemos a falar do coronavírus. Embora as coisas estejam melhorando, o progresso continua lento. O número de novos pacientes continua a oscilar em torno de 100, e nós ainda não ingressamos no período em que as coisas poderão lentamente voltar ao normal. Se nós conseguirmos baixar esses números no decorrer dos próximos dois dias, então seremos capazes de atravessar esse momento de impasse. Algum tempo atrás, um dos meus amigos médicos referiu-se ao coronavírus como um "vírus traiçoeiro". Não há como saber onde ele pode estar escondido ou quem mais irá infectar, o que poderia anular todos os esforços que já foram feitos.

Alguns dias atrás a minha amiga Jiang, que é cineasta, disse-me que seu amigo Li Liang, que acabara de receber alta do hospital, mas ainda estava sob quarentena, faleceu subitamente. Jiang é diretora da Secretaria Municipal de Cultura. Ela costumava ir com frequência à clínica de Li Liang para tratamento. Li Liang era fisioterapeuta. Pouco antes do Ano-Novo Lunar, Li Liang foi ao Hospital Central a fim de se submeter a um procedimento na vértebra cervical. Li Liang foi acometido de febre no 10º dia do Ano-Novo Lunar e deu entrada no hospital temporário em Hanyang. Ele realizou dois testes para coronavírus, mas ambos deram negativo; então ele foi transferido do hospital para um hotel, onde permaneceu em quarentena. Entretanto ele continuou a se sentir muito mal; chegou até a ligar para o seu guia espiritual, e se desfez em lágrimas ao telefone. No final, ele não conseguiu escapar do destino que o aguardava — foi-se aos 36 anos de idade, deixando sua jovem esposa e seu filho pequeno.

Por telefone, Jiang e eu falamos a respeito da eficácia do teste para coronavírus. Sei muito pouco a respeito desse assunto, mas me lembro de ter lido recentemente numa reportagem que alguns pacientes haviam recebido alta de hospitais depois de testarem negativo, mas então, enquanto se encontravam em confinamento, foram novamente testados e o resultado deu positivo. Jiang e eu consideramos a possibilidade de que haja algum problema com os critérios que os hospitais têm aplicado para decidir quando liberar os seus pacientes. Com efeito, não demorei a encontrar um artigo on-line em que um especialista argumentava que os critérios de liberação de pacientes tinham muito pouco rigor. E hoje, então, o seguinte

163

DIÁRIOS DE WUHAN

anúncio foi veiculado: a partir de amanhã, todos os pacientes que se encontram em hospitais temporários ou que estejam prestes a receber alta de outros hospitais em Wuhan precisarão se submeter a um exame de sangue para checar seus anticorpos antivirais antes de serem liberados.

Hoje apareceu um vídeo que viralizou na internet. Alguns líderes do governo central vieram inspecionar um dos menores distritos de Wuhan. Enquanto eles estavam lá, alguém gritou pela janela do alto de um apartamento: "Isso é falso! É tudo encenação! Vocês só vieram para dar uma olhada rápida e ir embora!". Não posso dizer com certeza se isso é verdadeiro ou falso; mas, como todos sabem, durante muitos anos as visitas de inspeção por parte do governo sempre foram cercadas de formalidades de todo tipo. Mas não venham me dizer que a atual quarentena em toda a cidade é apenas um espetáculo montado pelos líderes do governo! No passado, eu sempre me manifestei nessas reuniões governamentais, implorando a todos que simplesmente dissessem a verdade. Mesmo quando executamos as diretrizes oficiais do governo, nós precisamos buscar a verdade dos fatos. Essas diretrizes são frequentemente impostas sem que sejam levadas em consideração as condições concretas do local. Envolver-se com mentiras, algumas vezes até espalhando mentiras aos quatro ventos, dar tanta importância a aparências a ponto de jogar dinheiro no lixo para oferecer espetáculo aos burocratas — são essas as coisas que se tornaram há muito tempo o "coronavírus" da nossa sociedade.

Os habitantes de Wuhan tiveram muita sorte dessa vez. Um amigo em quem confio garantiu-me que o vídeo em questão era autêntico. Líderes do governo central tiveram uma reunião no período da tarde e decidiram imediatamente voltar a atenção para a reclamação do público. Porque os gritos vindos daquela janela e de outras janelas foram ouvidos e levados a sério. Pode ser muito difícil encontrar a sua própria voz quando você não faz parte da maioria, mas ainda é importante estimular essas vozes individuais, não é? Por isso é que respeito aqueles cidadãos de Wuhan que tiveram a coragem de gritar de suas janelas. Atitudes como essas podem fazer esses líderes pensarem duas vezes antes de realizarem uma exibição vazia. Se queremos progresso social, nós no mínimo precisamos começar a pôr fim nessas demonstrações pomposas.

Outra notícia interessante que nos chegou é a de que o governo prestou reconhecimento a indivíduos e a grupos que têm se mostrado bastante úteis na luta contra o coronavírus. É particularmente importante mencionar dois desses indivíduos. Um deles é o dr. Wang Guangfa, de Pequim. O dr. Wang fazia parte do segundo grupo de especialistas que veio a Wuhan logo no início. O dr. Wang se despediu da população de Wuhan com as seguintes palavras: "É controlável e prevenível". Essas palavras, combinadas com a expressão "Não é contagioso entre pessoas", conduziram os habitantes de Wuhan a uma catástrofe absoluta. Estou certa de que o dr. Wang tem muitas realizações de que se orgulhar, estou certa de que ele é um médico extremamente capaz, e talvez nem tenha sido ele a pessoa que produziu a frase "É controlável e prevenível". De qualquer modo, foi ele quem disse publicamente essas palavras durante uma coletiva de imprensa. Diante da gente sofrida de Wuhan, ele devia pelo menos sentir alguma vergonha; devia no mínimo pedir desculpa a essa gente. Eu não tenho preconceito algum contra o dr. Wang; mas quando o vi sair do hospital e se deparar com um batalhão de repórteres, não percebi nele nem um pingo de constrangimento, apenas presunção.

A outra pessoa homenageada na cerimônia hoje foi o dr. Li Wenliang. Por suas ações, ele também foi considerado um exemplo a ser seguido. Eu me pergunto se Li Wenliang assistiu a isso do outro lado. Se ele pudesse ver o que aconteceu, ele riria ou choraria?

6 DE MARÇO DE 2020

Quanto tempo mais esse impasse vai durar?

O dia está escuro e triste, assim como o meu humor. A epidemia não mostrou nenhuma grande mudança em relação a ontem: ainda são mais de 100 novos casos, então eu acho que continuamos num impasse. Quanto tempo mais esse impasse vai durar? Será que chegará ao fim na próxima semana?

Nos últimos dias, tenho me sentido como muitos dos habitantes de Wuhan: nervosa, deprimida. E com dor de cabeça. E o telefone anda me

DIÁRIOS DE WUHAN

irritando bastante; eu não tenho vontade nenhuma de falar com ninguém. Estou apenas tentando viver do modo mais simples possível. E não sinto disposição para falar. Imagino que seja um bom momento para rever o que escrevi acerca dos acontecimentos em Wuhan antes do *lockdown*. Na ocasião, anotei alguns dos meus pensamentos quando encaminhei on-line mensagens de outras pessoas; reuni estes aqui para incluí-los em meu diário.

19 de Janeiro de 2020: Mensagem encaminhada: Para Evitar a Disseminação do Novo Coronavírus, Use uma Máscara Facial

No mês passado, quando visitei Chengdu, minha amiga Xu Min me deu uma máscara N95 para usar porque o ar estava poluído demais. Mas a qualidade do ar em Wuhan não é melhor que a de Chengdu; eu cresci habituada a respirar ar ruim. Por isso eu simplesmente coloquei a máscara no bolso e não a usei. Nos dois últimos dias aumentaram os rumores de uma epidemia em Wuhan, e normalmente eu não uso máscara facial em casa. Ontem, quando fui ao hospital visitar um amigo, achei que seria melhor ser cuidadosa, e então me lembrei da máscara que Xu Min me deu. Eu não demorei a encontrá-la, mas nem mesmo sabia como colocá-la. Fiz uma pesquisa on-line a respeito, e acho que consegui colocá-la direito, embora não tenha seguido à risca todos os detalhes.

Eu não uso uma máscara facial há uns 50 anos provavelmente; colocá-la me faz sentir como se eu tivesse retornado à infância.

20 de Janeiro de 2020: Mensagem encaminhada: Jiang Yanyong: Tudo o que Estou Dizendo é um Registro Verdadeiro do que Aconteceu em 2003

Jiang Yanyong disse: "No passado, o nosso país enfrentou demasiadas consequências por ter dito demasiadas inverdades. Espero que no futuro nós nos esforcemos mais para comunicar a verdade".

Hoje contam-se muito mais inverdades do que em 2003. E não há veículos de mídia que se atrevam a dizer a verdade. Espero que as notícias que a mídia oficial veicula sobre o novo vírus sejam todas confiáveis.

20 de Janeiro de 2020: Mensagem encaminhada: 40.000 Famílias Participam de Banquete em Baibuting

Na minha opinião, a decisão de levar a cabo essa gigantesca aglomeração enquanto o "novo vírus" ainda está se espalhando é basicamente uma forma de ação criminosa. Não importa se você adora se exibir para os líderes, ou se você adora ostentar o poder dessa era notável de paz e prosperidade; enquanto perdurarem os riscos, o governo municipal deveria proibir todos os ajuntamentos públicos de enormes proporções como esse. E ainda que os participantes estejam dispostos a correr o risco, o governo deve interferir e evitar que eles façam isso.

21 de Janeiro de 2020: Mensagem encaminhada: Recebam os Meus Cumprimentos! 432 Horas de Atendimento
O fardo dos médicos de Wuhan é enorme. Receio que esse ano os médicos não terão descanso durante o Ano-Novo Lunar. Eu os saúdo.

Não se reúna em grupos, não saia à rua. Se precisar mesmo sair, use uma máscara facial, lave as mãos e faça gargarejo com água e sal. Cuidar da própria saúde é a melhor maneira de ajudar.

23 de Janeiro de 2020: Mensagem encaminhada: Em face da Epidemia, as Atitudes Corajosas Tomadas pelos Ex-alunos da Universidade de Wuhan São uma Descarga de Adrenalina

Estou encaminhando uma mensagem de um colega ex-aluno da Universidade de Wuhan:

Eu costumo ir a Hainan na época do inverno para escapar do frio. Esse ano a temperatura ficou um pouco mais quente que o usual, e o Ano-Novo Lunar chegou um pouco mais cedo do que o normal; então eu planejei ir para Hainan depois do Ano-Novo. Mas fiquei preso aqui, no final das contas, em razão da quarentena, forçado a enfrentar a mesma realidade que a população de Wuhan enfrentava.

Com certeza, o governo não teve escolha a não ser implementar essa quarentena, mesmo que tenha falhado no início e demorado a reagir ao problema. (Havia dois grandes eventos na província programados no início e na metade do mês de janeiro. Todos sabem que notícias de teor negativo foram bloqueadas para que esses eventos não fossem prejudicados. De mais a mais, todos os órgãos do governo praticamente pararam para a preparação desses eventos e ninguém mais trabalha de fato. Todos os repórteres compreendem como isso funciona, e estão em uma situação bem difícil; o que eles podem fazer? Vidas humanas são importantes, mas parece que esses representantes do governo acreditam que os seus eventos são ainda mais importantes. Aqui a política está a serviço da morte. Quando essa epidemia passar, esses representantes do governo que falharam em tomar providências terão de pedir perdão à população de joelhos!). Porém, nesse momento, como cidadãos nós precisamos acatar as determinações do governo e seguir seus planos. Precisamos permanecer calmos; não podemos permitir que o medo vença. O ideal é sairmos de casa o menos possível. Quando tivermos de sair, devemos todos usar máscara (ainda que seja bem difícil encontrar máscaras N95 para comprar; e quando enfim as encontramos à venda, seu preço está muito acima do que seria aceitável!) Lavem bem as mãos e não deixem de se alimentar bem. Sugiro que vocês evitem encaminhar mensagens que possam incitar pânico. Apenas tranquem-se em casa e tentem levar a vida da maneira mais normal possível. Não causar mais problemas é uma maneira de ajudar.

Agradeço a todos os meus amigos por estenderem a mão para ajudar.

23 de Janeiro de 2020: Mensagem encaminhada: Último Boletim sobre a Disponibilidade dos Artigos de Primeira Necessidade em Wuhan!

Nesse momento, o mundo inteiro está observando Wuhan; todos na China estão enviando ajuda a Wuhan. Nossas redes de transporte são eficientes; a população não corre o risco de passar fome aqui durante o lockdown, como aconteceu em Wuchang durante a guerra. Portanto não existe razão alguma para que as pessoas estoquem suprimentos. Acho que nessa questão nós podemos confiar no governo totalmente.

O governo devia implementar uma medida proibindo farmácias de aumentar o preço de artigos essenciais durante esse período. Ontem à tarde, fui à farmácia na rua Dongting (não vou revelar o nome do estabelecimento) para comprar máscaras N95. Pediram-me quase 900 yuans por um pacote com 25 máscaras. São itens descartáveis; uma pessoa usa em média três por dia (disseram-me que elas perdem a eficácia depois de serem usadas por quatro horas). Eu só queria comprar algumas, mas eles não tinham embalagens individuais. A vendedora me ofereceu algumas máscaras com as mãos nuas, o que me fez imediatamente decidir não comprá-las. Eu perguntei a ela: "como vocês podem aumentar o preço disso num momento

MARÇO

como esse?". A vendedora respondeu: "Nossos fornecedores aumentaram o preço deles, então tivemos de fazer isso também".

Cada família tem de adquirir uma enorme quantidade dessas máscaras descartáveis. Elas não podem ser vendidas por um preço tão alto. O governo devia reprimir com dureza todas essas pessoas que tentam ganhar mais dinheiro vendendo a preços abusivos em tempos como esses.

23 de Janeiro de 2020: Mensagem encaminhada: Saudando o Primeiro Grupo de Pulmonologistas de Xangai que Já Partiram para Wuhan

Eu assisti a um vídeo em que alguns pacientes de Wuhan imploravam por tratamento. Ver uma fila de pessoas doentes chorando e gritando foi o suficiente para me deixar arrasada. São pacientes em situação de completo desespero. E há escassez de médicos e de leitos de hospital. Faz muito tempo que o governo não toma medidas eficazes. (Ouvi dizer que somente hoje eles decidiram enfim construir um hospital de quarentena como o Hospital Xiaotangshan em Pequim.) Além de ficar em casa e não piorar mais ainda a situação, não há realmente nada que eu possa fazer para ajudar. Eu não costumo me sentir assim tão inútil, isso é muito raro.

Quero expressar aqui a minha profunda gratidão aos médicos de Xangai que vieram para cá para ajudar!

24 de Janeiro 2020: Mensagem encaminhada: Todos a Postos em Wuhan para Testar Pacientes com Febre, Cada Distrito Providenciando Transporte para Levar Pacientes aos Hospitais

O governo pode ter mostrado lentidão no início, mas pelo menos está tomando providências agora. A incompetência e a incapacidade de tomar a iniciativa da autoridade governamental de Hubei e de Wuhan foram escancaradas pelo que aconteceu essa semana. Para que eles servem se tudo o que podem fazer é discursar, conduzir sessões de estudo político e reprimir pessoas que falam a verdade?

Saí essa tarde para procurar um lugar que vendesse máscaras. Consegui encontrar um pequeno supermercado que tinha algumas N95 em estoque. Todas as outras lojas da rua estavam fechadas, até as farmácias; apenas alguns armazéns estavam abertos. No supermercado, eles tinham bastante mercadoria, e um bom estoque de vegetais. Os preços eram um pouco

169

salgados, mas aceitáveis. Falei com o proprietário do estabelecimento, e ele disse que a loja ficara aberta até durante o Ano-Novo Lunar; eles não haviam fechado nem um único dia. Ouvir isso me trouxe um certo alívio.

Mas o que realmente me animou foi ver os garis varrendo as ruas. Eles estavam todos lá fora, como sempre, em cada uma das ruas, mesmo numa Wuhan agora fria e chuvosa, com rajadas de vento.

Obrigada a todos esses trabalhadores! Sua capacidade de manter a calma enquanto trabalham duro me enche de tranquilidade.

25 de Janeiro de 2020: Mensagem encaminhada: Às Vésperas do Lockdown, 299 Mil Pessoas Deixam Wuhan

Sejamos tolerantes e compreensivos com as pessoas que saíram às pressas de Wuhan. São apenas pessoas comuns que estão apavoradas e querem sobreviver.

Estou grata por não ter ido antes do tempo para Hainan esse ano. Caso contrário, minha filha teria ficado sozinha aqui em Wuhan, e eu ficaria uma pilha de nervos. Se eu tivesse partido daria um jeito de voltar para ela, nem que precisasse andar até aqui! Mas agora as coisas estão bem; mãe e filha encontram-se cada qual em quarentena nos nossos próprios apartamentos para o Ano-Novo. Sinto-me muito melhor dessa maneira.

Vi relatos de algumas pessoas de Wuhan que estiveram em outras províncias, e que agora, subitamente, enfrentam todo tipo de preconceito e não serão aceitas em nenhum hotel. Meu Deus, em que mundo nós vivemos!

Esse é o fluxo perpétuo do mundo; existem pessoas calorosas e pessoas insensíveis. Sempre foi assim. Cabe a nós simplesmente aceitar isso. O melhor que podemos fazer é cuidar de nós mesmos.

25 de Janeiro de 2020: Mensagem encaminhada: Espalhe a Novidade, Por Favor: Táxis da Cidade de Wuhan São Distribuídos de Acordo com Distritos

Encaminhado por um amigo. Alguns dias atrás uma colega passou por uma cirurgia, e ela precisa retornar ao hospital amanhã para trocar seus curativos. Nós já procuramos o comitê do bairro para pedir ajuda, e eles disseram que ajudariam a conseguir transporte.

Todos se sentem impotentes nesse momento, mas pelo menos as coisas começam a ficar um pouco mais organizadas. É bom saber que o país

MARÇO

está assumindo responsabilidades e que agora há pessoas tomando as rédeas. Por isso existe a esperança de que as coisas não sejam tão caóticas
quanto antes. Depois de todos os rumores e boatos que explodiram na internet, parece que a partir de hoje as pessoas começam a se acalmar.

O primeiro dia do Ano-Novo Lunar chegou e se foi em um instante.
Mas eu ainda gostaria de desejar a todos um feliz Ano-Novo Chinês. Espero que todos os demônios desapareçam com o ano que se foi; e que permaneça a esperança de que tudo comece a melhorar.

26 de Janeiro de 2020: Mensagem encaminhada: Em Busca de Ajuda para
uma Emergência: Apelo a Todos os Hotéis da Nação para que Aceitem Hós-
pedes de Hubei e Wuhan

Encaminhada para ajudar a espalhar a mensagem. Todos na China: Por
favor, acolham as pessoas de Hubei e as de Wuhan. Não importa como elas
saíram de Hubei; o fato é que todas precisam comer e ter um lugar para ficar. O inimigo de vocês é o coronavírus, não esses habitantes de Hubei ou
de Wuhan, que estão sofrendo demais.

Mantenho essas primeiras postagens sobre o coronavírus para fins de
registro.

7 DE MARÇO DE 2020

*Quem poderia imaginar que uma segunda catástrofe se
abateria sobre os habitantes de Wuhan?*

O dia hoje está claro e até um tanto quente para essa época do ano. A natureza parece estar bastante satisfeita consigo mesma, diferente de ontem,
quando o dia se mostrou sombrio e frio. Ontem eu tive dor de cabeça e tomei uma pílula para dormir, o que me permitiu uma hora a mais de sono.
Eu não me levantei da cama antes do meio-dia, e quando acordei me sentia

bem melhor. A empresa de entregas em domicílio entregou um pacote; alguém havia me enviado um relógio inteligente. Mesmo depois de pensar muito não consegui imaginar quem teria sido a amável criatura que me enviou tal presente. Procurar no endereço do remetente não ajudou. Amigos, da próxima vez que me enviarem algo, deixem por favor um aviso, certo? Não vou mencionar vocês em público, mas eu gostaria de pelo menos ter a chance de expressar meu agradecimento privadamente. Depois de passar algum tempo tentando entender como funciona o relógio, eu agora o estou usando. Nada mau.

Essa manhã, um amigo médico enviou-me uma mensagem repleta de notícias positivas. No dia 6 de março, os novos casos de coronavírus em Wuhan finalmente caíram para menos de 100. "Depois de quatro dias vendo o número de novos casos de coronavírus ficar pouco acima de 100, nós enfim entramos em uma nova fase, que nos permitirá retomar pelo menos um nível de funcionamento básico das coisas. Nós obtivemos um progresso real contra a epidemia de coronavírus em Wuhan. Nossos recursos para gerenciamento da saúde foram reabastecidos, e agora até mesmo casos suspeitos terão cuidados hospitalares. Clínicas especializadas e departamentos de vários hospitais começaram a reabrir; e existe uma chance muito boa de que consigamos baixar os números para perto de zero até o final do mês. Enfim podemos ver a luz no fim do túnel!"

Que dia lindo e glorioso. Todos colaboraram na luta para fechar o cerco contra o coronavírus. Cada vez mais pessoas on-line pedem a suspensão da quarentena. Muitos hospitais em Wuhan estão começando a retomar as atividades normais, e seus vários departamentos estão reabrindo. Porém, durante o surto muitas pessoas portadoras de outras enfermidades ficaram sem tratamento e também acabaram falecendo. Essa foi uma catástrofe colateral ocasionada pelo coronavírus. Dois idosos no meu condomínio morreram de doenças não relacionadas ao coronavírus durante o período de quarentena. Se tivessem acesso a tratamento médico normal, ambos teriam sobrevivido.

Numa conversa que tive com um colega de escola a respeito de todas as cremações que vêm acontecendo, nós nos perguntamos como as pessoas estão lidando com todos esses funerais. Logo depois disso, falei com uma psicóloga profissional sobre essa questão. Eu disse a ela: "Receio que

MARÇO

ainda exista mais um obstáculo no caminho dos habitantes de Wuhan. Quando a epidemia chegar ao fim, milhares de famílias terão funerais para realizar. Como conseguiremos superar isso? Esse será outro trauma coletivo de proporções gigantescas que as pessoas terão de enfrentar". A psicóloga, que também é minha amiga, respondeu: "Tendo em vista que todas essas pessoas morreram devido a uma doença infecciosa, as casas funerárias cremaram imediatamente todos os corpos; mas as cinzas serão preservadas até depois da epidemia. Quando essa ocasião chegar, as casas funerárias entrarão em contato com os membros da família para lhes informar que eles podem ir buscar os restos mortais dos seus parentes. Então as famílias poderão fazer os preparativos para as cerimônias. Mas como serão necessários preparativos para milhares de pessoas falecidas, suspeito que o governo terá de se envolver para ajudar com alguma logística".

Outra pessoa amiga, também especialista na área de trauma psicológico, disse-me: "Atualmente, a maioria do público ainda se encontra em um estado de estresse psicológico, mas os problemas psicológicos mais sérios começarão a surgir depois que tivermos passado por esse período de estresse inicial. Superada a epidemia, começarão a aparecer muitas pessoas com Transtorno de Estresse Pós-Traumático (TEPT). Muitas famílias perdem entes queridos subitamente, e além de não poderem realizar o dever filial de cuidar dos pais antes de sua morte, eles ainda são proibidos de lhes prestar uma última homenagem. Esse tipo de trauma sempre deixará uma marca profunda. E um grupo de pessoas acabará sofrendo um transtorno ocasionado pela repetição do trauma vivido, isto é, essas pessoas reviverão várias e várias vezes os eventos que aconteceram, como um pesadelo do qual não podem acordar. Outros indivíduos reagirão com apatia, e se fecharão. E há um grupo que em reação a essa situação se tornará neurótico e extremamente sensível".

Eu desejo que essa epidemia chegue rapidamente ao fim, mas ao mesmo tempo penso com horror no dia em que os milhares de famílias de Wuhan terão de lidar com os funerais dos seus entes queridos que se foram. Não sei ao certo se há outros psicólogos que possam oferecer medidas úteis e práticas para aliviar a dor dessas famílias em luto.

Hoje a palavra que mais aparece nos grupos de bate-papo on-line é "gratidão". Os líderes políticos aqui em Wuhan solicitaram que os cidadãos oferecessem uma manifestação pública de gratidão ao Partido Comunista Chinês e à nação. Eles têm uma maneira de pensar realmente estranha. O governo é o governo do povo; existe para servir o povo. Representantes do governo são representantes do povo, não o contrário. Esses líderes gastam todo o seu tempo estudando doutrinas políticas; como puderam se tornar tão ultrapassados? O professor Feng Tianyu,* da Universidade de Wuhan, disse: "Quanto a essa questão de gratidão, não vamos confundir a relação entre o povo e os que detêm o poder. Se você vê os que estão no poder como benfeitores graciosos que pedem que o seu povo se ajoelhe e lhes agradeça por sua benevolência, então é melhor você recuar e ouvir com atenção o que Marx disse durante um discurso em 1875. Marx rejeitou a noção de supremacia do estado de Ferdinand Lassalle, e argumentou que 'o estado precisa, ao contrário, ser educado pelo povo com severidade' (*Crítica do Programa de Gotha*)". Tenho certeza de que todos os líderes políticos em Hubei e Wuhan respeitam muito as opiniões do prof. Feng; se esse grupo atual de novos líderes for educado, eu me pergunto se eles realmente ouvirão o que o prof. Feng está tentando dizer.

É bem verdade que a epidemia está agora praticamente sob controle, e nós devemos expressar nossa gratidão por isso. Mas o governo deveria tomar a iniciativa de expressar a *sua* gratidão. O governo deveria começar expressando a sua gratidão às famílias dos milhares de vítimas; seus entes queridos foram duplamente vitimados por esse terrível flagelo. O governo deveria expressar a sua gratidão às mais de 5 mil pessoas que continuam lutando por suas vidas nos leitos de hospitais; a enorme vontade que elas têm de viver diminuiu o número de mortes. O governo deveria expressar a sua gratidão a todos os profissionais de saúde e aos 40 mil anjos de branco que vieram a Wuhan de todos os pontos da China para salvar vidas humanas; eles trabalharam expondo-se a um grande perigo, arrancando pessoas das garras da morte. O governo deveria expressar a sua gratidão a todos os trabalhadores que exerceram religiosamente as suas atividades durante essa epidemia; eles mantiveram essa cidade em funcionamento em meio à crise. E o governo deveria expressar a sua

---

* Feng Tianyu é um professor da Universidade de Wuhan especializado em História da Cultura Chinesa. É também escritor e tem vários livros publicados.

enorme gratidão aos nove milhões de habitantes de Wuhan que se trancaram em suas casas, ainda que à custa de todo tipo de dificuldades; sem a cooperação da sua população, Wuhan jamais conseguiria controlar a propagação desse vírus. Nenhuma palavra elogiosa será considerada excessiva para descrever as contribuições que todo esse povo fez. Caros governantes, façam a gentileza de engolir o seu orgulho e estendam humildemente a sua gratidão aos seus mestres — os milhões de cidadãos de Wuhan. Ao mesmo tempo, o governo deveria recomendar fortemente a demissão de representantes do governo de vários departamentos cujas ações desorientaram o público, levando a um enorme número de mortes. Entre os que deviam ser investigados estão altos executivos do governo, altos funcionários do Ministério da Propaganda, veículos de mídia que ajudaram a acobertar as coisas e altos funcionários do Departamento de Saúde. Se algum desses indivíduos for criminalmente responsabilizado, que os tribunais decidam a sua punição. Contudo, com base em minhas observações, a maioria dos oficiais de governo deixa a desejar quando se trata de autorreflexão, sem mencionar os que estão dispostos a assumir a culpa e renunciar. Em uma situação como essa, os cidadãos deveriam no mínimo fazer um apelo público para que renunciem essas autoridades governamentais que só têm olhos para a política e tratam o povo como lixo. Como nós podemos permitir que essa gente, que tem sangue nas mãos, continue a se pavonear por aí diante do povo de Wuhan, gesticulando como se fossem heróis? Se pelo menos 10 ou 20 oficiais do governo resolvessem renunciar como resultado disso, nós saberíamos que ainda resta um laivo de consciência a alguns deles.

Hoje, no fim da tarde, um escritor famoso enviou-me um texto. Ele escreveu algo que eu considerei bastante profundo: "Quem poderia imaginar que uma segunda catástrofe se abateria sobre o próprio idioma chinês?". Gratidão é uma linda palavra, mas receio que tenha sido manchada para sempre.

DIÁRIOS DE WUHAN

8 DE MARÇO DE 2020

Quando surgem pistas, não devemos segui-las?

Está chovendo de novo; um belo aguaceiro, na verdade. Está bastante frio também, e durante todo o dia o céu ficou tão escuro quanto costuma ficar quando começa a anoitecer. Um certo sr. Liu, de Chengdu, mandou um amigo seu entregar-me peixe fresco. Tentei recusar polidamente, mas não adiantou. O peixe já estava preparado para o cozimento; na verdade, eles até mandaram cebolinha fatiada, gengibre e rabanete, e eu decidi convenientemente fazer sopa de peixe. E porque eles descobriram (lendo o meu diário) que eu tenho diabetes, eles também me trouxeram algumas frutas secas. Eles deixaram um pacote com uma carta na entrada principal do meu condomínio. Eu me senti bastante embaraçada por aceitar esse presente tão amável, mas também bastante comovida. Obrigada pelo carinho, meus amigos.

Hoje é 8 de março, Dia Internacional da Mulher. Todos hoje estão enviando flores on-line para mulheres. Quando eu era criança, todo dia 8 de março as minhas amigas e eu cantávamos: "8 de março, Dia da Mulher, para os meninos só trabalho, para as meninas só lazer, os meninos ficarão em casa, fazendo o dia inteiro o seu dever". Nós cantávamos isso no dialeto de Wuhan, que conferia à canção uma melodia e um esquema de rimas dos quais você nunca poderia se cansar.

No dialeto de Wuhan, a palavra que usamos para crianças é *ya*. Para os garotos nós usamos *nanya*, e para as garotas, *nüya*. Quando as crianças crescem, nós substituímos *ya* por *jiang*, e então os homens passam a ser *nanjiang* e as mulheres, *nüjiang*. Essas formas de tratamento aplicam-se a todos, independentemente de status, classe social ou título; todos são ou um *nanjiang* ou uma *nüjiang*. A palavra *jiang* frequentemente é associada a "general" militar, mas aqui não há ligação com forças armadas.

Em Wuhan, as *nüjiang* parecem estar sempre no comando das coisas, mas dentro de casa quem dá as ordens geralmente são os *nanjiang*. É interessante observar que quando uma família passa por dificuldades, quase sempre é a *nüjiang* que se encarrega de lidar com a situação. Não que o *nanjiang* seja incapaz de lidar com problemas; ocorre apenas que a *nüjiang* parece ter um instinto inato para proteger o *nanjiang* da família. Às vezes ela toma as rédeas das coisas porque o *nanjiang* tem uma profissão de alguma importância social que não lhe permite comportar-se de certas maneiras em público. Contudo, *nüjiang* nunca se importa com essas coisas. A maioria das mulheres tem condição social inferior à dos homens; isso significa que quando surge um problema são as *nüjiang* que se adiantam para pôr as coisas em ordem. As *nüjiang* de Wuhan falam rápido e com voz aguda, e é raro vê-las perder uma discussão. E quando vemos duas *nüjiang* discutindo uma com a outra... bem, é um espetáculo e tanto. Durante a Revolução Cultural, o meu ex-sogro era professor na Universidade Huazhong quando os Guardas Vermelhos irromperam em sua casa para confrontá-lo. Então a minha ex-sogra disse a ele que se sentasse e não se movesse, depois marchou audaciosamente para fora e começou a discutir com aqueles Guardas Vermelhos! Os Guardas Vermelhos não tinham nada contra a minha ex-sogra — ela era uma legítima *nüjiang* — e no final das contas não tiveram alternativa a não ser ir embora bem rápido. Eu já contei essa história antes em outros artigos.

Chegamos ao 46º dia de quarentena. Nesse estágio da epidemia, notícias positivas estão surgindo cada vez mais. Alguns distritos já começam a diminuir progressivamente as restrições de isolamento. Também chegaram a mim rumores de que as pessoas poderão voltar ao trabalho em breve. Um amigo me disse que o aeroporto já estava se preparando para retomar os voos. Essas notícias são encorajadoras e assustadoras ao mesmo tempo. Se isso tudo for verdade, então a cidade logo será reaberta. Será que finalmente Wuhan verá a luz do dia?

As mensagens que tenho recebido dos meus amigos médicos também são positivas. Faz agora dois dias que nós entramos nesse estágio de baixo índice de infecções, e o número de pacientes está claramente caindo. Os hospitais temporários começaram a ser sucessivamente desativados, e acabamos de saber que o maior deles também está encerrando as atividades. Novos pacientes podem agora ser encaminhados diretamente a hospitais regulares para tratamento. Os ambulatórios de alguns hospitais voltaram a funcionar. Na luta para controlar a disseminação do coronavírus, nós estamos neste momento esvaziando o campo de batalha; o dia do recomeço já

DIÁRIOS DE WUHAN

não está mais tão distante. Contudo, temos ainda mais de 5 mil pacientes com sintomas graves, e mais de 17 mil pessoas continuam hospitalizadas. Graças à coordenação de uma equipe de especialistas médicos de renome, os médicos agora podem compartilhar as suas experiências no tratamento do coronavírus e aperfeiçoar métodos de tratamento padronizados, o que tem ajudado a garantir que todos os pacientes recebam os melhores cuidados. O otimismo dos meus amigos me leva a crer que esses últimos 17 mil pacientes não demorarão a receber alta.

Os voluntários dos comitês de bairros foram em sua maioria bastante meticulosos, e todos tiveram uma atitude muito positiva. Um amigo meu sempre nos mostra fotos desses voluntários ajudando moradores locais em todos os tipos de tarefa; ele disse que esses voluntários são incríveis. Para terem tamanha aprovação da população, eles devem ter feito um trabalho realmente bom. Afinal, nós sabemos que agradar essas *nüjiang* de Wuhan pode ser bem difícil, e às vezes até mesmo árduo! Verdade seja dita, esses voluntários que se dispõem a ir até as comunidades menores têm um trabalho dos mais duros. Eles praticamente acabam fazendo todo tipo de tarefa esquisita; precisam fazer um pouco de tudo. Isso acontece principalmente nos bairros mais antigos, onde os prédios não têm elevador. Os voluntários acabam carregando mantimentos escada acima, ensinando os moradores mais idosos a usar telefones celulares, entre outras coisas. Há todo tipo de gente vivendo nessa cidade. Aqui há pessoas que adoram brigar, e não são poucas; elas são muito teimosas, e não pensam duas vezes para irem às vias de fato. Esse é o tipo de dificuldade que torna particularmente desafiador o trabalho desses voluntários.

Alguns dos meus colegas da Associação de Escritores de Hubei está começando a voltar ao trabalho. A *Revista de Literatura e Arte Changjiang* planeja publicar sua próxima edição no prazo, mas isso não pode ser feito se todos simplesmente ficarem dentro de casa. Eu tinha a intenção de enviar a eles um romance depois do Ano-Novo Lunar, mas não foi possível. Repórteres continuam me perguntando o que eu mais tenho vontade de fazer assim que a cidade reabrir. Minha resposta: Desfrutar de um bom descanso; e depois quero terminar meu livro.

A epidemia já está perdendo força, embora as tragédias continuem. O Hotel Xinjia, em Quanzhou, onde pessoas foram colocadas sob

MARÇO

quarentena, simplesmente desabou. Um amigo enviou uma mensagem ao nosso grupo de bate-papo com a notícia: o desabamento aconteceu essa noite, logo depois das seis horas, e 71 pessoas ficaram soterradas. Os bombeiros conseguiram resgatar 48 pessoas, 10 das quais já estavam mortas; as outras 38 foram conduzidas ao hospital. Cerca de 23 pessoas ainda devem estar soterradas. Estou tão angustiada! Muitas dessas pessoas que estavam sob quarentena nesse hotel eram de Hubei. Elas conseguiram escapar das garras do coronavírus, mas não puderam escapar desse prédio traiçoeiro.

Hoje assisti a uma entrevista no *Caijing* com o microbiologista Yuen Kwok-Yung,* de Hong Kong. O dr. Yuen foi membro da terceira equipe de especialistas que veio a Wuhan. Algumas das informações que ele revelou nessa entrevista foram bastante chocantes.

O dr. Yuen declarou: "Vou ser sincero com vocês: os lugares que nós visitamos em Wuhan eram todos provavelmente 'hospitais modelo'. Eles responderam todas as perguntas que fizemos, mas as suas respostas pareciam ensaiadas. Porém, Zhong Nanshan foi particularmente incisivo; ele continuou fazendo a eles, sem parar, perguntas como: 'Tem certeza de que não houve nenhum?' 'Está afirmando que não há mais casos de infecção?' 'O número de casos que você relatou é realmente exato?' Mas eles sempre respondiam: 'Ainda estamos testando. É porque o Centro de Controle de Doenças de Hubei não havia recebido os kits para teste do governo central até 16 de janeiro'. Depois de repetirmos as perguntas, eles finalmente nos disseram o seguinte: 'Parece que um paciente que estava sendo tratado no departamento de neurocirurgia infectou 14 profissionais médicos'. Então eles acrescentaram: 'Mas nenhum desses profissionais foi oficialmente diagnosticado ainda'".

O repórter do *Caijing* era de fato bom; ele prosseguiu com a seguinte pergunta: "Você se refere a quem quando diz 'eles'? Quando conduziu as suas investigações no Hospital de Wuhan, quais foram as principais

---

* Yuen Kwok-Yung é microbiologista, médico e cirurgião de Hong Kong. Atua como pesquisador no Colégio Real de Médicos, e é especialista em novos micróbios e em doenças infecciosas emergentes. Ele foi uma figura importante na luta contra o COVID-19, defendendo a eficácia das máscaras faciais e educando o público a respeito do vírus.

pessoas com quem você se encontrou?". Yuen Kwok-Yung respondeu: "Nós nos encontramos com pessoas da Organização de Saúde de Wuhan, do Centro de Controle de Doenças de Wuhan, representantes dos hospitais locais de Wuhan e da Organização de Saúde de Hubei". O repórter o pressionou um pouco mais: "Em que momento você suspeitou que algum deles estivesse ocultando os fatos?". O dr. Yuen respondeu: "Durante o almoço, vi o vice-prefeito sentado próximo a Zhong Nanshan, e ele parecia péssimo. A julgar pela expressão carrancuda dele, tenho certeza de que àquela altura eles já sabiam que algo realmente ruim estava acontecendo. Afinal, nós já estávamos na terceira equipe de especialistas em visita a Wuhan. Contudo, eles continuaram insistindo que não tiveram tempo suficiente para administrar testes e confirmar casos, porque um lote de kits havia acabado de chegar a Wuhan".

Agora que temos algumas pistas, nós precisamos continuar investigando! Se continuarmos fazendo as perguntas certas, nós acabaremos chegando à causa. Todos queremos saber por que tiveram de esconder algo tão importante do público.

Se não fossem as perguntas insistentes e duras de Zhong Nanshan nós não teríamos descoberto que o contágio entre humanos era de fato possível com esse vírus. Só então a população de Wuhan rapidamente se deu conta da sua ignorância a respeito da questão. Caso contrário, se eles continuassem ocultando os fatos por muito mais tempo, é difícil imaginar até que ponto as coisas teriam piorado. Quantos dos milhões de habitantes de Wuhan teriam sobrevivido?

As perguntas que precisam ser feitas nesse momento são: (1) Nós queremos investigar todas as pessoas que o dr. Yuen Kwok-Yung mencionou? Queremos investigar isso a fundo? e (2) As duas primeiras equipes de especialistas que nos visitaram certamente perceberam a gravidade da situação; por que então não saíram em busca de explicações com o mesmo rigor e agressividade que o dr. Zhong Nanshan mostrou?

MARÇO

9 DE MARÇO DE 2020

Se alguém tiver de assumir a culpa e renunciar, que os primeiros a fazerem isso sejam o secretário e o diretor do Hospital Central.

Choveu intensamente na noite passada, e essa manhã o aguaceiro continua. Eu sempre imagino a chuva de primavera caindo de modo suave e silencioso, até um tanto romântico, talvez; mas hoje ela está simplesmente desabando do céu. Acho que hoje terei de deixar as luzes de casa acesas o dia inteiro.

Pelo tom dos textos de hoje do meu amigo médico, é possível perceber que ele está de bom humor. Pelo terceiro dia seguido, o número de novos casos se mantém em menos de 100, e continua a cair. De acordo com esse meu amigo, 11 dos hospitais temporários já foram desativados, e os três restantes encerrarão as atividades nos próximos dois ou três dias. A luta de Wuhan contra o coronavírus aproxima-se do fim. Porém, 4.700 pacientes ainda se encontram em estado considerado grave. Trata-se de um número ainda razoavelmente grande. Profissionais de saúde estão fornecendo a eles o melhor tratamento possível; esperamos que esses pacientes consigam resistir e se recuperar rapidamente.

O Hospital Central, que enfrentou diversas calamidades ao longo dessa epidemia, perdeu hoje mais um médico, o oftalmologista dr. Zhu Heping. Eu soube que há vários médicos do Hospital Central na lista de pacientes que se encontram em condição crítica. Diante dessas tão terríveis perdas, há que se perguntar *o que exatamente saiu errado no Hospital Central?* Simplesmente não compreenderam como esse novo coronavírus se espalha? Ou, com base na perspectiva da "energia positiva", os médicos tentaram usar a imunidade de grupo para erguer um muro de proteção ao redor dos habitantes de Wuhan? Isso faz algum sentido? Por isso eu digo aqui: se alguém tiver de assumir a culpa e renunciar, que os primeiros a fazer isso sejam o secretário e o diretor do Hospital Central.

Na verdade, renunciar ao cargo é também uma questão de bom senso. Que pessoa sensata e dotada de consciência não se demitiria se a sua negligência resultasse na morte de vários colegas? Temos entre nós muitos indivíduos que compreendem todos os tipos de teorias complexas, abstratas, mas nenhum deles possui o senso comum básico. Daí, quando precisam lidar com esses conceitos mais fundamentais, esses indivíduos às vezes se perdem completamente.

Ontem, enquanto eu escrevia sobre a entrevista do dr. Yuen Kwok-Yung, a expressão "inteligência emocional" me ocorreu. Eu acho que os cientistas deveriam dar mais ênfase à inteligência emocional. Na verdade, não são apenas os cientistas que podem se beneficiar disso; administradores de hospitais e altos funcionários do governo também ganhariam se prestassem mais atenção à "inteligência emocional". Eu comecei a usar máscara facial quando saí à rua no dia 18 de janeiro. Eu até disse à nossa empregada que usasse uma quando fosse ao shopping. Por que isso? Porque absorvi grandes doses de "inteligência emocional" das pessoas a minha volta, que me diziam para tomar cuidado redobrado. Por isso eu considero uma vergonha que a autoridade governamental, que é responsável pelas vidas de milhões de pessoas, não demonstre um pingo de cuidado. Eles prosseguiram com os seus concertos e outros eventos de massa até 21 de janeiro. Mesmo depois que o dr. Zhong Nanshan anunciou que o vírus podia sem dúvida se espalhar por contato entre humanos, eles *ainda* insistiram em manter o seu grande concerto! Minha colega YL me contou o que aconteceu a um grupo de cinematografistas amigos seus: quatro deles foram encarregados de filmar a apresentação no Teatro Tian Han; três membros dessa equipe mais tarde morreram devido ao coronavírus. Se o governo tivesse informado o público antes, se tivesse cancelado apresentações como essa, quem sabe quantas vidas poderiam ter sido salvas?

Hoje um artigo tomou conta da internet. O título desse artigo é "Começa em Wuhan a quarta rodada da reunião de cúpula para negar responsabilidades". Parte desse artigo mencionava uma reunião telefônica realizada em 14 de janeiro pela Divisão de Prevenção de Doenças da Comissão Nacional de Saúde. Pedi a um amigo que checasse se isso realmente aconteceu. Sim, de fato existe um registro. Há um artigo com essa data intitulado "Para aplicar medidas preventivas contra a infecção pelo novo coronavírus, a Comissão Nacional de Saúde prepara uma teleconferência de alcance nacional". Eis aqui dois parágrafos dessa história:

MARÇO

Foi salientado durante a reunião que há atualmente uma grande incerteza quanto aos métodos de controle dessa epidemia. Embora a epidemia esteja no momento limitada à cidade de Wuhan, nós ainda não descobrimos a origem desse novo coronavírus, nem entendemos completamente o seu método de transmissão. Ainda precisamos manter uma vigilância rigorosa a fim de apurar o seu potencial de disseminação entre humanos. Desde que o Ministro da Saúde da Tailândia* confirmou vários casos do coronavírus de Wuhan, os esforços para controlar a epidemia sofreram uma mudança significativa; a disseminação do vírus pode aumentar rapidamente, sobretudo com o início da primavera, e nós não podemos descartar a possibilidade de que se espalhe para outras regiões, se alastre para fora da China e para outros países. É necessário que nos preparemos para o cenário mais pessimista e aumentemos a nossa consciência de risco; em termos de gerenciamento de risco, mesmo que um determinado efeito seja altamente improvável nós precisamos proceder como se fosse o efeito mais provável. Temos de pesquisar as medidas de proteção empregadas contra a epidemia em áreas afetadas pela epidemia; devemos descobrir imediatamente os meios mais eficazes de combater o que pode ser uma epidemia de uma nova doença.

A reunião recomenda que o rumo que tomamos em nível nacional para controlar a epidemia siga o exemplo de Wuhan no que diz respeito a medidas de prevenção. A província de Hubei e a cidade de Wuhan precisam adotar medidas rígidas de controle, com ênfase na regulação de mercados de produtos e monitoramento rigoroso de indivíduos com febre. Postos de monitoramento de temperatura e clínicas hospitalares que admitam pacientes com sintomas de gripe serão duas importantes linhas de defesa. É necessário aumentar a supervisão de vários eventos, diminuir eventos com grande público nos locais onde as pessoas se reúnem, alertar os pacientes com sintomas de febre para que não saiam de Wuhan, reforçar planos de tratamento para pacientes e monitorar pessoas que tiveram contato próximo com pacientes. Nós devemos implementar as medidas mais rígidas e agir com determinação para limitar a epidemia a um local,

* Os primeiros casos do novo coronavírus fora da China foram relatados na Tailândia em 13 de janeiro de 2020.

183

e fazer tudo o que esteja ao nosso alcance para evitar que o vírus se espalhe mais ainda dentro de Wuhan.*

Trata-se de uma reunião organizada no dia 14 de janeiro! *14 de janeiro!* Seis dias antes de Zhong Nanshan declarar publicamente que sem dúvida o contágio pelo vírus poderia acontecer entre pessoas! Nove dias antes da decretação da quarentena! O autor do artigo "Começa em Wuhan a quarta rodada da reunião de cúpula para negar responsabilidades" descobriu com rapidez exatamente quando esse registro foi postado pela primeira vez.

Verificou-se agora que esse documento existe de fato. Isso significa que a reunião em questão realmente aconteceu. Esse artigo provocou muito debate no grupo de bate-papo dos meus colegas de classe. K fez o seguinte comentário: "Para começar, muita gente deve ter participado dessa conferência de alcance nacional, então seria bem difícil forjar detalhes sobre isso depois do fato. Se tivesse sido levantada alguma dúvida quanto à autenticidade do conteúdo, com certeza os legisladores de Hubei e a Comissão de Saúde de Wuhan se voltariam contra esse relato".

Simplesmente há muitos aspectos suspeitos em torno desse acontecimento. Acredito que se houve uma reunião em nível nacional, então ela deve ter contado com a participação da autoridade governamental de Hubei. Que pessoa de Hubei estava na linha durante essa teleconferência? E por que eles não compartilharam o conteúdo dessa reunião com a mídia para que as coisas se tornassem públicas? Em vez disso, eles não seguiram nenhuma das ações recomendadas, tais como monitorar as pessoas com febre, impedir eventos públicos com grande número de pessoas, avisar as pessoas com febre ou sintomas de gripe para não deixarem Wuhan, entre outras precauções similares. Se eles tivessem tornado pública toda essa informação em 14 de janeiro, será que Wuhan teria sofrido uma perda tão terrível de vidas humanas? Será que uma catástrofe dessas proporções teria caído sobre nós? Foi um descumprimento intencional do dever ou eles foram simplesmente descuidados? Ou eles foram simplesmente ignorantes? Será que acreditaram que tudo se resolveria por obra do acaso depois de alguns dias? Seja qual for o caso, eu não consigo entender o que aconteceu.

---

* Quanto à implementação de medidas preventivas contra o novo coronavírus, a Comissão Nacional de Saúde realiza uma teleconferência nacional. Publicado on-line pela Comissão Nacional de Saúde da República Popular da China em 14 de janeiro de 2020.

Hoje, entre os textos que um amigo médico me enviou, havia a seguinte passagem: "Nove milhões de habitantes de Wuhan, juntamente com um milhão de pessoas que não moram na cidade, todas ficaram presas aqui em Wuhan. Ainda não há uma estimativa precisa do número de pessoas originárias de Wuhan que estão agora presas em locais fora da cidade, expostas a incontáveis preconceitos e discriminações e incapazes de voltar para casa. Mais de 42 mil valorosos guerreiros viajaram a Wuhan para apoiar os esforços realizados aqui. Há 1,4 bilhão de chineses que ainda são incapazes de retornar à sua vida normal. Estamos totalmente exaustos, e simplesmente não podemos mais suportar".

Outro amigo médico me disse: "Com base naquilo que nos dizem as pessoas que telefonam para as nossas linhas diretas, a maior preocupação das pessoas está deixando de ser a infecção com o coronavírus; elas agora estão cada vez mais preocupadas com questões relacionadas ao trabalho — ou seja, quando poderão voltar ao trabalho e que medidas de proteção serão adotadas quando isso acontecer. Nesse momento, a maioria ainda não pode voltar ao trabalho, e muita gente está atualmente desempregada. As pessoas estão enfrentando uma pressão econômica enorme, o que tem causado muita angústia. Isso vai resultar em depressão para alguns, e até casos de colapso nervoso devem acontecer".

Eu rezo para que esses desastres cheguem ao fim o quanto antes.

10 DE MARÇO DE 2020

Lembre-se: o que queremos aqui não é a vitória, o que queremos é que acabe.

O clima está bastante agradável hoje, e o sol brilha intensamente. Muitos amigos estão mostrando fotos de flores desabrochando em seus quintais; elas estão todas resplandecendo com lindas cores. Eu me recordo de que, antes de tudo acontecer, comprei uma passagem de avião para

DIÁRIOS DE WUHAN

Hainan para 6 de fevereiro, e no dia de hoje eu deveria voltar para casa. Em virtude da quarentena, fiquei retida aqui e nunca fiz a viagem. Do início do surto do novo coronavírus até agora, essa é a primeira vez que eu realmente sinto que os dias de dificuldade ficaram para trás. Todos os hospitais temporários encontram-se agora completamente desativados, e são muito poucos os novos casos relatados de pacientes que testaram positivo para o coronavírus; acho que dentro de um ou dois dias o número de novos casos poderá chegar a zero. O horror finalmente está prestes a terminar. Porém, amigo, peço que você não fale nisso como algum tipo de vitória. Lembre-se: o que queremos aqui não é a vitória, o que queremos é que acabe.

Alguns dias atrás, a revista *Arte Poética e Literatura* (peço desculpa pela minha ignorância, mas eu nunca havia lido essa revista antes) enviou-me um e-mail com algumas perguntas. Como se trata de uma revista de artes e não de uma agência de notícias, as perguntas que eles me enviaram eram bastante abertas. Hoje compartilho com vocês a entrevista:

O seu diário é tão fiel às coisas da vida; você registra todo tipo de minúcia a respeito do cotidiano, até aquelas coisas emocionais que fazem suspirar. Já considerou aprimorá-lo com uma linguagem literária mais refinada?

FANG FANG: Isso é um diário, por isso não há necessidade de aprimoramento ou revisão. Quando comecei a escrever esse diário, eu postava cada entrada no Weibo, que é uma plataforma informal na qual você pode dizer o que pensa. De mais a mais, eu não sou uma jovem artista cheia de ideais, sou uma escritora profissional. Quando escrevo tento captar sinceramente o que me vai no coração; isso é o suficiente para mim.

Muitas pessoas já disseram que preferem ler o diário de Fang Fang a ler relatórios de veículos de imprensa oficiais como o *Yangtze Daily*. O que você acha disso? Alguma vez já imaginou que o seu *Diários de Wuhan* teria uma aceitação tão grande?

FANG FANG: Acho que aqueles que dizem não confiar na mídia estão sendo um pouco tendenciosos. Para compreender de que maneira o coronavírus se

MARÇO

espalha, ainda é preciso ler o que os principais veículos de comunicação têm a dizer. Tudo o que eu ofereço no meu diário são os meus próprios pensamentos e sentimentos. Não é possível obter uma perspectiva completa das coisas lendo apenas o meu diário; isso parece óbvio. Quando eu comecei a escrever, jamais imaginei que meus textos seriam lidos por tantas pessoas.

Há uma passagem em seu diário que diz: "Uma partícula de pó de uma era pode não parecer grande coisa, mas quando cai sobre a sua cabeça é como uma montanha desabando sobre você". Essa se tornou a frase mais difundida durante toda a epidemia de coronavírus. Olhando em retrospectiva, você acha que essas palavras se transformaram num tipo de profecia?

FANG FANG: Essa frase não é profética, ela reflete a realidade — a realidade que vivemos a cada era.

Todos os dias você parece reservar um bom tempo em busca de novas histórias sobre essa ou aquela pessoa em particular. Além do seu *Diários de Wuhan*, você tem planos de escrever sobre o destino de algum desses indivíduos durante essa epidemia? Um romance, talvez?

FANG FANG: Há muitas pessoas cujas histórias me comoveram, mas eu não tenho planos de escrever uma sobre o que aconteceu aqui. Já estou trabalhando em diversos projetos de escrita nesse momento.

Muitos escritores chineses, a maioria deles, foram acusados de se calarem no decorrer dessa epidemia de coronavírus. O que levou você a falar?

FANG FANG: Eu não concordo com isso. Na verdade, vários escritores locais têm documentado os acontecimentos. Além do mais, as pessoas têm maneiras diferentes de registrar as coisas; algumas pessoas estão escrevendo ficção, outras estão registrando os eventos privadamente, e há os que publicam relatos em plataformas públicas, como eu faço. Dirijo críticas à autoridade governamental e aos especialistas de Hubei e de Wuhan, e também a membros da Comissão de Saúde de Wuhan, porque eles têm parte da responsabilidade pelas coisas que aconteceram aqui. Sendo assim, por que eu não falaria?

Você já fez críticas a pessoas da sua área, pessoas com as quais você certamente vai se encontrar no futuro; mesmo assim você insiste em se manifestar abertamente. O que representa a crítica para você?

FANG FANG: Quando eu era presidente da Associação de Escritores de Hubei, às vezes me deparava com coisas que feriam as nossas normas. Quando isso acontecia, eu discutia o problema com os representantes do Partido Comunista Chinês na Associação de Escritores e pedia que tomassem alguma providência. Quando eles falhavam nesse aspecto, eu me sentia na obrigação de falar on-line sobre o que estava acontecendo. Era simplesmente o meu modo de trabalhar. Agora que estou aposentada as coisas por lá se degeneraram completamente, mas isso não é mais problema meu.

Na sua opinião, os escritores devem assumir mais responsabilidade social além de apenas escrever?

FANG FANG: Isso depende da personalidade de cada indivíduo. Nesse mundo há pessoas que gostam de assumir essa responsabilidade, e outras que apenas a suportam; sempre foi assim. Mas você não pode forçar as pessoas a fazerem essas coisas; é uma questão de escolha individual. Não se trata do que as pessoas "devem" ou "não devem" fazer.

Quando o seu livro *Doce Funeral* foi publicado, você sofreu ataques de todos os lados; como encarou esses ataques? Alguma vez você já se assustou ao ser bombardeada por tantas críticas exaltadas?

FANG FANG: Eu nunca permiti que isso me afetasse. O que há de assustador nisso? Por que polêmicas em torno dos meus textos deveriam me meter medo? Sou escritora profissional, esse é o meu trabalho. Se aparecessem na porta da minha casa armados com porretes, a história seria diferente. Mas tudo o que eles fazem é escrever artigos, e é o que faço para viver também. Alguns desses críticos aos quais você se refere devem ser partidários da ultraesquerda, não é? Levá-los a sério é perda de tempo. Tudo neles é simplesmente patético — suas habilidades de escrita, sua capacidade de discernimento, seu pensamento crítico. Não vale a pena nem mesmo responder aos artigos deles. Seria um desperdício usar a bela língua chinesa com essas pessoas. Mas com a autoridade governamental a história é outra, principalmente quando se trata de funcionários do alto escalão. Eles detêm um poder muito grande; mesmo depois de aposentados podem ainda exercer influência profunda sobre muita gente. Por isso, acho importante revidar quando eles me atacam.

Daqui a muitos anos, quando os críticos avaliarem a sua obra, você espera que eles vejam Fang Fang como uma "admirável escritora com uma grande missão social e uma boa consciência" ou "uma extraordinária escritora com incrível talento e habilidade literária"?

FANG FANG: Sinceramente não me importo. O que os outros pensam a meu respeito não me interessa. Desde que eu consiga olhar para mim mesma, sou feliz. Como os críticos me veem é problema deles, não meu.

Quando você escreveu *A Cidade de Wuchang*, como equilibrou a história real com a sua imaginação de ficcionista?

FANG FANG: No fim das contas, romances são peças de ficção; eles dependem da imaginação. Mas quando você escreve um romance sobre eventos que aconteceram de fato, também é necessário respeitar a história. O que eu faço é encaixar os meus personagens. Sempre há fendas dentro das narrativas históricas. Quando eu escrevo ficção histórica, sempre tenho o mapa completo na mente, e então procuro essas fendas onde possa libertar meus personagens para que sigam o seu caminho.

Na internet, você tem sido alvo de muitas críticas e de suspeitas que pessoas levantam contra você. Essas manifestações já a deixaram incomodada ou deprimida alguma vez? Em meio a todo esse medo e esse caos, como você consegue manter uma postura equilibrada?

FANG FANG: Eu não fico deprimida, mas às vezes me sinto um pouco incomodada; na verdade eu fico furiosa, porque acho que o que eles estão fazendo é totalmente incompreensível. É difícil entender por que esses extremistas de esquerda carregam tanto ódio dentro de si. Não conheço nem jamais tive contato com nenhum deles; mas eles me odeiam como se eu tivesse matado os seus pais numa vida passada, ou coisa do tipo!

E eu nem sempre mantenho uma postura equilibrada; às vezes fico angustiada. Às vezes fico tão confusa diante de tantos fatores desconhecidos que não sei o que fazer.

Ter sido presidente da Associação de Escritores de Hubei lhe confere algum tipo de proteção? Ou o impacto disso é negativo?

FANG FANG: Nem uma coisa nem outra. Eu não deixei que esse título me afetasse quando era presidente e certamente não deixaria que me afetasse agora, já aposentada. Esse título nunca me proporcionou nenhum tipo de proteção, nem sinto que tenha me trazido algum impacto negativo.

Uma boa parte das suas histórias retrata a vida dos habitantes de Wuhan. Quais são as características da população de Wuhan que mais a agradam? A epidemia de coronavírus revelou alguma característica dos habitantes de Wuhan que você jamais havia visto antes?

FANG FANG: As pessoas de Wuhan sempre foram francas. São generosas quando se trata de ajudar os outros, e têm senso de humor. Mas Wuhan sempre foi uma cidade voltada para o comércio; em sua maioria os moradores são descuidados e desleixados, e não são dos mais corajosos. Eles tendem a acatar o que quer que o governo lhes diga. Gostam de aproveitar a vida, mas não se interessam muito por política. Eles são muito práticos. E não mudaram seu modo de ser com o aparecimento da epidemia; pelo menos é a impressão que eu tenho.

Como você vê o relacionamento de um escritor com sua cidade?

FANG FANG: É como o relacionamento entre um peixe e a água; ou entre uma árvore e o solo.

Qual é a coisa que você mais tem vontade de fazer quando essa epidemia terminar?

FANG FANG: Terminar o romance no qual venho trabalhando.

11 DE MARÇO DE 2020

Depois que as coisas chegaram a esse ponto, vocês realmente acreditam que podem deletar tudo?

Mais um dia de clima agradável. É bom ver brilhar o sol do início da primavera. O Lago Oriental deve estar completamente vazio e desolado nesse momento. Tenho certeza de que as ameixeiras desabrocharam durante a noite chuvosa de dias atrás. Meu velho cachorro está trancado dentro de casa faz tanto tempo que já nem quer mais sair para o quintal. Prefere ficar deitado em sua cama. De certa maneira sinto o mesmo; nem quero mais sair à rua, só ficar aqui, no meu apartamento. Alguns amigos me convidam para ir visitá-los assim que a epidemia terminar. Eles todos me falam sobre a beleza da paisagem na primavera, tentando me motivar com as imagens de lindas montanhas e da água corrente. Tempos atrás eu não hesitaria e sairia correndo ao primeiro chamado deles. Agora, porém, não quero nem sair de casa. Eu me pergunto se fui acometida por algum tipo de síndrome de estresse pós-traumático.

Meus amigos médicos continuam a me mandar boas notícias sobre o coronavírus. O número de novos casos caiu agora para menos de 20; logo deverá se reduzir a zero. E graças ao trabalho duro de todos os médicos, o número de mortes também vem caindo drasticamente. Eu mal posso esperar para ver o número de mortes chegar a zero. Hoje, o Centro de Controle de Epidemias da Província de Hubei publicou uma declaração: todas as unidades de trabalho da Província de Hubei começarão gradualmente a retomar o

DIÁRIOS DE WUHAN

trabalho e a produção de acordo com cada distrito, nível e tipo de indústria. Isso significa que poderemos voltar à nossa vida normal em breve?

Um amigo enviou-me uma foto essa manhã — era uma foto da equipe do Departamento de Câncer de Mama e de Tireoide do Hospital Central, que era o departamento do dr. Jiang Xueqing. No dia em que o dr. Jiang morreu, alguém substituiu as cabeças de todas as pessoas na foto por velas, deixando intacta apenas a imagem de uma pessoa — e essa pessoa era o dr. Jiang Xueqing. Essa fotografia me tocou profundamente.

Nos últimos dois dias, o nome Ai Fen,* uma médica do Hospital Central, tem circulado por toda a internet. Tem ocorrido censura na internet às manifestações de fúria das pessoas, mas não sem reação. É como se todos estivessem numa corrida de revezamento: assim que os censores deletam uma postagem, os cidadãos da internet voltam a postá-la on-line. Preservar essas postagens deletadas torna-se cada vez mais um dever sagrado para esses cidadãos da internet. Esse dever sagrado advém de uma percepção quase subconsciente: proteja essas postagens, pois protegê-las é a única maneira de proteger a si mesmo. Eu tenho de perguntar aos caros censores da internet: depois que as coisas chegaram a esse ponto, vocês realmente acreditam que podem apagar tudo?

Mas por que alguém censuraria um artigo sobre Ai Fen publicado na revista *People*?** A não ser, claro, que alguém temesse que ela pudesse revelar a história verdadeira. O artigo dizia respeito ao que havia acontecido no Hospital Central, e abordava exatamente o tipo de coisa que todos nós estamos ansiosos para descobrir: os detalhes por trás da demora de 20 dias em revelar a epidemia. Eu não acredito que os censores da internet deletariam esse artigo arbitrariamente, sem nenhuma razão; isso certamente foi

---

* Ai Fen é médica e diretora do Departamento de Emergência do Hospital Central em Wuhan. É considerada a primeira médica a revelar informações sobre a epidemia do novo coronavírus em Wuhan depois de tratar, em 18 de dezembro e 27 de dezembro, pacientes que exibiram sintomas semelhantes aos do SARS. Ela foi chamada de "denunciante", pois foram fotos e relatórios dela que chegaram às mãos de Li Wenliang, que posteriormente ficou conhecido como um dos "informantes".

** O artigo sobre Ai Fen e o relato em primeira mão que ela escreveu foram publicados na *People* em 10 de março de 2020. O relato foi removido da internet por censores três horas depois de ter sido postado.

feito por ordem de alguém. Mas de quem teria partido tal ordem? Da autoridade governamental de Wuhan? Ou a ordem teria vindo de Hubei? Seja como for, é muito difícil entender isso; é difícil até imaginar.

Mas nós não podemos mais continuar assim. Para citar um pensamento conhecido: se nós continuarmos a ser como éramos no passado, o país deixará de ser o país que foi um dia.

Hoje me dediquei à tarefa de consultar alguns documentos oficiais relacionados à renúncia de representantes do governo na China. Encontrei um documento intitulado *Regras de renúncia para representantes do Governo e do Partido*. O capítulo quatro do documento intitula-se "Renúncia após assunção de culpa", e o artigo 14º determina o seguinte: "Representantes do governo e do partido que cometerem repetidamente erros profissionais que resultem em perdas expressivas e impactos catastróficos, ou que carreguem a responsabilidade por acidentes graves, não devem mais servir em nenhuma posição oficial e devem renunciar ao seu posto e assumir a culpa por seus erros".

O artigo 15 é ainda mais específico: "(1) Nos casos em que a negligência para com o dever resultar em incidentes graves e que afetem o público, ou quando um incidente súbito for tratado de maneira imprópria e isso acarretar consequências graves ou efeitos adversos, os líderes que forem os principais responsáveis devem assumir a culpa e renunciar; (2) por graves equívocos na tomada de decisão que provoquem perdas econômicas em grande escala ou outros impactos negativos, os líderes que forem os principais responsáveis devem assumir a culpa e renunciar; (3) em casos de negligência grave em operações de prevenção e socorro, na prevenção de epidemias e surtos infecciosos etc., e que resulte em perdas expressivas ou efeitos adversos, os principais líderes envolvidos devem assumir a culpa e apresentar a sua demissão; (4) em casos de negligência grave quanto à segurança no trabalho, contínuos ou múltiplos acidentes graves de responsabilidade, ou se um acidente grave ocorrer, o líder encarregado deve assumir a responsabilidade e renunciar; (5) para casos de negligência grave em gestão e supervisão de mercados econômicos, em proteção ambiental, em gestão social etc., contínuos ou múltiplos acidentes graves que provoquem perdas e que sejam consequência de decisões ruins dos líderes, o indivíduo no comando deve assumir a culpa e apresentar a sua renúncia; (6) em casos nos quais a implementação ineficiente dos artigos contidos em *Regras na seleção e na nomeação do PCC e dos líderes e quadros do Governo* resulte em graves descuidos, equívocos e impactos negativos, os líderes responsáveis devem assumir a culpa e renunciar; (7) se a negligência na gestão ou na supervisão permitir que membros da equipe ou subordinados cometam repetidamente graves violações à lei ou atos que violem o código de disciplina, provocando impacto negativo, os líderes responsáveis devem aceitar a culpa e apresentar a sua renúncia; (8) se a esposa, os filhos ou os assessores dos representantes do governo cometerem atos que violem seriamente o código de disciplina, ou se cometerem atos ilegais que tragam consequências negativas, os líderes que mesmo cientes dos fatos não tomaram nenhuma providência devem ser responsabilizados, e devem apresentar a sua renúncia; e (9) além dos atos mencionados, há outros atos que também podem levar líderes à situação de serem obrigados a assumir a culpa e renunciar".

Por essas normas registradas no parágrafo anterior, não resta dúvida de que assumir a responsabilidade e apresentar a renúncia são decisões obrigatórias para que uma sociedade funcione da maneira devida. Depois de avaliar os nove itens listados no parágrafo anterior, quem na Província de Hubei e na cidade de Wuhan deve assumir a responsabilidade e apresentar a sua renúncia? Eu recomendo que todos os representantes envolvidos nos últimos acontecimentos consultem os artigos desse documento acima e decidam quais itens se aplicam às suas próprias ações.

12 DE MARÇO DE 2020

Alguém está tentando usar esse incidente com a polícia para me perturbar.

O céu está claro, mas não se pode ver o sol. Mas a sensação da primavera no ar ainda é forte.

MARÇO

Hoje é um dia incomum. Desde que eu saí da cama não param de chegar notícias ruins. Começou com um post que alguns amigos me enviaram. O título do artigo era: "O que você acha das denúncias dos cidadãos da internet contra Fang Fang?", e incluía uma coletânea com mais de 200 ataques on-line cruéis contra mim. O que eu posso dizer? O coração dessas pessoas apodreceu; não deve ter restado nelas nem uma gota de bondade. Eles não deveriam pelo menos ter equilibrado o artigo inserindo opiniões de alguns dos meus apoiadores? Meio a meio teria sido bom. O editor desse post foi o site *Hubei Hoje On-line*, administrado pela Associação de Jornalistas da Província de Hubei. Esse site é oficial? Será que alguém colocou esse site no ar depois que eu comecei a exigir que alguns representantes do governo assumissem a responsabilidade e renunciassem?

Mas hoje me aconteceu outra coisa que foi ainda mais incomum. Como se não bastasse, depois que aconteceu todos ficaram sabendo. O resumo da acusação é que eu abusei da minha autoridade especial para conseguir que a polícia rodoviária escoltasse minha sobrinha para fora de Wuhan, a fim de que ela pudesse escapar para Singapura. Havia vários usuários verificados no Weibo tentando fazer disso um espetáculo, publicando textos sérios sobre isso. Essas pessoas mal-intencionadas que buscam me atacar não parecem ter nada melhor para fazer na vida.

Minha sobrinha viveu em Singapura por mais de uma década e tem dupla nacionalidade, é considerada chinesa e singapurense. Ela pegou um voo para casa que foi providenciado pelo governo de Singapura para evacuar cidadãos que estavam morando ou trabalhando em Wuhan. A coisa toda foi organizada conjuntamente pelos governos de Singapura e da China. Isso aconteceu na ocasião do Ano-Novo Lunar, e, se não me engano, o voo partiu bem tarde, entre uma e três da manhã. Meu irmão e a esposa têm ambos mais de 70 anos, e nenhum dos dois dirige. E nesse dia os carros particulares passaram a ser impedidos de utilizar as estradas. Eu sempre segui as regras, então busquei me informar sobre as alternativas que minha sobrinha tinha para conseguir chegar até o aeroporto. Falando francamente, eu vivi em Wuhan por mais de 60 anos e conheço vários policiais. Alguns colegas meus têm parentes que servem na força. Já fui convidada para participar de várias conferências organizadas pelo departamento de polícia. Então, com base nessa experiência, não é natural que eu

195

DIÁRIOS DE WUHAN

tenha alguns amigos policiais? Eu me encontrava numa situação de emergência e pedi a ajuda deles. Enviei uma mensagem ao agente Xiao, que estava fora de serviço na ocasião, e ele imediatamente concordou em ajudar. É isso que chamam de "abusar da minha autoridade especial"? Para ser sincera, eu acho que alguém está tentando usar esse incidente com a polícia para me perturbar.

Eu já respondi a essas acusações hoje no Weibo, mais cedo, pois tive grande receio de que os superiores do agente Xiao não entendessem o que realmente aconteceu e o responsabilizassem pelos eventos.

Já que estou aqui, por que não compartilhar algumas coisas sobre mim mesma com essas pessoas tão desprovidas de bom senso (inclusive as que fazem reportagens sobre mim) a fim de evitar que se enganem em suas futuras postagens?

1. Este ano eu faço 65 anos, e me aposentei recentemente. Tenho vários problemas de saúde. Perto do início do ano passado, fui parar no hospital devido a uma hérnia de disco. Durante meses, eu mal consegui andar e sentia muitas dores. Agora as pessoas que sugerem on-line que eu saia e vá trabalhar como voluntária sabem que essa simplesmente não é uma alternativa prática para mim.

2. Eu não sou uma líder de departamento! Eu não sou uma líder de departamento! Eu não sou uma líder de departamento! Como isso é importante, tenho de repetir três vezes! Nem funcionária pública eu sou mais! Peço desculpa por desapontar todos vocês que continuam se referindo a mim como "líder de departamento"! Depois que me aposentei tornei-me apenas uma cidadã comum. E jamais me filiei ao Partido Comunista da China.

3. Recebi um cargo especial na Associação de Escritores em 1992, então suponho que isso me caracterize como membro sênior da organização. Isso significa que o meu salário, embora não seja incrivelmente alto, é bom e sem dúvida suficiente para uma vida satisfatória. E agora eu estou recebendo o seguro social e dinheiro do meu fundo de aposentadoria. Mesmo depois que me aposentei, a Associação de Escritores continuou a tomar conta de mim, assim como sempre tomou conta dos escritores aposentados. Meu estilo de vida é um pouco diferente do de uma pessoa comum, porque sou uma escritora profissional com quase 100 livros publicados. Muitas pessoas já leram meus trabalhos, e elas parecem me respeitar, principalmente as daqui de Wuhan.

MARÇO

4. Os extremistas de esquerda estão sempre em busca de um pretexto para me atacar; eles devem ter vasculhado os meus posts no Weibo com uma lupa em busca do mais leve deslize. E sabe Deus quantas vezes eles me denunciaram oficialmente para o Weibo, embora eu não saiba o motivo. Na verdade, eu não tenho medo de ser denunciada pelas pessoas; eu tenho mais medo de não ser denunciada! É quando eles não denunciam você que as pessoas começam a acreditar em todos os boatos. Mas quando denunciam você, eles expõem as suas qualidades! Para ser honesta, até o pessoal da Comissão Central de Disciplina e Inspeção disse-me que eu poderia trabalhar na comissão, já que sou honesta, sempre obedeço às regras e ouso falar a verdade.

5. Os ataques que eles lançaram hoje foram particularmente ferozes e chegaram de surpresa. Foi um ataque coletivo, e todos eles adotaram os mesmos tópicos, usaram a mesma linguagem, as mesmas imagens, e até postaram seus ataques ao mesmo tempo. Também me denunciaram ao Weibo por descumprimento das regras on-line, todos ao mesmo tempo, a fim de fortalecerem o seu pleito. Que coincidência interessante. É quase como se eles tivessem realizado uma reunião ontem à noite para escolher um horário específico e realizar uma ação coletiva. Mas quem estaria dirigindo essa reunião? (Até mesmo um idiota saberia que tal reunião deve ter sido orquestrada por um departamento do governo.) E quem teria jogado lenha na fogueira? A verdade é que essa organização e seus membros possuem recursos extraordinários para recrutar e mobilizar um grande número de pessoas; e essas pessoas atacam todo aquele que a organização manda atacar. São como uma organização terrorista.

6. Aqui estou eu, uma escritora em quarentena no epicentro de uma epidemia, trancada em casa, registrando todas as coisas que ela pensa, sente e vivencia. Se você quiser me apoiar, então me apoie; se quiser me criticar, critique-me; tudo isso é perfeitamente natural. Eu ainda não consegui entender por que tantas pessoas mostram interesse em ler o meu diário. Alguns dias atrás, porém, um leitor fez o seguinte comentário: "*O Diário de Wuhan* de Fang Fang é como uma lufada de ar que nos salva de sufocar de tédio". Foi bom ler isso. Como eu mesma luto para respirar, também tenho ajudado outros a respirarem. Eu decidi seguir em frente apenas porque muitos leitores deixam-me comentários encorajadores. Foram esses leitores que me transmitiram o maior afeto que recebi nesse período sob quarentena.

197

DIÁRIOS DE WUHAN

7. Eu realmente não entendo por que um diário tão despretensioso como esse atrairia denúncias e ataques tão maliciosos de tanta gente. Quando tudo isso começou? Quem estimulou todas essas pessoas a me atacarem? Quem exatamente são essas pessoas que me perseguem? Quais são as intenções que se escondem por trás dos seus ataques? As pessoas deixam vestígios quando navegam na internet; talvez seja possível investigar isso para que se descubra a verdade por trás desses ataques e as pessoas que os lançam.

8. Eu sinto muita pena dos jovens que têm tomado parte nesses ataques. Receio que muitos deles, ao aceitarem extremistas de esquerda como seus professores e mentores, passem o resto da vida mergulhados num abismo escuro.

A situação da epidemia continua a melhorar. Hoje o número de novos pacientes com coronavírus confirmados caiu para menos de 10, e na maioria dos distritos na cidade caiu agora para zero. É um número que faz muita gente feliz. Hoje comecei o dia de péssimo humor, mas graças às boas notícias sobre a queda do número de casos de coronavírus eu acho que me sinto um pouco melhor.

13 DE MARÇO 2020

Precisamos de um espaço onde possamos chorar um pouco.

O dia estava bem ensolarado ao meio-dia, mas à tarde o tempo começou a ficar nublado e ventoso. O camarada que está no céu pode ser imprevisível, mudando tudo num piscar de olhos; às vezes ele concede um período de transição, mas geralmente nem isso nós temos. As flores de cerejeira do campus da Universidade de Wuhan devem ter desabrochado totalmente agora. Olhando para elas da tribuna do Laozhaishe, o cinturão de flores sempre lembrava um rastro de nuvens brancas. Quando fiz faculdade lá, nós sempre íamos a esse local quando as cerejeiras estavam desabrochando.

MARÇO

Naquele tempo não havia turistas, só nós, estudantes. Anos mais tarde esse lugar se tornou um importante destino turístico; e durante essa estação, todos os anos o campus fica repleto de gente — são tantas pessoas que você mal consegue caminhar sem esbarrar em alguém. Há mais rostos na multidão do que pétalas nas flores, e a aglomeração de pessoas domina mais o cenário do que as flores de cerejeira.

As informações sobre o coronavírus são animadoras. Mais e mais pessoas estão recebendo alta dos hospitais, e resta agora apenas um punhado de novos pacientes.

Mais de 50 dias já se passaram desde que a quarentena foi decretada. Se nos tivessem dito no início que isso duraria tanto tempo, eu me pergunto como teríamos recebido tal notícia. Seja como for, eu jamais poderia imaginar que se estenderia tanto. No mês passado, quando peguei minha medicação no hospital, recebi suprimento para um mês, que eu pensava que seria suficiente — nunca pensei que a quarentena vigoraria até agora. Pensando bem, eu subestimei esse vírus. Subestimei sua agressividade e sua resistência. Enquanto o número de novos pacientes continua diminuindo, algumas estranhas notícias chegam até nós para nos lembrar de que não podemos baixar a guarda, sob pena de que esse vírus volte a nos assombrar. Portanto, nós continuamos atentos. Agora nós temos uma vantagem: aprendemos a combater esse vírus, ganhamos experiência nisso; se uma pessoa ficar doente, não deverá ser tão ruim se ela for imediatamente ao hospital e receber tratamento.

Já estamos quase na metade de março, e o Festival Qingming está próximo. Honrar e recordar os familiares já mortos, queimar incenso para eles e varrer os seus túmulos são tradições muito antigas em nossa cultura. A maioria das famílias participa dessa cerimônia todo ano. Para os habitantes de Wuhan, que costumam ser obstinadamente conservadores, o festival desse ano será um grande desafio. Em pouco mais de dois meses, nós perdemos milhares de pessoas, o que atingiu dezenas de milhares dos amigos e parentes dessas pessoas. Estou bastante preocupada com as famílias que perderam entes queridos e nem puderam se despedir com um funeral digno. Quando penso nisso, tenho dificuldade para conter as lágrimas.

Alguns dias atrás li um artigo sobre todas as pessoas que têm postado mensagens na página de Li Wenliang no Weibo; essas mensagens transformaram a página do dr. Li num muro de lamentações. Essas mensagens não são simplesmente uma homenagem ao dr. Li Wenliang; sua função mais importante é fornecer uma válvula de escape para que as pessoas on-line deixem sair esses sentimentos que estão reprimidos dentro delas. Eu imagino que agora que estamos perto do final da epidemia e a poucos dias do Festival Qingming, nós devíamos criar uma página na internet que funcione como um "muro de lamentações". Até poderia se chamar "site das lamentações". Assim as famílias enlutadas teriam um lugar onde postar fotos, acender velas e chorar um pouco. Na cidade de Wuhan, todos precisam chorar um pouco; esse "site das lamentações" serviria como um portal para as pessoas expressarem seu luto, sua dor. Depois que liberarmos nossas lágrimas e lamentos, talvez nos sintamos mais aliviados.

Além desse grupo de pessoas, há outro que nós não devemos negligenciar. Algumas dessas pessoas morreram no hospital, mas a maioria faleceu em casa. E tendo em vista que elas nunca foram oficialmente diagnosticadas com o novo coronavírus, elas nem mesmo entram na estatística oficial de mortes por esse vírus. Quantas pessoas estão incluídas nessa categoria? Não faço ideia. Eu conversei sobre esse assunto hoje, por telefone, com um psicólogo amigo meu. Nós acreditamos que se cada distrito da cidade pudesse registrar oficialmente todas essas mortes como mortes por coronavírus, isso permitiria que os familiares sobreviventes também pudessem se beneficiar de políticas nacionais futuras que o governo deve criar para vítimas.

Nos últimos dias a epidemia de coronavírus se enfraqueceu muito, embora o clamor público tenha sido ensurdecedor. As críticas mais intensas têm como alvo a prática de usar caminhões de lixo para entregar comida aos habitantes de Wuhan. Ontem circulou on-line um vídeo que deixou muita gente absolutamente chocada. Simplesmente pensar em tal possibilidade já é vergonhoso. O grau de ignorância e de arrogância dessa proposta é ultrajante. As autoridades responsáveis não contam com um pingo de bom senso? Ou será que não veem os cidadãos como seres humanos? Por mais desesperadora que seja a situação, não há justificativa para uma medida tão indecente.

Às vezes penso que se um determinado regime de governo não coloca os seus cidadãos acima de tudo, na próxima vez que surgir algum outro vírus nós ficaremos novamente à mercê de outra catástrofe como essa. Um grande problema enfrentado por muitos representantes do governo hoje é que eles não veem o povo como o núcleo fundamental da sociedade; eles nem mesmo avaliam as coisas pela perspectiva das pessoas comuns.

Para terminar: hoje eu vi um grupo público no Weibo intitulado Grupo Editorial *"Diário de Wuhan de Fang Fang"*, que continha artigos escritos por outra pessoa. Eu quero apenas declarar publicamente que esse grupo não tem absolutamente nenhuma ligação comigo. Espero que o administrador desse grupo mude o nome a fim de evitar vários mal-entendidos.

14 DE MARÇO DE 2020

O alerta foi lançado, mas quem está lá para levar adiante a sua missão?

Que dia claro de sol! Será que as flores de cerejeira ainda estão desabrochando? Normalmente, quando elas desabrocham o clima tende a ser chuvoso e ventoso; então, depois de apenas dois ou três dias as árvores já estão sem folhas. O curto intervalo de tempo entre o florescer e o murchar das flores de cerejeira sempre nos faz refletir sobre a fragilidade e a precariedade da vida.

Quanto ao coronavírus, a situação continua a melhorar; os casos de novos pacientes ainda estão diminuindo. Nos últimos dias, o número de novos casos se manteve na casa de um dígito. Ontem, um amigo preocupado me perguntou se eu acreditava que os números pudessem ser falsos. Como os representantes do governo ocultaram os detalhes da epidemia no início, muita gente ainda duvida da precisão das estatísticas oficiais. "E se eles estiverem mentindo para tornar os números mais palatáveis? O que faremos se eles mentirem para nós de novo?" Eu entendo perfeitamente os temores do meu amigo; como se costuma dizer: gato escaldado tem medo

DIÁRIOS DE WUHAN

de água fria. O que aconteceu pode levar as pessoas a suspeitar das mais variadas coisas. Assim sendo, decidi telefonar para um dos meus amigos médicos para saber a sua opinião a respeito disso, isto é, para saber se ele via a possibilidade de fraude nos números do vírus. Esse médico respondeu-me de modo bem seguro: "Eles não esconderiam nada; não existe motivo para esconderem nada!". Essa era a resposta que eu esperava ouvir.

Essa tarde um velho colega de escola, que atende pelo apelido de Raposa Velha, enviou-me uma mensagem. O pai do Raposa Velha, o sr. Hu Guorui, foi meu professor de poesia. O sr. Hu era um excelente professor; muitos estudantes de outros departamentos também assistiam às suas aulas, que estavam sempre lotadas. No fim das contas, ele teve de mudar para uma sala maior no prédio Laozhaishe.

Raposa Velha estudou conosco em 1977; ele adorava viajar, até foi para a América a fim de percorrer toda a Trilha dos Apalaches. A viagem inteira durou vários meses, e ele manteve um registro completo da sua caminhada. Foi realmente uma viagem incrível. Cheguei a pensar que ele fosse o primeiro chinês a percorrer a Trilha dos Apalaches inteira, mas mais tarde ele me contou que não era. Mas ele tinha certeza de que era a primeira pessoa de Wuhan a fazer isso.

As notícias que o Raposa Velha me enviou hoje foram bastante surpreendentes. São as seguintes:

1. Eu trago boas notícias. Yi Fan foi retirado do respirador e está consciente. Ele até gravou um vídeo curto para dizer alô aos antigos colegas de escola. A filha de nove anos de Yi Fan fez para o pai um punhado de cartões com mensagens desejando melhoras. Hu Zha também saiu do coma.

2. Ontem você mencionou dois médicos da linha de frente que agora lutavam por suas vidas, o dr. Yi Fan e o dr. Hu Weifeng (Hu Zha é o apelido de Hu Weifeng). Acontece que os dois foram colegas de escola da minha companheira de corrida. Ela me manda notícias sobre eles todos os dias, e hoje ela me disse que ambos estão acordados.

Esta é a melhor notícia que se pode receber nesses dias tão depressivos que temos de enfrentar. O dr. Yi Fan é o diretor-assistente do Departamento de Cirurgia Torácica do Hospital Central, e o dr. Hu Weifeng é o diretor-assistente do Departamento de Urologia do mesmo hospital. Dois dias atrás, os jornais informaram que a condição de ambos ainda era crítica. É simplesmente maravilhoso saber que os dois estão agora conscientes. Espero que esses dois médicos consigam superar esse momento; estou confiante de que os seus médicos conseguirão ajudá-los a se recuperar.

O grande número de baixas sofridas pelos profissionais de saúde do Hospital Central ainda é um assunto muito discutido e controverso. Mas até agora não chegou ao meu conhecimento nenhuma notícia de que algum administrador do hospital enfrentará ações disciplinares. Ainda que continuem sendo feitos incontáveis apelos para que os dirigentes hospitalares assumam a responsabilidade, as pessoas que administram o Hospital Central permanecem surpreendentemente silenciosas a respeito disso. Mas é melhor parar de falar nesse assunto aqui; não será bom se eu continuar.

Existem dois grandes grupos de mídia em Wuhan; o maior, claro, é o Hubei Daily Media Group, e o segundo maior é o Yangtze Daily Newspaper Group. Quantos repórteres estão empregados nessas duas empresas? Não tenho certeza, mas, de acordo com a ferramenta de busca Baidu, o Hubei Daily Media Group "controla 7 jornais, 8 revistas, 12 websites, 5 plataformas móveis, 1 editora, 56 empresas (nas quais é o único investidor ou acionista controlador), e possui 17 escritórios localizados na Província de Hubei". A julgar por essa estrutura, tenho certeza de que o Yangtze Daily Newspaper Group também tem a sua cota de jornais subsidiários, revistas, websites e empresas, mas estou com preguiça demais para procurar isso. Porém, acho que é seguro afirmar que essas duas poderosas empresas empregam um grande número de repórteres e jornalistas.

Isso nos leva a perguntar o que é de fato a responsabilidade profissional e a missão dos jornalistas. Existem várias maneiras de responder a essa pergunta, mas, no meu entendimento, prestar atenção à nossa sociedade e à subsistência das pessoas deveria ser a missão mais importante para eles. Caso eu tenha razão, é preciso perguntar: por que os jornalistas não acompanharam essas histórias de peso e que estavam diretamente ligadas à nossa sociedade e ao modo de vida das pessoas? Por que eles não investigaram *como* o coronavírus foi descoberto? Por que eles não investigaram se era ou não contagioso?

Jornalistas que se prezam precisam ter um alto grau de sensibilidade profissional. Diante dos incidentes que ocorreram, o nível de profissionalismo dos jornalistas deveria ser mais alto do que nunca; o que se esperava deles era que trabalhassem arduamente para estreitar laços e negociar com várias plataformas a fim de garantir que suas vozes fossem ouvidas. Se eles tivessem feito isso, eu me pergunto se Wuhan estaria às voltas com um cenário tão horrível como esse que enfrenta agora. Se todos na Província de Hubei estariam em situação de isolamento e abandonados. E se estaríamos enfrentando, em âmbito nacional, tantas perdas.

Sem dúvida estou propensa a acreditar que existam muitos jornalistas extraordinários não apenas em Wuhan, mas em toda a Província de Hubei. É bem possível que jornalistas tenham investigado essas questões, e pode até ser que tenham escrito alguns artigos a respeito, que acabaram não sendo aprovados para publicação. Também é possível que jornalistas tenham solicitado permissão para ir atrás de algumas dessas histórias, mas tal permissão lhes tenha sido recusada. Se algo desse tipo aconteceu, isso me serviria de consolo. Pena que eu jamais tenha visto nada parecido com isso acontecer. O dr. Ai Fen já soou o alarme; o dr. Li Wenliang também fez alarde; mas quem está lá para levar adiante a sua missão? A voz dos que lançaram o alerta desapareceu sob as canções triunfantes e as gargalhadas estrondosas dessas duas grandes empresas de mídia. O coronavírus se espalhou e se expandiu impiedosamente; um após outro, os médicos sucumbiram no cumprimento do dever; e ainda assim as matérias dos nossos jornais, cada uma delas, continuam repletas de cores vibrantes, rostos sorridentes, bandeiras vermelhas, lindas flores, gritos de alegria. Até mesmo uma cidadã comum como eu sabia, já no dia 18 de janeiro, que esse vírus era mortal; no entanto, nos nossos veículos de mídia não surgiu uma única palavra alertando o público de que um novo e monstruoso vírus já estava de mandíbulas abertas, esperando à nossa porta. Depois do que aconteceu entre o período do Ano-Novo Chinês e a ocasião em que a construção dos hospitais temporários foi finalizada — milhares de pessoas sofreram e morreram nesse intervalo de tempo —, eu me pergunto se anda por aí gente da mídia com a consciência pesada por ter abandonado sua mais importante responsabilidade profissional durante um tempo tão difícil. Quanto às duas maiores agências de notícias que confundiram o público em vez de informá-lo, será que elas têm planos de assumir a culpa e renunciar?

W, um repórter do *Yangtze Daily*, declarou em uma reportagem que Fang Fang só sabe fazer "acusações descabidas". Quer saber? Vou adotar essa expressão. E se eu fizesse mais algumas "acusações descabidas" hoje?

15 DE MARÇO DE 2020

Nos últimos dias, as pessoas têm falado cada vez menos sobre o coronavírus e cada vez mais sobre a volta ao trabalho.

Outro lindo dia de céu claro e luminoso, o que costuma favorecer o bom humor. Alguns dias atrás, a sobrinha de uma tia minha que também mora no meu condomínio deixou algumas guloseimas, como bolinhos e pãezinhos cozidos a vapor. Depois de dois dias comendo isso, eu agora entendo bem melhor por que os habitantes do norte adoram comer esse tipo de coisa. É muito mais conveniente quando a sua dieta principal se baseia em pães e massas. Há muitas mercadorias semiprontas à base de farinha de trigo; basta um pouco de preparação e você tem uma refeição. Uma dieta à base de trigo é bem mais conveniente e menos trabalhosa do que cozinhar arroz e outros itens em cada refeição. (A propósito, em resposta às pessoas que comentam on-line sobre as minhas saídas até o portão da frente e perguntam como eu posso fazer isso quando deveríamos estar todos em quarentena dentro das nossas casas, quero esclarecer que moro dentro do complexo da Federação Literária e quando saio apenas desço as escadas até o portão principal do nosso condomínio para pegar mantimentos.) Ainda bem que eu gosto de pães e massas. Nesses dias, todos estão comentando o quanto tem sido difícil cozinhar e limpar a cozinha. Nós costumávamos simplesmente pedir comida, e quando terminávamos jogávamos fora; era muito mais fácil.

Hoje o meu amigo JW me encaminhou um artigo que o seu irmão mais novo, sr. Li, escreveu. O sr. Li tinha dois amigos que faziam parte de

DIÁRIOS DE WUHAN

um coral de idosos. É bastante comum para muitos cidadãos da terceira idade em Wuhan juntar-se a grupos de artes e cultura. Isso acontece especialmente com pessoas da minha geração que cresceram durante a Revolução Cultural, quando todas as escolas tinham uma equipe de propaganda cultural. Por isso muitos de nós sabem cantar e dançar. Depois que se aposentam as pessoas costumam ter bastante tempo livre, e todas essas velhas células artísticas começam a voltar à vida. Nos fins de semana e nos feriados, esses aposentados realmente ganham vida. Participam de todos os tipos de apresentações e festas; eles sem dúvida sabem como aproveitar os seus anos dourados. Esse ano não foi diferente, exceto pelo fato de que o novo coronavírus surgiu e varreu tudo impiedosamente, e acabou atingindo muitos desses idosos. O texto do sr. Li foi um tributo aos seus dois amigos. O artigo começa assim: "Como eu poderia imaginar que as vidas dos meus dois bons amigos Bao Jie e Su Huajian seriam tiradas de nós nesse Ano-Novo Chinês?".

Há uma história comovente ligada a esse caso: um homem adoeceu com coronavírus, e sua mãe de 90 anos de idade, temendo que o resto da família pudesse se infectar, tomou conta dele no hospital enquanto eles esperavam por um leito. Essa mãe idosa ficou ao lado do filho por cinco dias e cinco noites, até que o hospital finalmente tivesse um quarto para ele. Porém a condição dele se deteriorou durante esses cinco dias, e ele teve de ser internado na UTI. A mãe pediu uma caneta a uma das enfermeiras para escrever uma carta para o filho. A carta dizia: "Meu filho, você precisa aguentar firme e ser forte para vencer essa doença terrível. Por favor, ouça o que os médicos dizem. Sei que o respirador deve ser desconfortável, mas você precisa suportar para se recuperar. Eu me esqueci de trazer dinheiro quando vim para o hospital, então pedi ao seu médico que me emprestasse 500 yuans para conseguir que alguém fosse comprar algumas coisas para você". Impossível ler essa carta sem derramar uma lágrima. Mas isso é o que uma mãe faz; mesmo que o filho já tenha mais de 60 anos, ele sempre será o seu menino. Esse filho era Bao Jie, amigo do sr. Li. Lamentavelmente, Bao Jie jamais teve a chance de ler essa carta: ele morreu no dia seguinte.

Algum tempo atrás, um vizinho me disse que muitos membros desse coral de idosos haviam sido infectados. Isso porque durante o Ano-Novo e no decorrer do Ano-Novo Lunar eles tendem a participar de um maior número de eventos e de concertos; e todos são de uma faixa etária que os torna particularmente vulneráveis à infecção. O artigo do sr. Li incluía fotos de Bao Jie e Su Huajian; embora ambos fossem aposentados, eles pareciam bastante saudáveis e cheios de energia. Se tivessem sido avisados a respeito do vírus, será que ainda assim teriam participado de todos esses eventos? A julgar pelo estilo de vida desses dois homens e pelo fato de que ambos eram ativos em seus hobbies, tenho certeza de que eles, que estavam na casa dos 60, teriam facilmente vivido 20 anos mais. "Não é contagioso entre pessoas; é controlável e prevenível." Eu me pergunto quantas pessoas caminharam rumo à própria morte guiadas por essas palavras.

Enquanto o número de pacientes com coronavírus diminui, a vontade das pessoas de sair de casa e retornar ao trabalho tem aumentado muito. Há muitas famílias e empresas que já não podem mais suportar essa quarentena. Isso já demorou tempo demais, e as pessoas estão deprimidas; a essa altura o governo deveria considerar a possibilidade de adotar uma política mais flexível. A boa notícia é que as coisas estão melhorando em alguns distritos em que os novos casos caíram a zero; nessas localidades começa a haver transporte para que as pessoas possam voltar ao trabalho. E a partir de amanhã, parte do transporte público de Wuhan terá oficialmente linhas à disposição para funcionários de indústrias que retomarão atividades. São notícias excelentes. Se nós não abrirmos a cidade e voltarmos ao trabalho logo, o nosso pior problema não será enfrentar um colapso econômico, e sim lidar com a falta de comida na mesa das pessoas.

Vou falar um pouco sobre coisas que tive de enfrentar nesses dois últimos dias.

Eu sempre gostei do Weibo como plataforma; por isso, desde que a minha conta foi desbloqueada eu tenho postado as entradas do meu diário todos os dias. Porém, alguns dias atrás milhares de usuários começaram subitamente a me atacar on-line. Esses *trolls* se mobilizam em enorme número, e os seus posts são ridículos e ofensivos. Primeiro pensei na coisa toda simplesmente como um absurdo; depois passei a ter raiva; e agora isso tudo me deixa sem ação. Parte do motivo é que eu descobri que a vasta maioria dessas pessoas nunca nem mesmo leu o meu diário. Tudo o que eles viram foram algumas menções retiradas de contexto e então editadas com análises particularmente maliciosas; e isso é motivo suficiente para que me ataquem. Eles me xingam só por prazer; não passa de um jogo para eles. No início eu bloqueei muitos desses usuários que postaram mensagens estúpidas e ultrajantes. Essa tarde, porém, eu pensei melhor: talvez não seja má ideia deixar on-line esses ataques e comentários ridículos para que todos vejam.

É muito fácil descobrir quem são essas pessoas que me atacam; você pode visualizar as suas fotos de perfil, pode ver o que elas têm em comum umas com as outras, de quais grupos on-line elas são membros, quem elas seguem, quem interage com quem. Na verdade, é quase como investigar a origem de um vírus: primeiro você descobre onde começou a epidemia, quando eles todos começaram a postar os seus ataques, quem é que os instiga, e os organiza, e os orienta nos bastidores? Também é possível saber quem eles atacaram no passado, quem eles apoiam, que direção eles parecem seguir, detalhes sobre a linguagem que usam etc. Você pode aprender muito sobre esse grupo apenas observando-os on-line. Pode até recuar sete ou oito anos no tempo e encontrar postagens encorajando estudantes a enviar mensagens em defesa da "energia positiva". Pode ainda descobrir a lista de nomes de pessoas recomendadas como conselheiros desses estudantes. Eu me recordo de que uma vez perguntei ao chefe de um certo ministério do governo: "Como vocês podem permitir que esse tipo de gente aconselhe estudantes?". Uma pena que eles não tenham me dado ouvidos então. Porém, essas mesmas pessoas que outrora foram chamadas a mostrar a sua "energia positiva" on-line transformaram-se nessa gente que hoje me ataca. Muitas dessas pessoas pareceriam decentes se você as encontrasse na rua; mas assim que elas entram na internet, seu maligno lado sombrio aparece.

Ainda bem que a internet tem uma memória, e que essa memória perdura por muito tempo. Isso me faz acreditar que eu devo guardar as mensagens de ataque na minha conta no Weibo como um ponto de observação — um registro vivo a ser preservado para o futuro. Essa enxurrada de xingamentos coletivos e insultos serve como registro dos documentos mais desprezíveis e vergonhosos da nossa época.

Como uma vítima mantida em quarentena aqui nessa zona de vírus, eu registro instantâneos da minha vida e das minhas reflexões. A maioria

MARÇO

dos diários nunca é preservada, mas esses milhares de xingamentos e ataques coletivos garantirão que o meu diário jamais seja esquecido — porque atos vergonhosos geralmente deixam as impressões mais profundas.

16 DE MARÇO DE 2020

Ninguém quer reviver o horror que a população de Wuhan teve de enfrentar um mês atrás.

O dia novamente está nublado, mas a primavera se revela numa combinação de cores e formas. Essas cores têm o poder de dissipar a penumbra e aliviar um pouco nossa depressão e tristeza. Tang Xiaohe, minha vizinha em Jiangxia, mandou-me outra fotografia da varanda do apartamento que tenho lá; meus jasmins-de-inverno estão agora desabrochando, exibindo um glorioso amarelo, enquanto as flores de macieira, que desabrocharam antes, começam agora a perder suas pétalas, espalhadas agora por todo o chão. Essa camada de pétalas cria um cenário pitoresco em contraste com as folhas verdes do jasmim-de-inverno. As orquídeas de Tang Xiaohe são sempre lindas nessa época do ano.

Quanto à epidemia de coronavírus, as coisas não mudaram muito desde os últimos dias. Resta agora apenas um pequeno grupo de pacientes com o novo coronavírus, porém ainda há 3 mil pacientes gravemente enfermos que continuam a lutar por suas vidas. Todos os hospitais temporários já foram fechados. Hoje surgiram na rede reclamações quanto a isso, sob o argumento de que fechar esses hospitais temporários foi na verdade um "movimento político"; o fato é que muitos pacientes ainda não estavam completamente recuperados. Decidi perguntar ao meu amigo médico o que ele achava da questão. A resposta dele foi bem direta: "Certamente isso é só um boato! Não há sentido em fechar esses hospitais por motivos políticos, isso é totalmente impossível. O único foco político que temos agora é controlar completamente a disseminação do coronavírus; nós queremos erradicar completamente esse vírus, e fazer o máximo para tratar os pacientes infectados. Não fariam pressão política para fechar os hospitais antes do necessário. Quando você lida com uma doença infecciosa, não há tramas ocultas! Em situações como essa nós precisamos ter fé no nosso governo! Ninguém, por mais destemido que seja, pode enfrentar o mundo sozinho. Nada menos do que uma completa contenção pode deter a disseminação de um vírus tão agressivo e resistente quanto esse. E isso é algo que ninguém é capaz de esconder!".

Essas são as palavras do meu amigo médico, com cada ponto de exclamação, e eu acredito nele. Esse coronavírus já pôs por terra a noção de que a política deve ser colocada acima de todo o resto; na atual conjuntura, quem se atreveria a esconder a verdade? Ninguém quer reviver o horror que a população de Wuhan teve de enfrentar um mês atrás.

No meu grupo de amigos, muitas pessoas estão repassando um artigo da escritora Yan Geling;* alguns amigos também o enviaram diretamente a mim. O título do artigo é "Para emprestar três palavras da grande poeta da Dinastia Song Tang Wan: encobrir, encobrir, encobrir". Yan Geling, que vive em Berlim, tem acompanhado atentamente os acontecimentos em Wuhan de longe e tem uma grande capacidade de intuição; ela foi capaz de pinçar a palavra mais importante em jogo desde o início da epidemia até o ponto em que se tornou um desastre absoluto. A palavra é *encobrimento*. Embora um grande esforço tenha sido feito mais tarde para controlar a epidemia, se separarmos e analisarmos os principais aspectos do desenvolvimento da epidemia nós perceberemos que há um conceito sempre presente: *encobrimento*. Mas por que tantas coisas precisam ser encobertas? Querida Geling, eu li o seu artigo e fiquei bastante comovida; e o seu texto me fez pensar muito. Contudo, antes que tivesse tempo de repassá-lo ao meu grupo de amigos on-line, ele foi deletado da internet. Provavelmente você também já sabe que aqui na China o encobrimento é irmão da censura. Nós já fomos censurados por esse irmão chamado "censura" até nos tornarmos insensíveis e entorpecidos. Você nunca sabe quando pode acontecer,

---

* Yan Geling é uma escritora e roteirista sino-americana que atualmente vive em Berlim. É autora de numerosos romances. Sua ficção foi adaptada para várias minisséries de televisão.

MARÇO

nem por que acontece, nem sabe que regras quebrou para ter sido censurado, porque ninguém lhe dá explicação alguma. Você não tem escolha a não ser aceitar.

Outra notícia chocante no mundo literário hoje foi a ordem de retirar das estantes das livrarias todos os livros de Mario Vargas Llosa. Como isso pode ser verdade? É realmente difícil para mim acreditar em algo assim. Eu comecei a ler Llosa quando ainda era uma adolescente; e quase todos os escritores da minha geração já o leram. Quando soube dessa notícia, passei pelo mesmo ciclo emocional que muitos outros escritores passaram: no início fiquei pasma, depois fiquei furiosa, e por fim me senti triste. Alguns dias atrás, li um artigo que empregou as seguintes palavras para descrever o que um escritor é: "A maior e mais fundamental missão de um escritor é derrotar a falsidade, espelhar a verdade da história e devolver a dignidade à humanidade". Não sei com certeza quem é o autor dessas palavras. Llosa deve ter cerca de 80 anos agora. Isso é realmente necessário? Encobrir, encobrir, encobrir — essas três palavras provêm da história de amor entre Tang Wan e Lu You; a maioria dos chineses conhece essa história. Mas eu gostaria aqui de tomar de empréstimo três palavras do poeta Lu You: Erro, erro, erro.

Hoje soube que a equipe médica que veio a Hubei para dar a sua contribuição já começou a partir em grupos. Porém, não há praticamente notícia alguma a respeito de uma data para a reabertura da cidade. Mas não importa quão cruel esse vírus possa ser, existe algo ainda mais terrível espreitando agora: há muita gente que simplesmente não pode mais continuar. Hoje um repórter em Pequim me enviou um apelo escrito por alguém aqui em Hubei. Parte do apelo menciona algumas questões que o autor espera que o governo possa considerar. Reproduzo aqui um trecho desse apelo:

> Eu assumo a responsabilidade por tudo o que digo aqui. Enquanto vocês combateram o coronavírus, pessoas comuns como nós foram extremamente favoráveis e lhes deram total cooperação. Mas depois de tantos dias presos em casa — mais de 50 dias —, até aqueles que caíram doentes devem estar recuperados agora. Vocês deviam conseguir para nós alguns ônibus fretados, mas como é possível que vocês, gente do governo, não tenham tomado nenhuma medida?

Nós continuamos em casa, perdendo tempo todos os dias, e vocês nem mesmo nos dão uma posição informando quando isso terminará, para que possamos pelo menos ter algo de objetivo em mente. Final de março? Final de abril? Seja qual for o caso, vocês precisam nos dar um prazo! Nesse momento, sem nenhum prazo para que essa quarentena termine, nós não temos expectativa de nada; em vez disso, só ficamos sentados em casa, esperando. Nós todos temos de arcar com as despesas do dia a dia e temos famílias para sustentar; como um chefe de família pode, numa situação dessas, ganhar dinheiro para sustentar os seus?

Todos os dias nós precisamos comer, beber, precisamos de óleo e de sal para cozinhar, e tudo isso custa dinheiro. Tudo termina no nosso estômago, é claro, mas ainda conta como parte das nossas despesas. Todas as manhãs, depois que nos levantamos, a primeira coisa que fazemos é olhar as manchetes de todos os principais jornais; nós conferimos se o número de infecções aumentou ou diminuiu. Estatísticas estão por todos os lados, mas parece que apenas aqui em Wuhan o número de pessoas doentes é maior. Mas isso não significa que todas as outras cidades na Província de Hubei tenham de suportar a mesma tortura enfrentada por Wuhan; isso realmente não é necessário.

Eu voltei para casa em 21 de janeiro; não é difícil calcular quantos dias já se passaram. Desde então, dia após dia, tudo o que eu faço é ficar em casa, comendo e dormindo, comendo e dormindo. O grande problema é que simplesmente não sei quando isso vai acabar. Primeiro eles disseram que a quarentena poderia ser retirada em 1º de março, então a estenderam até 10 de março, e depois 11 de março; em seguida disseram 15 de março; agora Zhong Nanshan está dizendo que pode durar até o final de junho.

Se vocês continuarem assim, quando isso vai terminar?

Vocês podem colocar os doentes em quarentena; não importa como vocês queiram colocar os doentes em isolamento, nós colaboraremos. Mas vocês precisam colocar o vírus em quarentena, não a população da Província de Hubei! E mais: já que vocês nos mantiveram em casa, e se saíssemos de Hubei nós também estaríamos em confinamento, então por que simplesmente não nos deixam partir e ficar em quarentena em outro lugar? Nós podemos sair de Hubei, ficar em quarentena autoimposta por 14 dias, deixar que as autoridades locais confirmem que estamos saudáveis e então

MARÇO

permitam que voltemos a trabalhar! Nós precisamos gerar renda; as coisas têm de voltar ao normal! Em vez disso vocês nos põem em quarentena em casa, querem que fiquemos trancados até o fim de maio ou de junho, e depois disso nós teremos de ficar em quarentena por mais duas semanas; mas então vamos ficar o ano inteiro sem trabalhar? Que tipo de pessoa joga fora o seu tempo dessa maneira?

Vocês, gente do governo, precisam ouvir o que os cidadãos estão dizendo; precisam prestar atenção às nossas solicitações. Não falo apenas por mim; grande parte das pessoas pensa da mesma maneira, e eu falo por todos nós. Não queremos causar problemas; só estamos tentando ganhar a vida. Precisamos pôr comida na mesa. Vocês precisam considerar a situação a partir da nossa perspectiva, a perspectiva dos cidadãos comuns.

Que família não está enfrentando esse fardo? Todos os dias, de manhã até a noite, temos de suportar os alto-falantes bradando "Não saiam de casa! Não saiam de casa! Não saiam de casa!". Até quando isso vai durar? Quanto tempo estão dispostos a seguir com isso? Quais são as circunstâncias que não nos permitem sair? Quais são os motivos? Eles tentam o dia inteiro cuidar simultaneamente de assuntos grandes e pequenos com uma estratégia "tamanho único". "Não saiam de casa! Não importa o que aconteça, não saiam de casa!" Vocês têm de perceber que nós devemos colocar em quarentena o coronavírus, não a população inteira da Província de Hubei!

Mais uma coisa: tudo custa dinheiro. Com meio quilo de sementes de abóbora custando 15 yuans, você vai comprar? Com a carne custando 32 yuans, meio quilo, você pode pagar para ter? E pepinos a 7 yuans, meio quilo, alguém leva? Batatas também a 7 yuans, couve a 8 yuans... E então? Pode comprar? Se não, ainda assim você precisa comer... No final das contas, todos compram. Só que é preciso pagar. Sem um trabalho, de onde vai vir o dinheiro? Tem alguém aqui pensando nesse detalhe?

Deus meu...

A última exclamação frustrada no final do texto é de causar tristeza. Parece-me que muitas regiões na Província de Hubei já não registram mais novos casos de infecção, mas mesmo assim não tiveram a ordem de quarentena retirada. Na época em que eu estava na faculdade, um dos meus professores ministrou um curso sobre Modernismo, e eu me lembro de ter

DIÁRIOS DE WUHAN

lido *Esperando Godot*. Dois homens ficam num lugar à espera de Godot, mas ele nunca chega. Enquanto nós ficamos aqui parados, esperando a suspensão da quarentena, essa peça me veio à lembrança. Colocar-se no lugar das outras pessoas, tentar entender o que elas estão passando e pensar na questão da subsistência de todos; as cartas estão na mesa, bem diante de vocês. É possível lidar com muitas coisas ao mesmo tempo; vocês não precisam necessariamente cuidar de uma de cada vez.

Este é o 54º dia de quarentena. Essa partida de pôquer acabou.

17 DE MARÇO DE 2020

*É claro que a vida começará aos poucos
a voltar ao normal.*

O tempo está agradável e limpo. Fui até lá fora levar o lixo e pude vislumbrar, através dos galhos, as flores de pêssego desabrochando na calçada do outro lado da rua. Exceto pelo fato de que não há uma única pessoa na rua. O pátio da Federação de Literatura parece o mesmo de sempre.

É o 55º dia de quarentena em Wuhan. Segundo o relato diário sobre o coronavírus, hoje há apenas um novo caso de infecção.

Hoje aconteceu algo que não posso deixar de registrar: a partir de hoje, as equipes de assistência médica de Hubei começaram todas a sair da cidade. Para ajudar a salvar a vida das pessoas, todas essas equipes enfrentaram terríveis perigos durante o período mais crítico da epidemia; nossos corações estão repletos de gratidão por tudo o que elas fizeram. No fim das contas, mais de 40 mil profissionais de saúde vieram para cá a fim de ajudar, e nenhum deles foi infectado; é um verdadeiro milagre! Graças a eles, todos nós podemos agora suspirar aliviados. É sempre difícil dizer adeus. Hoje eu vi um vídeo postado no grupo de bate-papo dos meus amigos; o vídeo foi gravado na ocasião em que as equipes de assistência médica estavam partindo. À passagem delas, todos os habitantes de Wuhan que ainda

MARÇO

não podiam sair das suas próprias casas ficaram de pé em suas sacadas, gritando "Obrigado! Nós sabemos que foi difícil! Adeus!".

Assistir a isso é o suficiente para levar uma pessoa às lágrimas. Moradores de Wuhan de todas as classes sociais juntaram-se para dar a esses anjos de branco a sua mais sincera saudação; afinal, essas pessoas salvaram a nossa cidade — essas pessoas *nos* salvaram. Dizem que a cidade de Xiangyang registrou os nomes de todos os integrantes das suas equipes de assistência médica, e decidiu-se que eles teriam, em caráter vitalício, entrada e acomodações gratuitas nas visitas aos maiores pontos turísticos na região. Não sei se isso é verdade ou não, mas penso: "E por que não?". Acho até que nós devíamos abrir todos os destinos turísticos da Província de Hubei para eles de graça!

O assunto mais comentado on-line nos últimos dias envolve chineses que passaram algum tempo no exterior e agora estão retornando à China. Um meme descreve a situação dessa maneira: *A China lutou metade da batalha, outros países lutaram a outra metade da batalha, mas os chineses que estavam estudando fora lutaram a batalha inteira.* Isso diz respeito ao fato de que um grande número de chineses que estudam no exterior deixaram a China logo antes do Ano-Novo Lunar, mas agora que a China controlou amplamente a epidemia — até Hubei está segura agora — e a situação com o coronavírus no exterior começou a piorar, esses estudantes chineses estão voltando para a China. Na verdade esse meme não é inteiramente preciso, porque quando a epidemia começou a maioria desses estudantes internacionais já estava no estrangeiro. Durante a fase inicial da epidemia, muitos desses estudantes chineses estavam por toda parte tentando assegurar doações e suprimentos para Wuhan; eles realmente trabalharam duro nisso. E embora seja verdade que muitos deles estejam de fato voltando para a China agora, é preciso esclarecer os fatos. O interessante é que muitas pessoas me perguntaram o que eu penso a respeito disso.

Eu acho que esses jovens são como os nossos próprios filhos; nós precisamos ter empatia para com eles. Se a minha filha estivesse no estrangeiro agora, eu provavelmente também diria a ela que voltasse para casa. Nem todos podem ser heróis. Então posso entender perfeitamente por que eles fariam essas escolhas. Se todos eles estão voltando para casa, isso mostra que no fundo dos seus corações eles sabem que sempre

DIÁRIOS DE WUHAN

podem contar com o seu próprio país. Isso não diz muito sobre o seu senso de confiança e patriotismo?

Dizem agora que mais de 100 mil chineses que hoje se encontram no exterior estão prestes a voltar. A China é um país grande, e todas as províncias estão agora chamando os seus filhos de volta. Os que estiverem doentes serão admitidos nos hospitais para tratamento, e aqueles que estiverem saudáveis irão para casa e se submeterão à quarentena; é assim que a coisa vai funcionar. É essencial que todos sigam as regras, quer estejam em busca de refúgio, quer estejam simplesmente voltando para a China do exterior. Nós precisamos nos proteger, mas ao fazer isso não podemos colocar em risco o bem-estar de outras pessoas; isso é bom senso, pura e simplesmente.

Uma amiga dos tempos de colégio acaba de me enviar uma linha do tempo para a suspensão da quarentena: "Em 22 de março, todas as pessoas fora de Hubei e Wuhan podem retornar. As que estiverem em Hubei e Wuhan podem também deixar essas regiões na mesma data. Em 24 de março, todos os ônibus públicos e metrôs serão desinfectados e submetidos a testes técnicos para garantir que todo o transporte público esteja pronto para a retomada dos trabalhos. Em 26 de março, a quarentena em Mendong será suspensa, e os moradores poderão se movimentar livremente dentro do seu bairro. Em 29 de março, a quarentena será suspensa para pequenos bairros residenciais, e os habitantes que tenham visto de trabalho e certificado de saúde QR Code poderão voltar ao trabalho de carro, bicicleta ou a pé. Em 31 de março, o comércio e empresas de produção voltarão gradualmente aos níveis normais de operação. Em 2 de abril, shoppings e centros comerciais retomarão as operações normais de negócios. Em 3 de abril, ônibus e metrôs retomarão as operações. No dia 4 de abril, aeroportos, trens de alta velocidade, trens elétricos e autoestradas voltarão às operações normais". Passei adiante esse texto, mas com uma observação: "Estou repassando isso, mas não sei com certeza se é verdade ou não". Seja como for, falso ou verdadeiro, isso não deixa de ser bastante estimulante. Parece mesmo que a vida começa a voltar ao normal.

Eu gostaria de expressar a minha sincera gratidão aos meus leitores. Ontem eu não consegui publicar um texto do meu diário no WeChat; Er Xiang também tentou publicá-lo mais de uma dúzia de vezes, mas não teve

MARÇO

sucesso. Mais tarde eu simplesmente o coloquei como uma mensagem sem a seção de comentários, mas isso também foi deletado. Eu realmente não entendi o motivo. Por fim, Er Xiang se conectou à sua conta oficial, "As onze dimensões do espaço de Er Xiang", e postou uma breve mensagem de quatro palavras: "Fiz o meu melhor". Apenas essas quatro palavras. Mas um leitor acompanhou isso e copiou o meu post inteiro de ontem na seção de comentários, um parágrafo por vez. Essa atitude me pegou totalmente de surpresa, mas me deixou muito comovida.

18 DE MARÇO DE 2020

Nós já estivemos onde você está agora.

56º dia de quarentena.

O dia está claro e o sol brilhante, brilhante demais, como se estivesse a um passo do verão. Embora o dia esteja ensolarado, não está muito úmido. Esse é o melhor tipo de clima em Wuhan. Na verdade, o clima é um dos motivos que me fazem gostar tanto de Wuhan. As mudanças de estação em Wuhan são bastante evidentes; cada estação tem sua própria característica. As pessoas em Wuhan costumam dizer que o verão é quente como o inferno e o inverno faz você congelar até a morte. Há um período úmido na primavera, e todos os dias no outono costumam ter céu claro e ar fresco; é a época mais confortável do ano. Quando eu era mais jovem costumava me irritar com o clima de Wuhan; sempre odiei o calor, e odiava o frio. Mais tarde, com o avanço da tecnologia, nossa qualidade de vida começou a melhorar; passamos a ter ar-condicionado durante o verão, aquecedor durante o inverno, desumidificadores durante a primavera; e quando chegava o outono, nós apenas desfrutávamos o clima maravilhoso. De um momento para o outro, todas as imperfeições climáticas daqui foram corrigidas, graças à sabedoria do homem; e isso permitiu que as boas coisas da cidade realmente despontassem.

217

DIÁRIOS DE WUHAN

Mas voltemos ao coronavírus. Depois de um estágio inicial de sofrimento e caos, a situação foi melhorando dia a dia, e agora o avanço do vírus foi claramente contido. Hoje houve apenas um novo caso confirmado em Wuhan. Houve dez mortes hoje, e no momento não há suspeita de novos casos. Os habitantes de Wuhan esperam ansiosamente que os números cheguem a zero, para que tudo isso enfim termine. Suponho que esse dia está próximo.

Essa tarde eu tive uma longa conversa por telefone com um amigo médico que trabalha na linha de frente da epidemia. Nossos pontos de vista acerca das coisas nem sempre coincidem; por exemplo, sobre a questão de assumir a culpa: meu amigo acha que se nós começarmos a cobrar responsabilidades das pessoas agora e os líderes desaparecerem subitamente, ninguém fará mais nada. Mas eu não acho que se isso acontecesse as pessoas demonstrariam tamanha fraqueza. Há diversas pessoas capazes trabalhando nesses hospitais e no governo; substitutos não faltariam para os líderes que tivessem de renunciar. Agora que finalmente chegamos à etapa final dessa epidemia, esse é o momento de acertar contas, enquanto tudo o que aconteceu ainda está bem presente na mente de cada um de nós. É absolutamente necessário apurar responsabilidade.

Mas esse meu amigo mencionou duas coisas particularmente interessantes; eu as compartilharei com vocês para fins de referência: (1) Ele vê um problema na construção de hospitais. Muitos hospitais são mal ventilados, o que faz aumentar facilmente os índices de infecção em espaços confinados. Ao que parece, muitos hospitais construíram novas dependências nos últimos anos para atender à necessidade de economizar energia e reduzir emissões, mas essas providências nem sempre são apropriadas para as medidas de segurança do hospital. (2) Ele também acha que o intervalo entre o inverno e a primavera todo ano é sempre um período em que muitas doenças infecciosas se alastram. Foi quando a SARS surgiu pela primeira vez; foi quando o novo coronavírus apareceu. Assim sendo, ele não entende por que o governo insistiu em realizar seus grandes eventos durante esse período todos os anos; eles deveriam ter transferido esses eventos para uma estação menos favorável a doenças infecciosas.

A sugestão do meu amigo fez surgirem muitas ideias na minha cabeça. Para ser honesta, desde 1993 compareço às reuniões do Congresso

MARÇO

Popular Provincial e da Conferência Consultiva Política. Sei muito bem como funcionam os vários órgãos do governo quando as datas desses eventos se aproximam todo ano. Para garantir que tudo corra bem nessas reuniões, todos os diversos meios de comunicação são proibidos de cobrir notícias negativas. Além disso, todo ano funcionários de todos os órgãos do governo deixam de lado as suas tarefas normais, porque o líder de cada órgão do governo tem de comparecer a esses eventos. Esse ano não foi diferente. Essas práticas não são recentes; elas foram se desenvolvendo no transcorrer de muitos anos. Há anos isso acontece: cada departamento de governo tem por hábito adiar várias tarefas para depois desses eventos; ao mesmo tempo, a fim de garantir o sucesso dessas reuniões, a mídia segue a prática de transmitir as boas notícias, mas não as más.

Apesar de tudo, há muitos pequenos problemas na vida e a maioria deles pode sempre esperar alguns dias. Isso acaba sendo bom para todos; as pessoas parecem gostar do esquema e a reputação de todos se salva. Mas doenças infecciosas não ligam para etiqueta, e certamente não ligam para reputação; elas vão esmagar isso como um trator. Foi o que a SARS fez, e foi o que o novo coronavírus fez; haverá um terceiro? Estou um tanto preocupada. Por isso, seguindo as considerações do meu amigo médico, eu gostaria de fazer uma sugestão: se nós não mudarmos a época da realização dessas reuniões, então devemos mudar os nossos péssimos hábitos relacionados a elas. E se não pudermos mudar a maneira repugnante de conduzir essas reuniões, então nós devemos alterar o momento do ano em que são realizadas, escolhendo para isso uma época do ano em que as condições climáticas não sejam propícias para o surgimento de uma doença infecciosa. Na realidade, não deve ser tão difícil assim mudar as duas coisas.

Hoje aconteceu uma coisa que não posso ignorar; suspeito que muitos dos meus leitores estão esperando minha resposta. Alguém que diz ser uma "estudante do ensino médio" de 16 anos de idade publicou uma carta aberta para mim on-line. Há muitos detalhes a respeito dessa carta que me parecem estranhos, e vários amigos acham óbvio que a carta não pode ter sido escrita por alguém com 16 anos; parece mais um homem de 50 tentando se passar por uma adolescente. Contudo, seja essa pessoa quem for, eu decidi responder a carta como se estivesse escrevendo para uma estudante do ensino médio de 16 anos de idade.

DIÁRIOS DE WUHAN

Escrevi a seguinte resposta: "Minha querida, que boa carta essa que você me enviou, cheia de incertezas típicas de alguém da sua idade. As ideias que você expressou não são diferentes do que se poderia esperar, e eu tenho certeza de que essas coisas que a estão aborrecendo vêm diretamente das pessoas responsáveis pela sua educação. Mas preciso dizer a você que eu não sou a pessoa que vai dissipar as suas dúvidas. Lendo a sua carta, lembrei-me de um poema que li muitos anos atrás. É um poema de Bai Hua;* não sei se você já ouviu falar dele, mas ele foi um poeta talentoso e dramaturgo. Eu li pela primeira vez esse poema quando tinha 12 anos de idade; foi em 1967, em plena Revolução Cultural. Naquele ano, durante todo o verão, havia um grande número de Guardas Vermelhos lutando nas ruas de Wuhan. Eu estava no 5º ano, e foi nesse que recebi uma cópia da coleção de poesia de Bai Hua intitulada *Distribuindo folhetos diante da lança de ferro*. Havia um poema nesse volume com o seguinte título: "Eu também já fui jovem como você". Há um verso no poema que diz: "Eu também já fui jovem como você, e na época nós éramos como você é hoje". Fiquei tão excitada quando me deparei com esse poema pela primeira vez! Não é à toa que me lembro desse verso até hoje.

"Minha querida, você diz que tem 16 anos. Eu tinha 16 anos em 1971. Se na ocasião alguém tivesse tentado me dizer que "a Revolução Cultural foi uma terrível calamidade", eu a teria atacado e nós brigaríamos até ficarmos vermelhas e sangrando. E eu sei que nada que me fosse dito me faria mudar de ideia, nem que passassem três dias e três noites ininterruptamente tentando meter algum juízo na minha cabeça. Isso porque desde os 11 anos recebi uma educação que reforçava repetidas vezes o fato de que "a Revolução Cultural é boa". Aos 16 anos, eu já havia sido exposta a esse ponto de vista por cinco anos inteiros. Por isso, três dias para tentarem me fazer mudar de ideia não dariam nem para a saída. É com base nesse mesmo princípio que eu sei que será impossível para mim esclarecer essas dúvidas que afligem você. Receio que mesmo que eu leve três *anos* tentando convencê-la e escreva oito livros explicando o por quê, ainda assim você provavelmente não acreditará em mim. Porque assim como eu quando era jovem, você recebeu esse tipo de educação durante pelo menos cinco anos.

* Bai Hua (1930-2019) foi romancista, poeta e dramaturgo.

220

MARÇO

"Dito isso, minha querida, quero que saiba que um dia você encontrará uma resposta para todas as suas incertezas. Mas essa resposta você terá de encontrar sozinha. Talvez daqui a 10 ou 20 anos você se lembre disso e perceba o quanto era imatura. Isso porque até lá você já será uma versão inteiramente nova de você mesma. Óbvio que se escolher seguir o caminho dessas gangues de extremistas de esquerda você pode nunca encontrar a resposta que procura; em vez disso, acabará caindo no abismo da eterna luta.

"Minha querida, eu também quero lhe dizer que quando eu tinha 16 anos estava numa situação bem pior que a sua. Naquele tempo eu jamais havia ouvido falar em "pensar por si mesmo". Eu nunca soube que as pessoas precisavam aprender a pensar por si mesmas; nós simplesmente fazíamos o que os nossos professores nos mandavam fazer, obedecíamos as determinações que as escolas nos davam, seguíamos as orientações que os jornais nos transmitiam e as instruções que nos eram dadas pelos programas de rádio. A Revolução Cultural irrompeu quando eu tinha 11 anos, e só terminou quando eu tinha 21; foi nesse mundo que eu cresci durante esses dez anos. Eu jamais pensava por mim mesma, porque eu não me via como um indivíduo independente; eu não passava de um parafuso em uma máquina muito maior. Eu funcionava em sintonia com essa máquina; quando ela parava eu parava, quando ela se movia eu me movia. Era uma situação bastante parecida com essa que você está vivendo hoje. (Quando digo "você" não me refiro a todos da sua geração, porque na verdade há hoje muitos jovens de 16 anos com grande capacidade de pensar de modo independente.) Mas eu tive sorte, porque tive um pai cujo maior sonho na vida era colocar todos os filhos na faculdade. Eu ainda me lembro de quando ele me disse isso. Então, mesmo quando trabalhava como recepcionista eu sabia que teria de fazer tudo ao meu alcance para que o grande desejo do meu pai se realizasse. Acabei ingressando na Universidade de Wuhan, que tem o mais lindo campus de faculdade da China.

"Minha querida, eu me considero uma pessoa de muita sorte. A única educação que recebi na minha infância era repleta de estupidez, mas ainda assim eu consegui entrar na faculdade. E na faculdade eu li e estudei como alguém que teve fome de conhecimento durante toda a vida. Discuti os mais variados e fascinantes tópicos com meus colegas de classe, comecei a escrever ficção, até que finalmente compreendi a importância de pensar de maneira independente. Também sou afortunada por ter testemunhado os primeiros dias da Era da Reforma, e por ter experimentado toda a série de reformas que a partir de então se desencadeou. Emergindo dos danos catastróficos causados pela Revolução Cultural, eu observei de que maneira a China — um passo de cada vez — deixou de ser um país atrasado para se tornar um país poderoso. Não seria exagero afirmar que se não fosse pela Era da Reforma nós não teríamos nenhuma das coisas que temos hoje, incluindo o meu direito de publicar um diário on-line e o seu direito de publicar uma carta aberta para mim. Nós duas devemos ser gratas por isso.

"Minha querida, tente compreender que eu passei os primeiros dez anos da Era da Reforma lutando contra mim mesma. Eu precisei arrancar do meu cérebro todo o lixo e o veneno acumulados nele. Tive de preencher a minha mente com coisas novas, tive de aprender a enxergar o mundo através dos meus próprios olhos, tive de usar minha própria mente para ponderar as coisas.

"Minha querida, eu sempre acreditei que apenas gente da minha geração tivesse passado por esse processo de lutar contra si mesmo a fim de expulsar da própria mente todo o lixo e o veneno acumulados. Jamais imaginei que você e alguns dos seus amigos também fossem enfrentar algo parecido no futuro. Um dia, você também precisará lutar contra si mesma a fim de se purificar. É um processo doloroso; mas cada etapa de purificação traz consigo um tipo de libertação. E com cada momento você gradualmente deixa de ser um parafuso enferrujado, fossilizado e morto para se transformar numa pessoa real."

19 DE MARÇO DE 2020

Posso estar aposentada, mas ainda tenho energia suficiente para processar vocês.

Finalmente chegou o dia que nós tanto esperávamos! Hoje não há novos casos de coronavírus em Wuhan, nem novas suspeitas de casos! Meu amigo médico também parece extremamente entusiasmado: "Estamos enfim em zero! Zeros por todo lado! A epidemia foi contida, e agora nós podemos controlar todo o trânsito de quem vem de fora. A principal tarefa agora é tratar os pacientes que já temos".

Hoje nós também vimos a cerimônia de despedida do governo de Hubei para o exército de prestadores de serviço que está partindo; eles também apelaram a todos na China para que tratassem com carinho a população de Hubei! Isso mesmo: tratem-nos com gentileza, por favor. Nem todos em Hubei foram infectados por esse vírus. Mas a força e a temperança da gente de Hubei diante dessa calamidade acabaram sendo a maior contribuição aos esforços da China para conter esse vírus. Por isso, para mim é importante frisar: por favor, amigos de toda a China, tratem bem os habitantes de Hubei, sejam gentis com essa gente que sacrificou tanto por todos vocês.

O que se espera agora é que as pessoas que estão fora de Wuhan possam começar a retornar. Eu confesso que já estou desesperada para ter a minha faxineira de volta; eu realmente espero que ela possa voltar o quanto antes. Depois de dois meses, a minha casa necessita de uma limpeza pesada. Meu velho cão está agora sujo e fedido, e o seu antigo problema de pele está começando a voltar. Minha mão ainda está bastante machucada; eu tento não lavá-la nem deixá-la úmida. Queria saber quando o escritório do veterinário reabrirá. Todos os dias, quando deixo o meu cachorro ir para o quintal, digo-lhe que ele só precisa esperar mais alguns dias para ficar limpinho de novo.

Como sempre, eu saí da cama hoje e tomei o café da manhã enquanto olhava o meu telefone celular. Aquela "estudante do ensino médio" de ontem postou mais uma carta aberta para mim; eu não esperava por isso. Além dela, hoje um punhado de "parentes" dela saíram da toca, e todos publicaram cartas abertas para mim. (Nossa, que monte de "parentes" ela tem!) Naturalmente, uma porção de outras pessoas também escreveram cartas, entre elas alguns estudantes universitários, estudantes do ensino médio e até do ensino fundamental. Tenho de ser honesta: algumas dessas cartas me fizeram rir como eu não ria há muito tempo. Agora que o número de casos chegou a zero, acho que enfim posso dar uma boa gargalhada sem que pareça inapropriado. Minha velha colega de escola Yi Zhongxue referiu-se sarcasticamente ao dia de hoje como o Dia Nacional da Carta — essa quase me matou de rir!

O resultado da investigação sobre o que aconteceu com Li Wenliang foi revelado hoje. Eu não sei se as pessoas gostaram ou não do resultado, mas acredito que já falei o suficiente a respeito desse assunto. Li Wenliang se foi; sua página no Weibo se tornou um muro de lamentações aonde incontáveis pessoas podem ir para se lembrarem dele para sempre. Tudo o que nos resta fazer é manter viva a sua memória e dar o máximo apoio a sua família. Quanto aos resultados dessa investigação, eu realmente não me importo mais. Para ser franca, em certo aspecto as nossas comemorações são uma maneira de comemorar a nós mesmos, de comemorar essa experiência que vivemos, e um homem importante fez parte dessa experiência — o nome dele era Li Wenliang.

Nós ainda estamos proibidos de sair à rua, mas praticamente todos nós sabemos que de uns dias para cá a cidade de Wuhan se tornou bastante segura. Embora todos continuem a afirmar que devemos manter a vigilância, psicologicamente nós estamos bem mais relaxados agora. Talvez seja a verdade do que acontece dentro da cidade, talvez seja o estado de espírito das pessoas comuns — o fato é que o lugar em que estamos agora é completamente diferente daquele em que estávamos um mês atrás. A vida logo voltará ao seu velho ritmo normal; eu tenho fé nisso. Quando eles impuseram a quarentena foi como se pisassem bruscamente no freio, mas receio que o processo de abertura da cidade será lento e gradual. Eu não terei necessariamente de encerrar o meu diário quando algum líder de governo declarar que "a cidade vai reabrir amanhã". Talvez esse dia nunca chegue; isso porque eles já começaram a abrir aos poucos algumas partes da cidade, então provavelmente será um lento processo de transição até que a cidade esteja completamente aberta de novo. Foi por isso que alguns dias atrás eu disse a Er Xiang que planejava parar de escrever quando completasse a 54ª entrada do meu diário. É como um perfeito baralho de cartas de pôquer, e a minha mão logo estará completa. Mas eu não percebi que foi na verdade ontem que postei a minha 54ª entrada. Eu decidi não responder à carta aberta da "estudante do ensino médio" que de alguma maneira já tem mais de 100 mil seguidores no Weibo, o que me parece bastante suspeito. De qualquer maneira, parece que perdi a chance de dizer algumas palavras finais para encerrar este diário. Hoje, porém, eu estou me perguntando quando devo baixar as portas da loja e concluir este diário.

A propósito, devo mencionar que todas as entradas do meu diário foram enviadas ao WeChat a partir da conta oficial da escritora Er Xiang. O motivo para isso é muito simples: a minha conta no Weibo foi bloqueada no mesmo dia em que Li Wenliang faleceu. De repente havia perdido a minha única plataforma. Como costumo seguir a página oficial da Er Xiang no WeChat, eu a procurei e perguntei se ela poderia me ajudar a encaminhar os meus posts. Como uma colega escritora, Er Xiang concordou imediatamente em me ajudar. Na ocasião eu não sabia nada a respeito de Er Xiang, só sabia que ela era romancista; e nós nunca nos encontramos pessoalmente (isso nem é possível agora, claro). Só mais tarde eu tive mais informações sobre ela, quando li um artigo a seu respeito. Em resumo, ela é uma escritora com uma conta pública verificada no WeChat que ajudou outra escritora que não sabia criar uma conta oficial e compartilhar artigos nessa plataforma. Quem poderia imaginar que um arranjo tão simples daria margem a tantas teorias da conspiração on-line? Sou extremamente grata a Er Xiang por sua ajuda.

Gostaria de fazer uma pequena digressão e contar uma história da minha juventude. É uma história de muitos anos atrás, quando eu era integrante da sociedade de literatura na faculdade. Nós costumávamos debater todos os tipos de questões literárias; mas mesmo após intermináveis debates nós nunca parecíamos chegar a uma compreensão mútua. Mais tarde eu perdi um pouco a paciência com os integrantes do grupo, e comecei a chamá-los por um apelido, por trás das costas deles. Eu os chamava de grupo "Três textos tristes".* Os três tópicos aos quais o grupo sempre voltava eram as tensões entre o elogio e a traição, a comédia e a tragédia e a escuridão e a luz. Mais especificamente, nós discutíamos repetidas vezes se a literatura deveria se ater apenas a obras que expressassem louvor, que fossem comédias ou que destacassem o lado positivo da sociedade. Também discutíamos sobre outro assunto: são ou não são reacionários os escritores

---

* "Os três velhos ensaios" normalmente dizem respeito aos três ensaios icônicos de Mao Tsé-Tung amplamente lidos na China durante os anos 1960 e 1970. Aqui, Fang Fang faz uma brincadeira usando o mesmo título como apelido para o seu grupo.

DIÁRIOS DE WUHAN

que expõem as mazelas sociais, retratam a tragédia humana e revelam o lado obscuro da sociedade? Isso aconteceu de 1978 a 1979. Como nós nunca chegávamos a uma conclusão a respeito dessas questões, a certa altura nós simplesmente paramos de discuti-las. Mas o tempo passou, eu me formei, comecei a trabalhar, e me tornei escritora profissional; e um dia eu descobri que, de alguma forma, não apenas os meus antigos colegas de faculdade mas também todo o mundo literário agora se perguntavam se podiam escrever sobre tudo o que quisessem. E encontraram um denominador comum para abordar essa questão: a *qualidade* do que se escreve. Por isso, quando ministro palestras, às vezes eu digo que existem muitas questões que não vale a pena discutir, pois o tempo se encarregará de esclarecê-las todas.

Mas dessa vez subitamente me dei conta de que estava errada. Ainda que 42 anos tenham se passado, o tempo não esclareceu completamente essas questões. Nossas opiniões acerca de literatura parecem ter de algum modo retrocedido àquelas mesmas velhas especulações. Essas pessoas que me atacam sem parar — será que fazem isso apenas porque me recuso a abordar essa catástrofe com elogios, a transformar tudo numa comédia, e a destacar as coisas positivas que estão sendo feitas? É uma sensação muito estranha ver as coisas andarem em círculo até novamente voltarem à estaca zero.

Um amigo acaba de me enviar um artigo do site *Web Investigativa* intitulado "Um *Diário de Wuhan* cheio de intenções maliciosas", por Qi Jianhua. Eu respondi em tom de advertência: "Sr. Qi. O seu artigo está propagando informações falsas e mentiras, numa tentativa de me descrever que não corresponde à realidade. Sugiro que delete o seu post e se retrate publicamente. Se o seu post não for deletado e uma retratação não for publicada, vou recorrer a medidas legais para resolver essa questão. Esse aviso também se aplica ao website *Web Investigativa*; vocês têm liberdade para me criticar todos os dias em suas postagens; mas se postarem artigos como esse de autoria de Qi Jianhua, que tenta publicamente me difamar e espalhar boatos e mentiras a meu respeito, vão me obrigar a tomar medidas legais. Eu não ligo para o histórico de vocês, não ligo se vocês recebem apoio desse ou daquele órgão de governo, ou de quem quer que seja, por debaixo dos panos; vou acionar vocês na justiça também. A China é uma sociedade baseada no estado de direito. Eu posso tolerar os seus ataques e ofensas odiosos — mesmo porque tudo o que vocês conseguem com isso é escancarar a sua falta de caráter. Porém, no instante em que vocês me difamam, inventam rumores sobre mim e tentam me prejudicar com mentiras — nesse instante vocês violam a lei. Aqui vai uma declaração especial para a *Web Investigativa* e para o sr. Qi Jianhua: tomem cuidado, caso contrário nos veremos nos tribunais!".

Estão vendo só? Wuhan está a ponto de reabrir. Eu posso estar aposentada, mas ainda tenho energia suficiente para processar vocês.

20 DE MARÇO DE 2020

Vamos ver se você me mete medo!

Mais um dia claro. À tarde, a temperatura já estava em 26 graus Celsius. Eu ainda não desliguei o aquecedor, e subitamente percebi que a temperatura dentro e fora de casa era a mesma. Quando abri a janela para ter um pouco de ar fresco, fiquei surpresa ao descobrir que alguns corvos haviam voado para o meu quintal. Eles estavam pulando de um lado para o outro entre os ramos da canforeira e da magnólia; um deles até se aproximou da porta da entrada a fim de beber água de uma poça. O simples fato de vê-los me encheu de alegria, e me perguntei se isso seria um sinal de que boas notícias estavam por vir.

Não há muito mais a dizer sobre o coronavírus. Os números continuam em zero. E esperamos que fiquem assim; se isso continuar por mais 14 dias, nós poderemos voltar a sair. Apesar disso, há outras notícias on-line bastante preocupantes, e que estão se espalhando bem rápido. Uma das notícias informa que há 20 novos pacientes com o vírus no Hospital Tongji, mas o hospital hesita em revelar oficialmente esses casos. Enviei essa informação a dois amigos médicos para saber a opinião deles a respeito. Um deles disse que era simplesmente um mal-entendido. Agora que há um grande número de pacientes recebendo alta dos hospitais, alguns dos

DIÁRIOS DE WUHAN

pacientes restantes estão sendo transferidos para outros hospitais maiores, designados para o tratamento do coronavírus. Mas esses não são novos pacientes, eles são apenas pacientes que foram transferidos recentemente. Meu outro amigo médico foi mais direto: "Em um sistema rígido, ou você diz a verdade ou sai de cena".

Há um post que está sendo furiosamente repassado pelos internautas. Está relacionado a um paciente que recentemente testou positivo para coronavírus após receber alta do hospital, e agora enfrenta dificuldades para ser readmitido. Esse incidente provocou muito medo entre as pessoas. E mais uma vez procurei os meus dois amigos médicos e pedi suas impressões a respeito. Um deles confirmou que houve de fato um caso de reinfecção, mas que isso é extremamente raro. O outro tinha uma compreensão mais abrangente desse caso em particular. Ele explicou que os hospitais designados como centros de tratamento do coronavírus haviam mudado, e por isso o paciente acabou no hospital errado, que não era um dos centros de tratamento escolhidos. Depois ele entrou em contato com um administrador que conhecia e o convenceu a aceitá-lo. Meu objetivo não é checar se os relatos desses médicos condizem com o do paciente; eu só estou transmitindo de maneira exata o que os médicos me disseram.

Se os hospitais escolhidos como centro de tratamento para o coronavírus foram mudados, sugiro que essa informação seja transmitida ao público de maneira clara e ampla. Todas as mudanças desse tipo deveriam ser informadas ao público imediatamente.

Mais notícias ruins acabam de chegar do Hospital Central: Liu Li, membro do Comitê de Ética Médica, morreu essa manhã, vítima do novo coronavírus. Ela é a quinta médica do Hospital Central a morrer dessa doença. Eu não sei como os administradores do hospital ainda permanecem em seus cargos.

Ontem, um monte de gente escreveu cartas em resposta a uma certa "estudante do ensino médio", e isso parece ter continuado até o dia de hoje. E hoje apareceu até uma carta on-line intitulada "Carta de um grupo de estudantes do ensino médio para outra estudante do ensino médio". No início eu não prestei muita atenção a isso; achei que fosse alguma brincadeira. Por isso fiquei bastante surpresa quando um amigo me disse que essa carta foi realmente escrita por um grupo de estudantes do ensino

228

médio. Isso atiçou a minha curiosidade, então decidi ler o texto. A primeira coisa que percebi foi que esses estudantes do ensino médio eram de fato bem diferentes *daquela outra* "estudante do ensino médio". Não apenas quanto ao nível da escrita, mas inteiramente diferentes, em todos os níveis. No texto deles havia um trecho que eu não posso deixar de mencionar aqui: "O que nós realmente queremos dizer é que em muitos casos o problema não se resume a prestar atenção demais ao lado obscuro das coisas; na verdade ele se deve à nossa ênfase excessiva nas coisas brilhantes e positivas — algumas vezes esse brilho pode ser tão ofuscante que prejudica a nossa capacidade de ver as coisas claramente". Acho que essas crianças não são tão vulneráveis quanto imaginei que fossem. Sem dúvida elas têm grande capacidade de pensar de forma independente. E também mostram um grande poder de observação.

Ontem pensei em escrever sobre os debates literários dos velhos tempos. Até coloquei algumas coisas no papel; mas então eu vi aquele artigo difamatório publicado na *Web Investigativa*. Entrei em contato com um advogado para apresentar provas, caso fosse necessário abrir um processo por difamação. Essa tarde eu recebi várias mensagens informando-me que o artigo publicado na *Web Investigativa* por Qi Jianhua já havia sido retirado. Ele certamente sabia que havia publicado um material ilegal, e o fato de tê-lo deletado indicava que de algum modo ele sabia que estava errado. À tarde, porém, alguns extremistas de esquerda de Xangai resolveram expressar a sua dificuldade em aceitar esse resultado; começaram a espernear e a gritar, afirmando que Fang Fang não teria coragem de processar, ela não se atreveria! Que reação interessante. Então vamos lá: não deletem o artigo e veremos o que acontece!

Eu realmente quis continuar o debate sobre literatura de ontem; minha intenção era começar de onde havia parado e chegar até os dias de hoje. Mas então eu recebi outro artigo, enviado por um amigo, o que mais uma vez me interrompeu.

Parece que o professor Zhang Yiwu,* da Universidade de Pequim, agora resolveu aparecer pessoalmente para opinar a respeito dos acontecimentos,

---

* Zhang Yiwu é crítico literário e acadêmico de estudos culturais na Universidade de Pequim.

ele é sem dúvida um intelectual de peso. É ele quem tem dado apoio ao grupo que me ataca? Ou tem orientado esses ataques? Isso é algo que eu não posso ignorar. Ouvi dizer que o professor Zhang publicou um artigo no Weibo, mas eu ainda não tive tempo de lê-lo. De qualquer modo, vou postar apenas um trecho que um amigo me encaminhou para fins de registro:

> Há uma escritora que se dedica a escrever um diário sobre a epidemia. Ela tem lançado críticas e suspeitas de todo tipo sobre uns autores de certas cartas, dizendo quão sombrios eles são e dando a entender que eles todos seguem ordens vindas de algum lugar. Também houve uma carta de uma estudante anônima do ensino médio que ela criticou por ser muito estúpida etc., etc. Se vocês quiserem saber por que as pessoas não confiam no diário dela, eu serei totalmente franco: isso acontece porque no auge da epidemia ela, empregando um estilo de reportagem, descreveu uma fotografia de uma pilha de telefones celulares no chão de um crematório. Somos informados de que a foto foi enviada a ela por um dos seus amigos médicos. Isso atraiu enorme atenção para o diário dela, e tornou-se o incidente que lhe granjeou um grande número de seguidores.
>
> Entretanto, muitas pessoas desconfiam desse incidente; algumas delas nem mesmo acreditam que essa fotografia exista. A autora vem se negando sistematicamente a abordar essa questão; em vez disso ela sempre se desvia dela, dizendo a todos que há lá fora pessoas tentando incriminá-la. Mas o ponto crucial é que todo escritor deve se pautar por uma linha de conduta básica quando busca a verdade. Você não pode sacrificar os princípios básicos da dignidade humana; você não pode fabricar informação para ludibriar leitores ingênuos que confiam em você. De mais a mais, em situações decisivas como essa em que nos encontramos, a atitude de fabricar fatos certamente não será tolerada; é uma atitude típica de pessoas desprovidas de consciência, e o escritor que comete tal abuso fica marcado pela eterna vergonha.

Lendo os comentários do professor Zhang, fica evidente para mim que ele nem mesmo leu o meu diário. Quem sabe, talvez, ele tenha lido um resumo que alguém preparou para ele? Um resumo escrito sob medida para o seu gosto específico. Tomemos, por exemplo, a frase "também

MARÇO

houve uma carta de uma estudante anônima do ensino médio que ela criticou por ser muito estúpida". Eu jamais disse nada parecido. Ele também escreve: "Se vocês quiserem saber por que as pessoas não confiam no diário dela". Fiquei intrigada com essas "pessoas" às quais ele se refere. De quantas pessoas estamos falando? Ele se refere especificamente às pessoas do seu círculo? Como poderia o professor saber algo a respeito do número de pessoas que confia em mim? Se eu seguisse os métodos do professor Zhang para fazer julgamentos e deduções, então eu poderia dizer que jamais conheci ninguém no âmbito da literatura ou da academia que confiasse no professor Zhang. E temos também aquele trecho sobre fabricar "informação para ludibriar leitores ingênuos que confiam em você". Com essa linguagem tão categórica, será que o professor não está passando um pouco dos limites com as coisas que ele próprio fabrica? Mas tudo bem, ele sempre foi bastante agressivo na maneira como força o seu ponto de vista. Quando elogiou Zhou Xiaoping, apontando-o como um maravilhoso modelo de conduta para os jovens, a linguagem do professor Zhang também foi bastante excessiva; uma linguagem tão exagerada e elogiosa que fez parecer que Zhou Xiaoping era *mais qualificado* para ensinar na Universidade de Pequim do que o próprio professor Zhang.* Na verdade, o professor gosta de usar a sua própria mente banal para especular a respeito de outras pessoas, e no passado ele também pagou um preço por isso. Ele acusou um famoso escritor de "plagiário", mas acabou perdendo o caso, e tudo o que conseguiu foi envergonhar a si mesmo a ponto de nem conseguir mais encarar as pessoas.

Quanto à fotografia, eu já expliquei o caso detalhadamente em um post anterior. É uma verdadeira vergonha que o professor nem sequer tenha se dado ao trabalho de ler o que escrevi. Se viesse a Wuhan, talvez o professor Zhang compreendesse a real situação em primeira mão; então ele tomaria conhecimento de coisas importantes. A informação está aqui, à disposição do professor e de outros que desejem entender o que está acontecendo. Se não quiserem saber a verdade, é escolha de vocês.

---

* Zhou Xiaoping é um ensaísta e blogueiro popular, conhecido por seus artigos de teor nacionalista.

DIÁRIOS DE WUHAN

Antes de encerrar, quero frisar uma coisa: a presença dessa ultraesquerda representa uma ameaça existencial à China e ao seu povo. Se a Era da Reforma fosse destruída por eles, isso seria o derradeiro tapa na cara de toda a minha geração. Então podem vir para cima de mim com tudo o que vocês têm, tragam todos os seus truques sujos, e digam a esses medalhões que apoiam vocês que mostrem a cara também! Vamos ver se me metem medo!

21 DE MARÇO DE 2020

A epidemia de coronavírus parece ter se estabilizado, mas os corações das pessoas não.

Nós completamos agora 59 dias de quarentena. Isso é muito tempo. Ontem o sol estava radiante, mas hoje está subitamente coberto de nuvens. Houve até uma chuva leve à tarde; mas nessa época do ano as plantas e árvores do meu quintal precisam desesperadamente dessa chuva. Dois ou três dias atrás, as cerejeiras do campus da Universidade de Wuhan desabrocharam. O campus deve estar vazio. Existe algo de perfeitamente belo num campo de cerejeiras desabrochando e nenhum ser humano à vista.

O céu estava extremamente escuro, e ao entardecer, quando desci até o portão principal para pegar um pacote, caía um leve chuvisco de primavera. Eu estava sem guarda-chuva, mas foi ótimo deixar que a chuva caísse sobre mim. Assim que cheguei à porta de casa, a chuva fraca tornou-se subitamente uma chuvarada; se me demorasse mais um pouco para voltar para casa, eu acabaria ensopada. Tive sorte.

A epidemia de coronavírus parece ter se estabilizado, mas os corações das pessoas não. As pessoas estão apavoradas com a possibilidade de que pacientes que se recuperaram da infecção por coronavírus sejam reinfectados; elas têm grande temor de que os hospitais não divulguem novos casos para não estragar o seu perfeito registro de "zero" novas infecções. Decidi perguntar sobre esses assuntos ao meu amigo médico, e ele me deu uma

232

resposta clara. Eu vejo na internet que muitas pessoas continuam bastante preocupadas com a situação. Esse vírus opera de maneiras estranhas; é ardiloso, é esquivo, e ainda há muitas incógnitas a respeito da sua ação. As pessoas estão apavoradas, principalmente nós que estamos em Wuhan. Contudo, aconteça o que acontecer nós precisamos nos manter calmos e controlados. Entrar em pânico é inútil; eu acredito que a terrível situação que tivemos de enfrentar no início deveu-se em certa medida ao estado de pânico em que fomos lançados. Qualquer um que sentisse a mais leve febre corria direto para o hospital; em consequência disso, muita gente que não tinha o novo coronavírus acabou infectada porque foi ao hospital.

Agora que a epidemia chegou ao seu estágio atual, as coisas estão mais ou menos estabilizadas e não há necessidade de pânico. Os hospitais agora têm experiência suficiente para tratar pacientes infectados pelo novo coronavírus; por isso, pacientes recentemente infectados ou novamente infectados não precisam se alarmar como antes — só precisam passar pelo tratamento. O período entre o inverno e a primavera já era época de gripe, que é também contagiosa; mas todos nós não passamos por isso? De acordo com o dr. Zhang Wenhong,* um médico de Xangai, o índice de mortalidade do novo coronavírus é de menos de um por cento. Se isso for verdade, não há motivo para ter tanto medo. Os pacientes nos hospitais temporários não estavam cantando e dançando? No momento em que receberam alta, todos pareciam felizes a não mais poder, como se essa doença não fosse diferente de nenhuma outra.

Por outro lado, estou encontrando problemas para entender esse desejo de manter todos os números em zero. Qual é a grande diferença entre um e zero, afinal? Eu sinto que nem o governo nem a população deviam se prender tanto assim a essa questão. Em tempos de normalidade, sempre há várias doenças infecciosas em toda parte; tudo o que precisamos fazer é ter

---

* Zhang Wenhong é médico, e é diretor e secretário da Divisão do Partido do Departamento de Doenças Infecciosas do Hospital Huashan, em Xangai, que é afiliado à Universidade Fudan. Durante a epidemia de COVID-19, o dr. Zhang foi o líder do Grupo de Especialistas em Tratamento Médico de Xangai. Em fevereiro de 2020, ele fez comentários controversos na mídia a respeito da origem do vírus. Depois, em abril, ele recebeu mais críticas quando sugeriu que as crianças chinesas recebessem leite e ovos no café da manhã, em vez de mingau; isso foi interpretado como um gesto de "veneração ao Ocidente".

DIÁRIOS DE WUHAN

cautela, e buscar ajuda médica se ficarmos doentes. Não venham me dizer que se chegarmos a zero poderemos todos voltar ao trabalho, mas que um único caso confirmado afetará a nossa capacidade de voltar ao normal! Não podemos resolver o problema simplesmente colocando esse único paciente em quarentena no hospital? Nós não podemos ter sempre um zero perfeito; algumas vezes a perfeição simplesmente não é útil.

No que se refere a medidas de precaução contra o novo coronavírus, confio no julgamento do dr. Zhang Wenhong. De acordo com o dr. Zhang, há medidas de prevenção que nós podemos tomar. Precisamos adotar medidas de proteção pessoal eficazes, como praticar o distanciamento social, lavar as mãos com frequência e usar máscara facial; todas essas três medidas são essenciais. O dr. Zhang disse: "Até o momento, nós não vimos um exemplo sequer de alguém que tenha se infectado depois de implementar de modo cuidadoso e sistemático essas três medidas. Se você seguir essas orientações, é muito pouco provável que seja infectado". O Japão teve grande sucesso no controle do coronavírus, e um dos maiores motivo para isso, segundo dizem, foram os altos padrões de higiene do povo japonês. Isso faz sentido; se você viajar ao redor do mundo, dificilmente encontrará um país mais limpo que o Japão. Seja como for, adotar padrões rigorosos de higiene pode evitar uma série de doenças.

Desde o surgimento da epidemia, conceitos como "amor" e "bondade" não parecem mais tão vazios como antes. Agora as pessoas são capazes de ver com clareza o real significado do verdadeiro amor e da verdadeira bondade. É simplesmente uma vergonha que algumas pessoas insistam em gritar essas palavras, mas não movam um músculo para colocá-las em prática quando têm a oportunidade. Essas pessoas são usadas para entusiasticamente expressar amor e bondade como conceitos politizados, vazios; mas se você as transportar para o mundo real com seus conceitos, não verá um pingo de paixão. Não sentirá nem o mais leve calor. Nos últimos dias eu vi alguns vídeos em que pessoas xingavam e insultavam chineses que acabavam de retornar do estrangeiro; vi também imagens de pessoas de outras províncias envolvendo-se em conflitos ferozes com trabalhadores de Hubei que haviam acabado de desembarcar para voltar ao trabalho. Esses vídeos me deixaram estupefata. Por que eles não podem amar essas pessoas com a mesma intensidade com que amam o seu país?

MARÇO

Eu gostaria de registrar mais algumas coisas. Vários países estão agora realizando pagamentos em dinheiro aos seus cidadãos a fim de ajudá-los a atravessar esse período difícil. Essa notícia viralizou na web; e é admirável a maneira como eles estão distribuindo o dinheiro. As pessoas estão perguntando se a China também fará pagamentos desse tipo aos seus cidadãos. Vão fazer isso em Hubei? Ouvi dizer que em Wuhan teríamos políticas específicas para auxílio a grupos desfavorecidos.

A essa altura, os hospitais começam a reabrir aos poucos todos os seus departamentos. Mas não tenho certeza se eles estão trabalhando no mesmo ritmo em que estavam antes que a epidemia iniciasse. Mas essa é na verdade uma tarefa extremamente urgente. Em tempos normais, esses hospitais estão sempre repletos de pacientes. Nos dois últimos meses, porém, todos os pacientes com necessidades médicas urgentes e doenças crônicas adiaram os seus tratamentos, e terão de esperar até que a situação do coronavírus seja resolvida. Ocorre que o preço de toda essa espera será a piora na saúde dessas pessoas. Por exemplo, pacientes com câncer que interromperam a quimioterapia devido ao coronavírus — o que vai acontecer com eles? E quanto aos pacientes com cirurgia marcada que tiveram o procedimento adiado — eles ainda conseguirão realizar a sua cirurgia antes que seja tarde?

Um dos meus amigos me enviou uma carta escrita por alguém que relatou a experiência da irmã. Essa pessoa contou que a sua irmã costumava praticar Tai Chi todos os dias, mas depois de mais de 50 dias presa em casa ela acabou sofrendo um derrame. Eles ligaram para a emergência, mas nenhum hospital pôde atendê-la logo. Quando finalmente conseguiram atendimento para ela num hospital, foram obrigados a testá-la primeiro para o novo coronavírus. Quando os resultados do teste saíram, descartando coronavírus, a fase crucial para que a vida dela fosse salva já havia passado, e ela morreu uma semana mais tarde. O autor da carta disse: "Eu preciso desabafar. Por um lado, preciso de uma válvula de escape para toda a tristeza e a raiva dentro de mim; porém, o mais importante é que eu preciso que as pessoas que estão no comando aqui em Wuhan saibam que é extremamente importante que os hospitais retomem as suas operações normais. O transporte público em Wuhan está voltando a funcionar, mas e quanto aos hospitais? Nós precisamos nos precaver contra o vírus, mas também precisamos que as coisas voltem ao normal; se os hospitais não retornarem às suas atividades normais haverá um grande número de mortes criminosas e desnecessárias nessa cidade! A mãe da minha cunhada tinha câncer no canal biliar, ela não podia comer, e não teve nenhum auxílio médico; nós ligamos para a emergência inúmeras vezes, mas ninguém atendeu. Ela morreu de dor no segundo dia do Ano-Novo Lunar. Antes da quarentena, esses líderes inúteis não sabiam como lidar com essa crise; agora, com quase dois meses de quarentena, eles ainda não têm absolutamente nenhuma política específica para socorrer o grande número de moradores idosos que sofrem de condições crônicas de saúde, nem para socorrer pacientes de câncer, tampouco para socorrer aqueles que lidam com manifestações de doenças agudas. Sem dúvida a situação como um todo é terrível!".

Ver as pessoas ao seu redor morrerem uma após a outra é de fato uma experiência horrível. A falta de opções de tratamento para pacientes com doenças crônicas e agudas tornou-se um problema real e urgente. Levei essa questão ao meu amigo médico para que ele me transmitisse a sua opinião a respeito. Comecei perguntando a ele: "É verdade que todos os pacientes comuns que procuram um médico precisam primeiro fazer exame de sangue para que se verifique se são ou não positivos para o novo coronavírus, e só podem dar entrada depois desse passo?". O meu amigo respondeu: "Nós implementamos medidas de segurança para todos os pacientes não coronavírus que chegam para tratamento; nós implementamos medidas de segurança que incluem a criação de zonas de proteção especiais em cada hospital. Quando há um paciente suspeito de portar coronavírus, nós o encaminhamos para uma sala de quarentena; uma vez descartado o coronavírus, o paciente é transferido para uma sala na zona de proteção. Cada paciente tem seu nível de ácido nucleico e anticorpos checado e passa por uma tomografia computadorizada. Quanto a pacientes que sofrem infarto do miocárdio ou derrames, nossos neurologistas e cardiologistas os levam diretamente para a sala de emergência do hospital a fim de administrar procedimentos de salvamento — eles não esperam pelos resultados dos testes de detecção de coronavírus".

Meu amigo médico receia que os relacionamentos entre médico e paciente comecem a se tornar tensos devido ao aumento dos custos dos pacientes em virtude de todos os testes adicionais. Nas palavras dele: "Por que você acha que o público está tão contente com o tratamento que tem recebido contra o novo coronavírus? É porque o governo está pagando as contas. Para uma família de baixa renda, 1.000 yuans é uma despesa enorme. O custo só para os testes de avaliação iniciais é de aproximadamente 1.000 yuans, e isso não significa que você será prontamente admitido; isso tem gerado muita raiva contra médicos de emergências que trabalham nas linhas de frente. Atualmente, todos os pacientes passam pela emergência para visitas normais; a emergência está funcionando basicamente como ambulatório. Hoje, em toda a cidade de Wuhan, você só pode entrar no plano de reembolso de convênio médico normal se for admitido no hospital. Quando os pacientes dão entrada, espera-se que eles paguem adiantado e sejam reembolsados mais tarde. Quando o governo cobre esses gastos de maneira antecipada, nós temos menos pacientes furiosos gritando conosco. Mas quando os pacientes são forçados a pagar a conta, os médicos acabam levando a culpa".

Os sofrimentos que a população tem enfrentado e a posição difícil em que os médicos se encontram estão expostos bem diante dos nossos olhos. E essa situação não é menos séria do que quando o coronavírus estava em seu auge. Para resolver esses problemas, nós precisamos agir de maneira rápida e decidida. Espero que os profissionais consigam sugerir estratégias que funcionem, para que seja encontrada uma solução para essas questões. Por exemplo: por que não suprimir todas as taxas associadas aos exames de detecção de coronavírus, independentemente da doença do paciente?

22 DE MARÇO DE 2020

As chamas continuam a arder, mas quando os ventos da primavera soprarem a vida retornará.

Este é o 60º dia de *lockdown*; esses dias foram inacreditáveis.

A chuva na noite passada foi bem forte, mas hoje o céu se abriu. As comunidades sem casos de coronavírus estão aos poucos voltando à normalidade; hoje eu até ouvi o som de uma criança rindo lá fora — um som que não escuto há muito tempo. Contanto que limitem a quantidade de tempo que passam fora de casa, os habitantes têm permissão para se deslocar para além dos estabelecimentos locais para fazer compras; mas ainda se recomenda que as pessoas evitem horários de pico. Há horários especiais de compras para pessoas de mais idade, pela manhã; já os mais jovens são encorajados a irem às compras no período da tarde. Há também recomendações para que as pessoas mantenham uma distância de 1,5 metro entre si nas filas dos estabelecimentos.

Após dois meses de silêncio, Wuhan começa a relaxar e a respirar de novo; o som do tráfego frenético logo retornará às nossas ruas e vielas. Vai levar ainda algum tempo até que Wuhan tenha de volta a sua velha animação, mas já é bom poder sair.

A autorização oficial para a abertura da cidade ainda não foi dada, mas a porta está começando a se abrir. Instruções para o retorno a Wuhan foram enviadas tanto para o pessoal de Wuhan como para o pessoal de outras províncias. Essas notícias são realmente maravilhosas. Meus dias de sofrimento estão para acabar. Marquei uma consulta para amanhã no veterinário, pois o problema de pele do meu cachorro já não pode mais esperar. O céu subitamente parece brilhante de tão claro. Como eu preciso ir regularmente ao médico, comecei a me informar acerca da atual situação para marcar consultas em lugares como o Zhongnan Hospital, ao qual costumo ir. Embora o ambulatório deles ainda esteja fechado, a ala de emergência voltou a funcionar.

Eu estava varrendo o meu quintal à tarde quando Y, filho de um amigo que é vizinho de porta, perguntou-me se eu poderia conversar um pouco com alguns dos seus amigos voluntários. Recusei a oferta gentilmente; havia tarefas demais à minha espera. Eu não tinha mesmo tempo. Mas eles me falaram rapidamente sobre o seu grupo de voluntários. Eu adicionei Y como amigo no meu WeChat para me informar sobre o grupo e saber que Wuhan tinha um grupo de voluntários chamado "Equipe Sombra". Eles trabalharam como voluntários pela cidade desde o primeiro dia de confinamento. Os membros dessa equipe são todos pessoas comuns, das mais diferentes classes sociais. No momento, sua principal missão é entregar alimentos para moradores de algumas regiões menores da cidade.

MARÇO

Agora que a ameaça do vírus chegou ao fim, há muitos outros países mergulhando no abismo do coronavírus. Um dos meus amigos médicos compartilhou uma notícia comigo hoje: "Quinhentos médicos sino-americanos formaram um grande grupo, que inclui todos os tipos de médicos diferentes". Todos são médicos da linha de frente. Eles planejam reunir e organizar as questões e temas mais importantes. Quando os resultados estiverem prontos, eles também organizarão discussões para entenderem as típicas histórias de casos de pacientes do novo coronavírus, a fim de aprofundar a nossa compreensão dessa doença para os seus colegas do mundo todo. Meu amigo médico disse: "A China descobriu uma série de métodos eficazes com os quais o mundo inteiro pode aprender. Se nós pudermos fornecer alguma ajuda nesse campo, talvez o ódio contra o povo chinês diminua. Nós estamos tentando transformar algo negativo numa coisa positiva". Ele acrescentou: "Esse projeto está sendo conduzido pelo Hospital Geral de Massachusetts, que é associado à Universidade Harvard. Eu vi essa notícia num grupo no WeChat; os Estados Unidos estão bastante impressionados com o que eles estão fazendo".

Essa novidade foi a coisa mais animadora que ouvi hoje. Esse vírus é o inimigo comum da humanidade; a única saída que temos é nos unir para superarmos juntos esses tempos difíceis. Isso é o que mais importa nesse momento. Os médicos ao redor do mundo podem agora usar a internet para discutir conjuntamente quais remédios são mais eficazes, e compartilhar informações sobre os métodos de tratamento mais adequados para pacientes com coronavírus. Os médicos de Wuhan poderão fornecer ainda mais informação, e a informação mais confiável, já que eles passaram por todo o processo, desde o período inicial de folga até o ponto em que o sistema inteiro quase entrou em colapso.

Mas como anda a vida das pessoas comuns hoje em dia? Ontem conversei com o meu irmão, e ele me enviou mais textos do diário da minha cunhada sobre a vida em quarentena. Sua preocupação anterior com compras on-line deu lugar a outras coisas; um desses textos relata o que acontece quando você precisa de ajuda médica. Eis aqui um trecho desses escritos:

18 de Março: Na noite passada Z teve dor de dente, e no meio da noite ele se levantou e passou um creme medicinal no seu dente; mas isso pareceu aliviar a dor só um pouco. Na manhã seguinte, além de passar mais creme, ele também tentou bochechar água com sal, mas o mal-estar continuou grande. Ainda bem que Z conseguiu manter a calma e examinar com cuidado a sua boca; ele descobriu que na verdade não se tratava de um problema no dente, e sim de uma afta na gengiva. Eu lembrei que havia um spray para tratar aftas, então rapidamente o coloquei em contato com a farmácia pelo WeChat, e nós compramos sem dificuldade o spray, bem como um produto da medicina oriental chinesa que promete aliviar o calor interno. Quando recebi os medicamentos, fiquei bem mais aliviada. Na atual situação é muito difícil ir ao hospital. Z sofre de uma séria doença crônica, por isso o que mais me preocupa no momento é que a sua doença se manifeste de repente e ele precise de um hospital.

Descer até o portão de entrada para apanhar os medicamentos foi bastante agradável, porque permitiu que eu tivesse cinco minutos de luz do sol. Que delícia! Hoje as nossas refeições consistiram de sopa ou alimentos que não irritassem a boca de Z. O remédio que eu comprei é fácil de usar; basta borrifar na boca uma vez a cada duas horas. O medicamento da medicina chinesa tem de ser tomado como bebida quente, três vezes por dia; vou começar a administrá-lo amanhã. À tarde, a boca de Z já estava bem melhor.

19 de Março: Hoje é o nosso 59º dia em quarentena. A afta na boca de Z parece bem melhor. Acho que nós compramos o remédio certo. Para o almoço, eu requentei o pato curado e a sopa de rabanete chinês de ontem, mas coloquei também couve e outros ingredientes. Junto com uma tigela de arroz, isso vai dar uma refeição bem nutritiva.

O velho companheiro de L teve um derrame no ano passado; a princípio não pareceu nada sério, e ele teve uma recuperação decente, mas todo o processo foi muito estressante para ele, e uma depressão prolongada o atingiu. No decorrer dessa extensa quarentena, os dois começaram a se irritar um com o outro. Na última vez em que me enviou mensagem pelo WeChat, ela me disse que a situação estava péssima. Todos estão empolgados hoje, já que o número de novos casos acaba de cair para zero; então eu pensei em procurá-la para saber como ela e o marido estavam passando. A

MARÇO

primeira coisa que L me disse foi que ela começou a chorar sem parar assim que viu que o número de casos caíra para zero. Jamais imaginei que ela fosse reagir dessa maneira tão intensa.

Antes que eu tivesse a chance de lhe contar algo a respeito da minha vida, ela simplesmente descarregou uma tonelada de queixas em mim: "Deus me ajude, nós não podemos continuar assim! Estamos presos juntos nessa casa todo dia. O dia inteiro ele só pensa em sua doença, ele é um total hipocondríaco, minha nossa, eu estou tão frustrada! Dia após dia dentro de casa e ele só fala nessa doença voltando! Fica balbuciando que quer ir para o hospital, mas ao mesmo tempo tem pavor de ir; no final das contas ele fica em casa com a mente fixada nessa doença. Está tão mergulhado nisso que não consegue nem dormir. Pode acreditar, ainda vou ter um colapso nervoso por causa desse velho!".

Hoje é um dia que vale a pena comemorar: é o 60º dia de quarentena. Várias pessoas entraram em contato comigo hoje, pedindo-me para parar de escrever. Elas provavelmente se assustaram em face do grande número de pessoas que agora me atacam pela internet. Na verdade, eu pretendia escrever somente 54 capítulos — um perfeito baralho de cartas de pôquer. Mas eu não parei no 54º dia; em vez disso, decidi ir até o dia 60. Hoje, todos os meus amigos parecem achar que o nível de perigo aumentou. Estou começando a sentir isso. Essa tarde, o número de pessoas me atacando aumentou enormemente, parece ter dobrado. Os meus amigos provavelmente sabem quem são essas pessoas que me atacam.

Alguns anos atrás, havia um slogan bem popular na internet: "Quando o Emperor's Bar parte para uma excursão, não cresce nem mesmo uma única folha de grama."* Na época eu também pensava que toda essa controvérsia fosse algo muito importante, e até passei adiante alguns posts sobre isso. Alguém no meu grupo de amigos também repassou uma "ordem"

---

* Esse slogan está relacionado a um incidente político on-line ocorrido em 2016. "Emperor" é o apelido online de Li Yi, um sociólogo chinês que foi educado nos Estados Unidos e tem forte presença na China, na plataforma Baidu. Em 2016, membros do Emperor's Bar lançaram uma campanha publicitária em plataformas de mídia social internacional como o Facebook a fim de promover a unificação chinesa com Taiwan e criticar o movimento de independência de Taiwan.

241

enviada da conta oficial do Weibo do Emperor's Bar. Essa conta listava uma série de artigos sobre mim. Agora, sim, a coisa ficou importante. De algum modo, o Emperor's Bar vê agora motivos para que eu seja sua inimiga? No ano passado, esse grupo apoiou aqueles que mobilizam grupos de pessoas para usar obscenidades radicais com propósitos nacionalistas. Na época, eu os critiquei publicamente e a minha conta acabou suspensa por causa disso. O Emperor's Bar tem um grupo de 10 milhões de seguidores on-line — um número enorme. Suponho que o poderoso Emperor's Bar não deixaria passar impune tal ofensa da minha parte.

A primavera é a estação do despertar; é também a estação da esperança. O despertar e a esperança estão contidos em um poema que começa assim: "As chamas continuam a arder, mas quando os ventos da primavera soprarem a vida retornará".*

23 DE MARÇO DE 2020

Todas essas perguntas permanecem sem resposta.

É o 61º dia de quarentena. Comecei a publicar este diário no Weibo no Dia Um do Ano-Novo Lunar (25 de janeiro); isso aconteceu cinco dias depois do início do *lockdown*.

O dia está bem claro e a temperatura é perfeita. Essa tarde finalmente pude levar o cachorro ao veterinário. Já não era sem tempo: seu problema de pele está se alastrando. O ferimento no meu dedo também está bastante feio; preciso mandar examinar isso. O veterinário me enviou um vídeo do meu cachorro; disse que ele estava tão sujo que a banheira de água ficou completamente preta! Também me disse que seria preciso raspar o pelo dele para tratar seu problema de pele. Esse cão nasceu na véspera de Natal de 2003; no fim deste ano ele fará 17 anos — uma idade avançada

* Verso de um poema icônico de Bai Juyi, que remonta à Dinastia Tang.

MARÇO

para um cachorro. Todos os outros cães que eu tive nessa época já morreram faz muito tempo. Só ele sobreviveu. Ele ainda tem apetite e ainda gosta de brincar, mas já não enxerga direito e também não ouve muito bem. Agora que ele está sendo bem cuidado e que as coisas começam a voltar ao normal, eu posso finalmente ficar tranquila.

Lá fora, nas ruas, os ônibus estão sendo testados antes de começarem a rodar de novo, e na estação de metrô eles estão limpando e desinfetando tudo; é a preparação para que tudo volte a funcionar. As pessoas estão passando essa informação umas para as outras, e nós todos estamos muito ansiosos para ver a cidade voltar à vida. Quanto aos números que nos aterrorizavam todos os dias, eles estão agora em zero, como nos últimos cinco dias seguidos.

Essa manhã, logo cedo, meu irmão adicionou no nosso grupo de bate-papo uma foto de alguém em sua vizinhança oferecendo cortes de cabelo de dez minutos, e fazendo esse trabalho numa área bem diante da janela do meu irmão. O dia está ensolarado hoje, e os habitantes fizeram uma longa fila para serem atendidos, mantendo entre si uma distância de cerca de um metro.

Depois de ficar trancado em seu apartamento por mais de 60 dias, hoje o meu irmão parece mais relaxado. Para alguém como ele, que tem diversos problemas de saúde, ter passado esses dois meses sem ficar doente é realmente uma dádiva de Deus.

Segundo o prefeito Zhou, pouco antes do Ano-Novo Lunar cerca de cinco milhões de pessoas deixaram Wuhan. Alguns dias atrás foi comunicado que essas pessoas poderiam retornar agora à cidade se tivessem um certificado de saúde QR Code. Minha faxineira me enviou uma mensagem avisando-me de que provavelmente voltaria em um dia ou dois. Alguns velhos colegas meus que acabaram ficando na ilha de Hainan continuam me mandando fotos em que aparecem curtindo a praia. Antes da epidemia, nós tínhamos planos de nos reunir para comer frutos do mar. Nós ficamos presos em casa, eles tiveram de ficar fora da cidade, mas agora todos eles podem começar a voltar a Wuhan.

Disseram-me que é relativamente fácil entrar em Wuhan nesse momento, mas sair é muito mais difícil. Isso me traz à lembrança as pessoas que visitavam Wuhan logo antes da quarentena: o que aconteceu a elas? Elas ainda estão aqui? Suspeito que os dois meses em que elas ficaram detidas aqui em Wuhan tenham sido o período mais difícil das suas vidas. Quantas pessoas há em Wuhan nessa mesma situação? Provavelmente não temos números precisos com relação a isso. Mas eu descobri que esses números devem ser bastante significativos; e a maioria dessas pessoas ainda está aqui. Por enquanto, nenhum dos serviços de transporte de Wuhan retomou os trabalhos de transportar para fora da cidade; isso significa que nenhum avião, trem, ônibus ou automóvel privado tem permissão para deixar os limites da cidade. Eu me pergunto como essas pessoas que não são de Wuhan e que acabaram presas aqui na cidade — e os seus familiares preocupados — suportaram atravessar esses dois meses. Nem é possível imaginar como isso deve ter sido difícil.

Meu vizinho Y me contou que dois dos voluntários da sua "Equipe Sombra" são na verdade visitantes que ainda não voltaram para casa; um deles é de Nanning, na Província de Guangxi. Quando ele soube da epidemia em Wuhan, veio rápido para cá a fim de se oferecer como voluntário. Quando chegou aqui, a quarentena foi decretada; e ele acabou preso aqui. O outro voluntário é de Guangdong, e também não tem como voltar para casa. A equipe de voluntários providencia seu alojamento e alimentação, e também pretende comprar para eles passagens de trem para que possam voltar para casa quando tudo isso acabar.

Durante a epidemia, os pobres infelizes que não são de Wuhan e que acabaram presos aqui na cidade durante a quarentena foram completamente marginalizados. Por um longo tempo ninguém nem mesmo pensou neles. Foi só bem depois do início do surto que um repórter descobriu que algumas pessoas estavam vivendo em passagens subterrâneas para pedestres, sem ter o que comer nem o que beber. Wuhan começava a perceber que havia um grupo de pessoas na cidade que estava praticamente morando na rua. A situação delas era de fato trágica. Depois que a reportagem a respeito disso foi publicada, o governo entrou em cena e ofereceu algumas alternativas de moradia para essas pessoas.

Às vezes eu penso que se existissem mais pessoas ponderadas no mundo, talvez elas pudessem ajudar o governo a encontrar maneiras de enviar essa gente para casa um pouco mais rápido. Por exemplo: nós poderíamos realizar um censo examinando o certificado de saúde via QR Code, determinar de que província eles são, e então enviá-los de ônibus para casa,

MARÇO

para as suas respectivas capitais provinciais. Depois eles poderiam ser colocados em quarentena, e 14 dias depois receberiam permissão para voltar para casa. Não seria difícil de implementar esse tipo de política. Se você pode imaginar isso, então pode fazer. Essa seria uma alternativa simples para resolver o problema, e talvez tirasse um grande número de pessoas dessa situação desesperadora. Sendo assim, o que nos impede de tentar?

Desde ontem circulam notícias sobre o fato de Pequim se recusar a deixar pessoas de Hubei entrarem na cidade. Eu custo a acreditar que tal coisa seja verdade. Eu simplesmente não entendo que diferença pode haver entre uma pessoa saudável de Hubei e uma pessoa saudável de Pequim. Se Pequim realmente se recusa a deixar que habitantes de Hubei entrem na cidade, a população de Hubei sofrerá por isso, mas certamente não terá motivo nenhum para se envergonhar. As pessoas que sugerem e adotam essas políticas de exclusão é que deveriam sentir vergonha. A nossa civilização inteira também deveria sentir vergonha, é claro. De qualquer modo, espero que haja algum engano nessa informação; mas vale a pena registrá-la no meu diário.

Hoje também surgiram algumas notícias ruins. Vários dias atrás, uma jovem enfermeira de Guangxi (que estava em Wuhan como integrante de uma das equipes de socorro) subitamente sofreu um colapso no hospital. Felizmente havia vários médicos presentes, e eles rapidamente a socorreram. Na ocasião, todos os meios de comunicação exibiram essa história; todos estavam felizes porque ela havia escapado da morte. Na noite passada, porém, meu amigo médico me avisou que ela não conseguira sobreviver. Ela perdeu a vida nas linhas de frente do combate contra o coronavírus. Seu nome é Liang Xiaoxia e ela completaria 28 anos este ano. Espero que descanse em paz.

Nos últimos dias, diminuiu o clamor para que pessoas assumam a responsabilidade pelo que aconteceu; diminuiu tanto que até mesmo eu passei a ignorar essa questão. Aparentemente, há cada vez menos reportagens investigativas sendo publicadas. Agora, na verdade, não há quase nenhuma. Eu li na noite passada um relato intitulado "As 41 reportagens sobre o coronavírus desaparecidas". O relato se encerra com as seguintes palavras: "Arrancando espinhos profundamente escondidos e reconhecendo a dor oculta nos cantos escuros da sociedade, a mídia usa a sua força limitada para revelar a verdade e expô-la à luz. Embora algumas reportagens

DIÁRIOS DE WUHAN

tenham desaparecido temporariamente, quando tudo estiver terminado certamente haverá um lugar para elas no manuscrito da história". Ao ler isso, uma ideia me ocorreu de repente: e se os mesmos grupos que da noite para o dia lançaram ataques repugnantes contra mim tiverem algo a ver com essas reportagens deletadas?

Se nós não investigarmos responsabilidades a respeito de um incidente tão grave, a imagem do governo se desgastará. Por alguma razão, porém, até hoje nem um único representante do governo em Hubei se demitiu; eu acho que eles sabem como jogar o jogo. Quando se trata de transferir culpa, o que vemos são políticos culpando cientistas, que por sua vez culpam os políticos. Mas agora as coisas ficaram realmente interessantes: todos estão colocando a responsabilidade inteiramente nos Estados Unidos.

Entre os escritos que amigos continuam me enviando no WeChat, há um artigo do professor Du Junfei, da Nanjing University. O professor é Ph.D. em sociologia, e com frequência os seus artigos abordam questões muito importantes. Nesse seu artigo que eu acabei de ler, ele assinala sete itens:

1. Depois que os hospitais da linha de frente descobriram que havia uma epidemia, por que simplesmente não comunicaram o fato on-line?

2. Quando a equipe de especialistas chegou a Wuhan, eles foram realmente incapazes de entender que lidavam com um vírus contagioso, que poderia ser transmitido entre pessoas?

3. Quando as notícias vazaram, as autoridades de fato consideraram mais importante lidar com o vazamento do que lidar com a epidemia em processo?

4. O fato de que ninguém está disposto a assumir nenhuma responsabilidade tem relação com o fato de que Zhong Nanshan parece ser o único com autoridade para revelar a verdade ao público?

5. Enquanto a epidemia em Wuhan ficava cada vez mais séria, por que os administradores de hospital não tomaram em tempo hábil medidas para prevenir a grave falta de suprimentos médicos?

6. Quando o vírus e o medo começaram a se espalhar simultaneamente, o confinamento total foi de fato a melhor medida a se tomar?

7. Depois que a quarentena se instalou, não foi realmente possível transferir alguns pacientes confirmados para outros hospitais com mais recursos à disposição, onde receberiam um tratamento melhor?

246

MARÇO

Suspeito que o professor Du tenha ainda mais perguntas, porque depois da sétima pergunta ele deixou uma marcação sugerindo isso. Aqui em Wuhan nós temos sem dúvida mais perguntas a fazer. Uma pena que tantas perguntas continuem todas sem resposta.

Este é o 59º capítulo do meu diário. Eu disse a várias pessoas que pararia no 60º; amanhã será a minha última entrada. Há um grande número de leitores que ficam acordados até tarde todas as noites para esperar que a próxima entrada do meu diário chegue à internet; alguns deles são tão leais que reclamam que isso perturbou o seu relógio biológico. Quero dizer a eles: só mais um dia, e depois de amanhã vocês não precisarão esperar mais acordados. Ao mesmo tempo, fico muito grata por saber que vocês todos ficaram lá, esperando por mim.

Há mais uma coisa que eu quero dizer hoje: esse é o meu registro individual escrito durante a epidemia de coronavírus; ele representa as memórias de uma pessoa. A princípio eu nem mesmo via esses escritos como um "diário". Só mais tarde é que esse registro se tornou de fato um diário, com uma entrada por dia. Quando outras pessoas se referiram a ele como um "diário", eu não fiz objeção. Minha motivação inicial era apenas cumprir um contrato de publicação; imaginei que escrever ensaios seria uma maneira fácil de fazê-lo. Jamais pensei que pudesse ir além disso.

24 DE MARÇO DE 2020

Eu já lutei essa bela batalha.

Esse é o dia de número 62 da quarentena de Wuhan. É também a 60º parte do meu diário. Você pode também se referir a ela como o meu capítulo final.

Por coincidência, hoje noticiaram que a quarentena está agora oficialmente suspensa para todos os distritos fora de Wuhan. Se você possui um QR Code, então pode se deslocar livremente agora. Na cidade de Wuhan,

DIÁRIOS DE WUHAN

a quarentena será retirada em 8 de abril. Wuhan voltará à normalidade em breve. No início eu afirmei que continuaria escrevendo até que a cidade reabrisse, e só então pararia. Só mais tarde percebi que a reabertura da cidade não seria repentina, de uma só vez, como quando o *lockdown* foi imposto como uma ação de emergência. Esse processo será lento e gradual, cada distrito abrindo um por vez. Por essa razão é que eu acho perfeitamente adequado encerrar esse diário, agora que o vírus está perdendo força e as pessoas começam a voltar ao trabalho. Compartilhei esse meu ponto de vista com alguns amigos, e quase todos eles apoiaram a minha decisão. E assim, depois de completar 54 capítulos, decidi estender o diário até a entrada de número 60. Jamais imaginei que o capítulo final seria publicado justamente quando a data da reabertura da cidade fosse anunciada; aí está algo que vale a pena comemorar. Isso significa que o meu registro segue o caminho da epidemia desde o Dia 1 do Ano-Novo Lunar até o anúncio da suspensão da ordem de quarentena; o registro então está bem completo. Em 14 de março, o meu irmão mais velho fez alguns cálculos com base no número de casos confirmados e no ritmo de diminuição desses números com o passar do tempo; e essa sua estimativa mostrou que Wuhan talvez reabrisse em 8 de abril. Eu nunca imaginei que ele fosse acertar na mosca.

O céu estava límpido essa tarde, mas depois, nessa mesma tarde, ficou nublado e chegou até a chover um pouco. Minha faxineira avisou-me que provavelmente estaria aqui amanhã. Essa notícia foi um grande alívio para mim. Essa minha auxiliar é uma cozinheira excelente; tanto que os meus amigos viviam se convidando para comer na minha casa.

Ontem, um amigo me enviou um artigo; ele disse que alguém estava insistindo para que eu "participe de um encontro com cidadãos de Wuhan para provar que você não é uma capitalista defensora de americanos". Quando li essas palavras tão repugnantes e infantis, confesso que fiquei sem saber se ria ou se chorava. Não vou mencionar o nome do autor aqui, mas me disseram que ele tem um doutorado. Mas, afinal, que tipo de livros ele leu para obter um doutorado? Como alguém que sobe tão alto na vida acadêmica pode descer tão baixo? Antes mesmo que eu tivesse tempo de ler o artigo, avisaram-me que alguém do governo já havia procurado o autor para ter uma conversa com ele sobre o artigo e lhe pedir que cesse esse tipo de comportamento. Meu amigo fez piada com isso: "Agora você nunca vai ter a chance de defender a sua tese".

É interessante perceber que políticos da China e dos Estados Unidos resolveram agora se atracar; ambos os lados estão se alfinetando com todo tipo de discurso desagradável, enquanto, ao mesmo tempo, médicos da China e dos EUA unem forças e avaliam os melhores métodos para salvar vidas de pacientes. Os médicos discutem quais medicações são mais eficazes para diminuir os índices de mortalidade, e quais métodos de tratamento se provaram mais eficientes. Eles também têm discutido sobre medidas de proteção, procedimentos de quarentena adequados e outros tópicos relacionados. Quando a epidemia de Wuhan se encontrava em seu estágio mais crítico, os chineses no estrangeiro compravam todo e qualquer suprimento médico que encontrassem nas prateleiras e os enviavam para a China como doações; agora, os médicos americanos enfrentam uma escassez de máscaras faciais e outros equipamentos pessoais de proteção. Uma amiga chinesa no exterior me disse que essa situação a entristece bastante. Entretanto, esses médicos estão buscando incansavelmente uma solução para esse problema. Nenhum desses médicos parece ter engajamento político. Não há influência de nenhum senso de identidade nacional durante as suas conversações. Eles simplesmente compartilham as suas experiências e as informações que tenham sobre o coronavírus.

Só porque esta é a última entrada do meu diário, isso não significa que eu vou parar de escrever. Weibo continuará a ser a minha plataforma, e eu continuarei a expressar minhas opiniões nessa rede social, como fazia antes. Também seguirei insistindo para que os responsáveis por erros graves durante a crise do coronavírus assumam a culpa pelo que fizeram. Muita gente deixou mensagens na minha conta no Weibo dizendo que o governo jamais responsabilizará essas pessoas. Contudo, independentemente das ações que o governo venha a tomar, se é que vai tomar, como cidadãos de Wuhan que foram colocados sob quarentena por dois meses, como pessoas que viveram e testemunharam a tragédia que se abateu sobre Wuhan, nós temos a responsabilidade e o dever de buscar justiça para as almas enganadas. Os que cometeram os erros que trouxeram sérias consequências, os que são responsáveis, eles é que devem carregar esse fardo. Se nós abandonarmos a busca por justiça, se esquecermos o que aconteceu aqui durante

DIÁRIOS DE WUHAN

esses dias de crise, se um dia nós não nos lembrarmos mais das palavras finais de Chang Kai; então, meus caros habitantes de Wuhan, nós teremos sobre os ombros um fardo bem mais pesado que o desse desastre — nós também estaremos carregando o fardo da vergonha. Vergonha que nos perseguirá para sempre, que jamais conseguiremos esquecer.

Gostaria de oferecer um agradecimento especial aos extremistas de esquerda que me atacaram todos os dias. Se não tivessem me provocado e ofendido tanto, uma pessoa preguiçosa como eu provavelmente já teria parado de escrever há muito tempo. Sem esses extremistas, quantas pessoas teriam lido esse diário, cada entrada dele? O que me deixa especialmente feliz é o fato de que os ataques que eles lançaram sobre mim chamaram a atenção de todos. Eles convocaram todos os seus grupos, e todos caíram sobre mim com seus textos. Mas o que os leitores viram nesses textos? Eles viram a lógica confusa desses extremistas de esquerda, seus pensamentos deformados, suas perspectivas distorcidas, sua escrita imatura e seu baixo nível moral. Em resumo, tudo o que eles conseguem com os seus constantes ataques é revelar seus próprios defeitos; todos os dias eles colocam em exibição os seus valores repugnantes para que todos os vejam. E agora todos finalmente acordaram para ver do que são feitos realmente esses ultraesquerdistas do Big V.*

Tudo bem, eles são mesmo assim. Estão todos no nível da suposta "estudante do ensino médio" que me escreveu uma carta; isso é o melhor que eles podem fazer. Desprezíveis e rasteiros como eles podem ser, de vários anos para cá esses extremistas têm se espalhado aos poucos pela nossa sociedade, assim como o coronavírus. Eles são especialmente ativos entre representantes do governo, sempre a sua disposição, o que deixa muitos desses representantes particularmente suscetíveis à infecção. Eu já disse isso, e vou repetir sempre que necessário: a presença desses ultraesquerdistas representa uma ameaça real à China e ao seu povo! Eles são o maior obstáculo à Era da Reforma! Se nós permitirmos que os radicais de

---

* "Big V" é uma gíria da internet chinesa; "V" é abreviação para "Verified" [verificado] e "Big V" diz respeito aos usuários verificados no site Weibo que são extremamente ativos e contam com mais de 500 mil seguidores. Os usuários "Big V" são celebridades em sua maioria.

esquerda exerçam a sua influência como bem entenderem e espalhem a sua doença através da sociedade, as reformas morrerão, e o futuro da China estará condenado.

Mas este é o meu capítulo final, e quero oferecer algumas palavras de agradecimento. Agradeço a todos os meus leitores por seu apoio e seu encorajamento. Seus inúmeros *posts* me comoveram muito, e me fizeram perceber: uau, tem muita gente por aí que vê as coisas da mesma maneira que eu. Sempre achei que estivesse sozinha num cenário vazio, quando na verdade há montanhas enormes atrás de mim, protegendo-me. Quero expressar meu reconhecimento a Er Xiang; ela me proporcionou uma ajuda inestimável quando a minha conta no Weibo foi bloqueada. Acredito que sem ela eu jamais teria sido capaz de continuar esse diário. Também gostaria de agradecer à Caixin e à Headlines Today; eles sempre providenciaram plataformas para que eu publicasse os meus artigos quando eu não tinha nenhuma outra disponível.

Todo o apoio que recebi me forneceu um reservatório infinito de conforto psicológico. Com vocês ao meu lado durante esses dias, eu jamais me senti sozinha.

Eu já lutei essa bela batalha;
Eu já completei o meu caminho;
E eu defendi todas as verdades em que acredito.

Um lugar chamado Wuhan

Esse lugar chamado Wuhan sempre foi citado pelas pessoas como a "Cidade do Rio". O motivo para isso naturalmente tem a ver com o fato de que a cidade se localiza às margens do Rio Yangtze. Na verdade, "Cidade do Rio" não é um nome ruim para Wuhan. É a capital da Província de Hubei, algumas vezes chamada de "província de mil lagos", porque lá existem pelo menos 100 extensões de água a cercá-la. Esses lagos são como lindos ornamentos de pérolas e jade adornando Wuhan; quando o vento sopra, você pode até ouvir o som delas retinindo. Os moradores mais antigos são capazes de ouvir isso — é o som do rio em movimento e das ondas dos lagos reagindo ao açoite do vento.

Em tempos muito antigos, Wuhan fazia parte do Reino de Chu; por esse motivo, os habitantes de Wuhan gostam de se referir à sua cidade como "a Terra de Chu". As pessoas em Wuhan realmente adoram Chu. Isso porque a população de Chu era conhecida por seu espírito militar. Eles tinham um romantismo desenfreado e uma vontade férrea, duas qualidades apreciadas pelos nativos de Wuhan. Isso, é claro, talvez se deva ao fato de as pessoas de Wuhan já carregarem em si genes Chu, motivo pelo qual sentem tanto orgulho de serem Chu.

Desde que surgiu o conceito de "cidade grande", Wuhan sempre foi uma das cidades mais conhecidas da China. Acho que Wuhan é a sétima maior cidade da China, atrás apenas de Pequim, Nanjing, Xi'an, Xangai, Tianjin e Guangzhou. As primeiras três dessas cidades possuem raízes culturais profundas, porque são antigas capitais; as três últimas têm as economias mais desenvolvidas, pelo fato de se localizarem ao longo da costa. Wuhan nunca foi capital da China e não está no oceano; é uma cidade sobre as águas, bem no meio do Rio Yangtze. A província do interior de Hubei onde se localiza é diferente de praticamente todas as outras províncias que se localizam na região fronteiriça, por isso não surpreende que seja classificada logo abaixo das outras seis cidades.

Contudo, em meio a essa vasta nação da China, não é pouca coisa o fato de Wuhan conseguir manter a sua posição como "terra central". Os corredores e ruas de Wuhan são como raios que emanam e brilham em cada canto dessa nação. Se você os desenhasse através do mapa da China, eles se assemelhariam a raios de sol lançados em todas as direções. E Wuhan representa o sol nesse mapa.

Wuhan se localiza no coração da China, portanto, o transporte para dentro e para fora da cidade é extremamente prático. Aonde quer que vá, você nunca se sente muito longe; afinal, em termos de distância, não existe uma grande diferença entre lugares próximos e distantes. Essa impressão se intensificou ainda mais nos últimos anos, com a abertura de mais linhas ferroviárias e vias expressas. Não importa aonde vá, você pode chegar à maioria das grandes cidades da China em cerca de quatro horas partindo de Wuhan, de trem. É ainda mais conveniente para os habitantes de Wuhan fazer viagens curtas de carro; você pode ir a muitos lugares em viagens a passeio. Muita gente em Wuhan tem grande orgulho disso. Em razão da sua localização central, Wuhan também é chamada de "ponte para nove províncias".

Houve um tempo em que as pessoas se referiam a Wuhan (especificamente a Hankou, seu distrito) como "a Chicago da China". Isso se deu em virtude da grande semelhança entre o ritmo de desenvolvimento de Wuhan e o de Chicago; contudo, essa designação parece ter desaparecido com o passar do tempo. Eu nunca fui a Chicago, por isso não posso dizer com certeza onde estão as semelhanças e as diferenças entre as duas cidades.

Se Wuhan fosse uma pérola, o Rio Yangtze seria o colar que atravessa a pérola, pois ele passa diretamente pelo coração da cidade. O maior afluente do Yangtze, o Rio Han, passa pelo centro de Wuhan e encontra o Yangtze próximo ao pé da Montanha Tortoise. Esses dois rios dividem

Wuhan em três cidades: Hankou, Wuchang e Hanyang. Essas três áreas foram construídas às margens desses rios, e foram projetadas para serpentear paralelamente à água corrente. É por esse motivo que a maioria das pessoas em Wuhan tem senso de direção tão tosco. Sempre que alguém pede orientações para ir a algum lugar, as pessoas de Wuhan costumam responder: "é subindo aqui", ou "é descendo aqui"; ou então "desça por aquele caminho" ou "tome aquele caminho para cima". Quando elas dizem "suba", referem-se ao fluxo do Yangtze quando corre para cima; quando dizem "desça", é referência ao rio quando corre para baixo. Por esse detalhe já se pode perceber que o impacto de viver sobre a água é profundo para os habitantes de Wuhan.

Houve um tempo em que Wuhan tentou claramente fazer de Hankou um distrito comercial, de Wuchang um distrito cultural, e de Hanyang um distrito industrial; isso foi parte de um plano para enfatizar as diferentes características de cada cidade.

As áreas mais movimentadas na cidade estão todas localizadas na região norte, em Hankou. Lugares como a Estrada Jianghan, a Ponte das Seis Faixas e a relativamente famosa Estrada Hanzheng localizam-se todas aqui. Eu me lembro que há muito tempo as pessoas que viviam em Wuchang e em Hanyang tinham de pegar ônibus ou balsa para ir a Hankou quando queriam comprar presentes para a família. Hoje em dia as zonas de comércio de Wuchang e de Hanyang são bastante robustas, mas as pessoas não conseguem abandonar a ideia de que as coisas em Hankou são mais baratas e de melhor qualidade, por isso todos ainda gostam de ir para o lado norte do rio para fazer compras.

Comparada com o frenético distrito de Hankou, Wuchang, que se situa ao sul do rio, é bem mais desanimada. O que mais atrai a atenção nesse distrito é o seu grande número de universidades e seus centros de pesquisa de alto nível. Minha universidade, a Universidade de Wuhan, com sua longa tradição e seu lindo campus, localiza-se em Wuchang. A Universidade de Wuhan sempre foi muito conceituada em todo o país em virtude do elevado nível de suas realizações acadêmicas.

Quanto a Hanyang, que sempre foi um distrito industrial, ainda hoje fica atrás de Hankou e Wuchang. Espremida entre o Rio Yangtze e o Rio Han, Hanyang sempre pareceu ser a região menos notada da cidade. Teve

DIÁRIOS DE WUHAN

o seu momento de fama com a construção do Arsenal Hanyang no início do século XX. Todos os que serviram no exército já tiveram o selo "Feito em Hanyang" estampado em seu equipamento. Até hoje Hanyang continua famosa por seus produtos manufaturados. Alguns anos atrás, Wuhan começou a desenvolver uma novíssima zona industrial modernizada, também situada em Hanyang.

Não sei exatamente em que ano foi tomada a decisão de dar a cada distrito uma característica distinta; talvez tenha sido na época em que Zhang Zhidong (1837-1909) foi governador da região. Com o passar do tempo, porém, a modernização transformou todas as três cidades drasticamente.

Poucas cidades foram abençoadas com uma natureza tão bela quanto a de Wuhan. As ricas planícies de Jianghan emolduram toda Wuhan. As planícies cercam a cidade com uma nudez adornada por incontáveis lagos de grande beleza, espalhando esplendor e frescor pela região inteira. Esses dois grandes rios — o Han e o Yangtze — correm através do centro da cidade e se encontram, enquanto inúmeras colinas adornam os dois lados do rio como peças de xadrez. Wuhan é uma cidade com forte sensibilidade moderna, e ainda assim permanece cercada por montanhas e rios e decorada pelo cenário dos cem lagos. Suas águas rubras e suas colinas verdes, gaivotas do Lago Liudi e arranha-céus, pontes e teleféricos, torres e gigantescas telas com iluminação LED — tudo converge e se mistura numa tapeçaria em movimento. Wuhan foi presenteada com dádivas naturais incríveis do meio ambiente; com um planejamento cuidadoso e projetos de construção razoáveis, Wuhan pode facilmente se tornar uma das cidades mais belas do mundo.

Como tantos outros centros urbanos conhecidos, Wuhan não é apenas um polo comercial; é também um centro industrial e de referência em pesquisa e educação. A cidade suportou os infortúnios da história e teve a sua cota de sangue e lágrimas; passou pela humilhação de ter concessões estrangeiras estabelecidas aqui, e foi palco de célebres histórias de resistência; passou por um *boom* na área de construção e também pela ridícula Revolução Cultural — tem lugar para heróis e para prostitutas. Aqui as águas nunca param de correr, o trânsito nunca cessa, e as luzes de neon nunca perdem força. Aqui há hotéis de luxo e mercados movimentados; belas paisagens e árvores verdejantes contrastando com paredes vermelhas e a poluição ambiental. A cidade tem seu lado tranquilo e belo; é o lar do novo rico e também dos pobres e dos indigentes. Todas as facilidades que uma cidade moderna pode oferecer, mas também todos os problemas enfrentados por uma cidade grande. Tudo isso se encontra aqui, nesse lugar chamado Wuhan.

Epílogo do tradutor

A experiência de leitura de *Diários de Wuhan* em inglês — e agora traduzido para a língua portuguesa — é bem diferente da experiência que os leitores chineses tiveram ao ler o diário on-line quando ele surgiu na internet. O diário foi inicialmente publicado em capítulos diários, em plataformas de várias mídias sociais chinesas e sites de *microblogging* como Weibo e WeChat. Os textos de Fang Fang surgiam toda noite, oferecendo em tempo real respostas e reflexões quanto a acontecimentos e notícias comunicados apenas horas antes. Enquanto a epidemia em Wuhan se propagava e começava a atrair a atenção não só na China, mas também mundo afora, o número de leitores de Fang Fang começava a crescer. Mais e mais leitores de língua chinesa de todas as partes do mundo descobriam as postagens de Fang Fang, o que proporcionou uma plataforma para que se compreendesse o que estava acontecendo dentro de Wuhan. Quase sempre nós pensamos em diários como um gênero literário especialmente particular — um registro dos mais íntimos medos e desejos de uma pessoa, juntamente com um registro mais mundano de eventos do cotidiano. Mas *Diários de Wuhan* foi uma plataforma pública desde o início: um livro aberto virtual.

Como consequência dessa abertura, as entradas do diário de Fang Fang não foram lidas originalmente tal qual são apresentadas aqui neste volume — ou seja, reunidas numa narrativa em formato de livro dominada exclusivamente pela voz e pela perspectiva do autor. Para leitores chineses, *Diários de Wuhan* foi oferecido de várias formas — como capítulos diários no Weibo e no WeChat; como trechos que foram cortados, colados e encaminhados via mensagem de texto; como memes que foram selecionados de entradas e combinados com fotos; e até como coletâneas em .pdf de indivíduos que queriam documentar toda a narrativa de Fang Fang e enviavam para os amigos por e-mail. É importante lembrar que nas plataformas utilizadas originalmente por Fang Fang, Weibo e WeChat, as postagens eram acompanhadas por uma seção de comentários, a qual incluía observações, críticas, links para artigos, fotos e vídeos integrados, enviados por um exército de milhões de leitores. De acordo com um artigo do *Guardian* de 10 de abril de 2020, "No Weibo, o 'Diário de Fang Fang' teve 380 milhões de visualizações, 94 mil debates e 8.210 posts originais, atingindo o pico na semana passada".* No auge da popularidade do diário, muitas das postagens dela alcançaram entre 3 e 10 milhões de acessos no intervalo de apenas dois ou três dias; esses chats surgiram como uma biosfera virtual de debate social vibrante — um lugar para leitores se encontrarem, compartilharem, discutirem às vezes, e muitas vezes chorarem.

Nenhum livro, seja impresso ou eletrônico, pode abarcar a rica dimensão social do vasto mundo digital de *Diários de Wuhan*; contudo, os leitores poderão sentir a presença desse mundo, porque à medida que o diário se revela, Fang Fang interage cada vez mais com os seus muitos apoiadores, e também com os *trolls* que a atacam — e esses dois grupos se tornam uma parte cada vez mais importante da narrativa que ela tece. De fato, *Diários de Wuhan* oferece várias perspectivas sobre a epidemia de coronavírus em Wuhan, mas também proporciona um mergulho igualmente rico no complexo mundo da internet chinesa. Enquanto a quarentena segue o seu curso, Fang Fang vê a sua vida cada vez mais conectada a um mundo virtual de textos, vídeos de notícias on-line e posts de mídia social. Mas o que torna *Diários de Wuhan* um documento tão notável é o modo como Fang Fang abraça a perspectiva de alguém que está vivenciando a

---

* Helen Davidson. "Chinese writer faces online backlash over Wuhan lockdown diary" in *The Guardian*. 10 de abril de 2020. https://www.theguardian.com/world/2020/apr/10/chinese-writer-fang-fang-faces-online-backlash-wuhan-lockdown-diary?CMP=share_btn_link.

EPÍLOGO DO TRADUTOR

incerteza, o medo e o isolamento da vida sob a ameaça de um estranho vírus novo, com relatos on-line, cobertura de notícias, textos e mensagens recebidos de parentes, amigos, colegas, antigos colegas de classe da sua juventude e vizinhos. O resultado é uma forma híbrida que oscila entre o cotidiano e o épico, o tédio mundano da vida sob o *lockdown* e o sistema em constante expansão da internet. Às vezes, o diário de Fang Fang serve como uma central de sugestões e recomendações a respeito de tudo — desde dicas de compras on-line até o socorro a pessoas portadoras de doenças crônicas e incapazes de conseguir ajuda em meio à epidemia.

Outra faceta notável de *Diários de Wuhan* consiste nos repetidos apelos de Fang Fang por ação e para que se apurem responsabilidades. Essa é outra situação em que se vê a diferença entre o modo como nós, ocidentais, lemos o livro e o modo como os leitores chineses o leem. Nos Estados Unidos e em muitos outros países ocidentais, a mídia vive de especialistas, políticos e ativistas que se criticam uns aos outros, frequentemente com orientações políticas e partidárias. Muitos leitores americanos e europeus de *Diários de Wuhan*, portanto, talvez não apreciem devidamente a extraordinária coragem que Fang Fang mostra em seus repetidos e inflexíveis apelos para que autoridades locais e nacionais e especialistas que "pisaram na bola" apareçam e assumam a responsabilidade por seus erros. Em uma sociedade na qual muitos escritores e intelectuais orientam-se pelo lema "mantenha a cabeça baixa e fique longe de problemas", Fang Fang se atreveu a falar — e quando os seus críticos a perseguiram, ela falou ainda mais alto.

Isso também marca uma grande mudança no tom do próprio diário, pois quando a epidemia de COVID-19 começa a ser controlada aos poucos em Wuhan, Fang Fang passa a abordar mais — junto com os relatos sobre o coronavírus — a questão da negligência, dos erros e da falta de atitude das autoridades e dos especialistas. Por fim, Fang Fang se dedica à questão da responsabilidade. É evidente que ela tem de pagar um preço por sua franqueza; à medida que o diário de Wuhan avança e os apelos de Fang Fang por justiça se intensificam, ganham força também os ataques do exército invisível dos *trolls* que a perseguem. Essas duas forças estão conectadas, é claro. E no terço final do diário, boa parte da atenção dela se volta para a miríade de ataques on-line que ela enfrenta dia após dia.

DIÁRIOS DE WUHAN

Os grupos de radicais de esquerda que atacam Fang Fang na China já a haviam perseguido em 2017, depois da sua premiada publicação *Doce funeral*. O romance ofereceu uma profunda investigação da amnésia como uma alegoria para a eliminação de páginas perdidas na história chinesa moderna — nesse caso, a época da campanha pela reforma agrária no país no final da década de 1940 e início da de 1950. Mas esse romance não agradou determinados grupos, e essa obra se tornou alvo de uma feroz campanha de difamação promovida por ultraesquerdistas na China. Mais tarde, o romance foi retirado das livrarias, e a própria Fang Fang se tornou alvo de inúmeros ataques on-line. Avançamos para 2020, e os mesmos grupos de extremistas de esquerda encontraram agora um novo alvo: os *Diários de Wuhan*. A profundidade e a virulência desses ataques foram tais que mesmo quando este livro ainda estava em fase de preparação esses grupos radicais de esquerda travaram uma guerra nos meios de comunicação da China, alegando que o livro seria usado como "arma" para que os Estados Unidos criticassem a China!

Enquanto eu traduzia *Diários de Wuhan*, transformar o livro em "arma", ou usá-lo como instrumento para criticar a China, era seguramente a última coisa que passava pela minha cabeça. Na literatura chinesa contemporânea, Fang Fang foi a voz mais poderosa a surgir em Wuhan no intervalo de décadas. Quando aconteceu a epidemia de coronavírus, muitas pessoas a procuraram para obter conforto, informações e um rumo para seguir. Mais do que ninguém, Fang Fang tornou-se uma voz na qual as pessoas poderiam confiar para terem uma avaliação honesta acerca do que estava ocorrendo diariamente em Wuhan na época da COVID-19. Mesmo quando o mundo adormecia, a voz de Fang Fang bradava todos os dias. Seus gritos tinham de ser ouvidos em todas as partes do mundo, como um testemunho pessoal dos horrores que a população de Wuhan estava enfrentando e também como uma advertência quanto ao preço que o mundo poderia ter de pagar se precauções não fossem tomadas. Assim, em vez de transformar *Diários de Wuhan* em arma, senti uma necessidade urgente de que o mundo inteiro aprendesse com Fang Fang. Parte dessa lição vem da compaixão e da bravura da autora, mas outra parte vem da sua audácia — a audácia de dar o seu testemunho, a audácia de não se deixar silenciar — mesmo quando chovem

EPÍLOGO DO TRADUTOR

milhares de ataques odiosos sobre a sua cabeça — e a audácia de falar a verdade aos donos do poder.

Em um país com 1,4 bilhão de pessoas, com centenas de estações de televisão via satélite, jornais, websites e mídia estatal, de algum modo essa figura isolada se sobrepôs a todo o barulho e emergiu como *a* voz de Wuhan. As palavras dela se tornaram a pulsação da cidade e a sua consciência. Seu diário se tornou um para-raio para ativismo e crítica, compaixão e malícia, amor e ódio — tudo acontecendo todos os dias na aparentemente infinita fileira de comentários que se estendia por trás de cada *post* dela.

Eu tomei contato pela primeira vez com a ficção de Fang Fang em meados da década de 1990, quando li várias de suas histórias e romances, entre eles *Buraco negro*. Acompanhei a carreira dela por mais de duas décadas antes que um amigo comum nos pusesse em contato para tratarmos da tradução do seu controverso romance *Doce funeral*.

Eu me apaixonei pelo romance, e na verdade estava traduzindo essa obra para ela quando a notícia do novo coronavírus começou a chamar a atenção do mundo. Eu sabia que Fang Fang era uma moradora de longa data de Wuhan, e enviei-lhe mensagens várias vezes para saber se ela e a sua família estavam bem; mas ela nunca mencionou nada a respeito do seu diário. Em meados de fevereiro — aproximadamente duas semanas após o início do diário — um amigo próximo recomendou que eu desse uma olhada. Nessa ocasião o diário já havia "viralizado", por assim dizer, em uma triste sincronia com o vírus, e já se espalhara por toda a internet chinesa. Eu li algumas entradas e fiquei imediatamente atraído.

Desde janeiro eu estava acompanhando de perto as notícias sobre a epidemia de coronavírus. Até ajudei a organizar um dos primeiros fóruns públicos sobre a COVID-19 nos Estados Unidos, com membros da Fielding School of Public Health da Universidade da Califórnia, Los Angeles. Porém, para ser franco, como uma pessoa sem treinamento eu me senti bastante inútil diante do coronavírus. O que *eu* posso fazer, o que *qualquer* indivíduo pode fazer em face de uma ameaça global como a COVID-19? Mas no instante em que li algumas entradas de *Diários de Wuhan* de Fang Fang, eu soube imediatamente o que poderia fazer. Que tipo de contribuição eu poderia dar.

DIÁRIOS DE WUHAN

Escrevi de imediato para Fang Fang, sugerindo que eu deixasse temporariamente de lado a minha tradução de *Doce funeral* e passasse a traduzir *Diários de Wuhan*. A princípio Fang Fang hesitou; afinal, o seu diário nem mesmo estava concluído, e os eventos relacionados ao coronavírus continuavam numa escalada imprevisível. Contudo, nós acabamos chegando à conclusão de que essa era uma história que tinha de ser contada, e que o mundo precisava ouvir o testemunho de Fang Fang.

O tempo estava correndo e o vírus se espalhava; então senti uma necessidade urgente de divulgar as palavras de Fang Fang o mais rápido possível. Coloquei outros projetos de lado e comecei a traduzir furiosamente; com frequência conseguia traduzir mais de 5 mil palavras por dia. Na ocasião, eu não poderia saber que esse projeto acabaria se tornando ao mesmo tempo um dos mais gratificantes e torturantes que eu já havia realizado. Em muitos aspectos foi também o mais estranho.

Enquanto trabalhava na minha tradução, era como se eu vivesse ao mesmo tempo em três temporalidades diferentes. Quando você mergulha fundo em uma tradução, parte da sua psique fica enredada no mundo do autor. Você nada na língua do autor, respirando-a e internalizando-a antes de traduzi-la. Isso acontece principalmente no caso de um projeto urgente como esse — no qual eu trabalhava mais de 10 horas por dia, sete dias por semana, sempre um mês atrás de Fang Fang, embora corresse desesperadamente para cumprir o objetivo. Além do idioma, porém, havia o mundo interior de Fang Fang; a tradução permite que você entre nesse mundo de uma maneira bem mais profunda do que entraria com uma simples leitura. Mas o mundo de Fang Fang estava no passado — eu comecei a traduzir *Diários de Wuhan* em 25 de fevereiro, exatamente um mês depois que ela começou a escrevê-lo. Dessa maneira, tudo o que eu traduzia já tinha um mês de atraso; mas à medida que casos de coronavírus despontavam na cidade de Los Angeles, onde moro, mais as palavras de Fang Fang pareciam ser proféticas. Ela nos mostrava aonde estávamos indo, antecipava as reações da sociedade, e nos dizia onde estavam escondidas as armadilhas.

Durante 46 dias, de 25 de fevereiro a 10 de abril de 2020, traduzi cerca de 5 mil palavras por dia (exceto por uma semana de descanso, para me recuperar de uma doença), sob a ameaça de uma pandemia em curso,

EPÍLOGO DO TRADUTOR

traduzindo um diário que havia sido escrito um mês atrás e que não obstante oferecia, de alguma maneira, vislumbres do nosso futuro. No decorrer desse processo, senti em vários momentos que essas diferentes temporalidades pareciam colidir umas com as outras, de forma sinistra e agitada. Tomemos, por exemplo, a indignação de Fang Fang em face do evento do Ano-Novo Lunar que reuniu 40 mil pessoas em Baibuting, e que resultou em infecções generalizadas por toda Wuhan. Fang Fang publicou essa entrada em 28 de janeiro; no dia em que a traduzi, mais de um mês depois, em 7 de março, uma das principais manchetes nos Estados Unidos era: "Trump diz que os comícios não irão parar por medo do coronavírus". Eu gostaria muito que as pessoas que compareceram a esses comícios lessem o diário de Fang Fang. Mesmo agora, em 11 de abril, ainda estão sendo realizados grandes encontros em igrejas, em vários estados americanos. Em 27 de janeiro, Fang Fang escreveu uma entrada inteira sobre a escassez de máscaras faciais (não houve debate acerca da necessidade de usá-las, pois isso já havia ficado claro); porém, até 3 de abril os Estados Unidos não haviam recomendado oficialmente o uso de máscaras faciais em público. Então ocorreu um incidente sinistro, que ainda me assombra: em 4 de março, numa consulta médica, mencionei por acaso os *Diários de Wuhan* ao meu médico. Eu havia traduzido recentemente o capítulo de 15 de fevereiro do diário, sobre Liu Fan; contei ao meu médico como o coronavírus havia aniquilado uma família de quatro pessoas em questão de dias. Meu médico olhou para mim com ceticismo e me disse: "Isso não é como a gripe? Nunca ouvi falar de nada parecido". Cerca de duas semanas mais tarde, notícias sobre a tragédia da família Fusco, de Freehold, Nova Jersey, ganharam as manchetes: quatro membros da família morreram em menos de uma semana. Eu cresci em Freehold, e até estudei na mesma escola que Peter Fusco; ele perdeu dois irmãos, uma irmã e sua mãe para o novo coronavírus, e teve mais três membros da sua família infectados. Chocado, e ainda me sentindo inútil, acelerei o meu ritmo de trabalho.

O aspecto mais estranho desse projeto, porém, foi perceber que a minha vida pouco a pouco começou a se assemelhar à vida de Fang Fang. Quando comecei a traduzir *Diários de Wuhan*, a epidemia em Wuhan parecia algo muito distante para a maioria das pessoas. Enquanto eu traduzia as primeiras entradas, a vida continuava em ritmo normal em Los Angeles.

DIÁRIOS DE WUHAN

Como professor de estudos chineses, eu frequentemente conversava com os meus alunos sobre as coisas que estavam acontecendo em Wuhan. A certa altura, alguns estudantes estrangeiros começaram a usar máscara facial no campus; mas em sua maioria as pessoas em Los Angeles continuaram com suas rotinas, fazendo tudo o que faziam habitualmente: trabalho, escola, eventos esportivos, festas. Eu, entretanto, comecei a ficar preocupado. Viver no mundo de Fang Fang me tornara sensível demais ao que certamente acabaria acontecendo. Passei então a pensar em cancelar os eventos que eu havia programado no campus, e até conversei com a minha esposa sobre a possibilidade de tirarmos nossos filhos da escola.

Nós decidimos por fim mantê-los em casa. Uma semana depois, no dia 13 de março, o enorme Distrito Escolar Unificado de Los Angeles anunciou a interrupção temporária das suas atividades; na metade do meu trabalho de tradução, Los Angeles também era colocada sob quarentena. Agora, Fang Fang, em quarentena na cidade de Wuhan, escrevia o seu diário, enquanto eu, no outro lado do mundo, numa Los Angeles em quarentena, traduzia o seu diário. Quase todos os meus dias se iniciavam com um vaivém frenético de textos entre Fang Fang, nosso agente e nossa editora; isso costumava durar de aproximadamente 6h até as 9h da manhã, e depois eu me dedicava à tradução. Acabei desenvolvendo uma relação extremamente próxima com Fang Fang, e muitas vezes meu coração se partia quando ela falava dos ataques cruéis e vis lançados sobre ela na internet por grupos de extremistas de esquerda.

Eu sempre tentei ser compreensivo e entender o que ela passava. Era difícil para mim imaginar uma situação dessas: ficar em quarentena na cidade amada que se tornou o epicentro de uma grande epidemia, ficar preso em casa, com poucas formas de contato com o mundo lá fora além do computador; e você sabe que sempre que ligar o seu computador receberá literalmente milhares de ameaças e ataques. E então, no dia 8 de abril, eles me encontraram — Fang Fang e eu passamos a ter mais uma coisa em comum.

Depois de receber várias mensagens de amigos alertando-me para o que estava acontecendo, entrei em minha conta no Weibo e me deparei com mais de 600 mensagens e comentários cheios de ódio e com muitas ameaças contra mim e contra a minha família. Todo esse ataque foi uma reação à notícia de que uma edição em inglês de *Diários de Wuhan* de Fang Fang seria publicada,

EPÍLOGO DO TRADUTOR

e eu era o tradutor. *Diários de Wuhan* estava ganhando o mundo — e os detratores de Fang Fang não gostaram disso nem um pouco.

Combinados com os ataques dos *trolls* da internet à minha conta no Weibo, havia dezenas de artigos disparados em sincronia perfeita, e lançando todo tipo de afirmação, desde a acusação de que o livro fazia parte de uma trama da CIA para atacar a China até diversas teorias de conspiração baseadas no ritmo da tradução (que para alguns parecia "impossivelmente rápida"), sem mencionar alegações de que Fang Fang estava "se vendendo" para os americanos. O título de um desses artigos desconcertantes consistia numa pergunta retórica: "Então, Fang Fang, qual é a sensação de mergulhar um pãozinho cozido no sangue do povo de Wuhan?". O autor desse artigo parece não saber que todos os lucros de Fang Fang com essa publicação irão para instituições de caridade em Wuhan. Por coincidência, o dia 8 de abril também marcou o dia em que a quarentena em Wuhan foi enfim suspensa.

E isso nos traz ao presente, e ao que cada um de nós pode ter de *Diários de Wuhan*.

Para mim, foi assombrosa a coragem de Fang Fang de se expor, de falar a verdade aos poderosos e de buscar justiça exigindo responsabilidades. Quando os *trolls* se voltaram contra mim, eu senti na pele um pouco do preço que Fang Fang paga; mas eu sei que isso é apenas uma minúscula fração do que ela enfrenta com os milhares de ataques que sofre todos os dias. Se, como alegam os *trolls*, *Diários de Wuhan* de Fang Fang acabar sendo mesmo "transformado em arma", espero que seja uma arma que mostre o poder que um indivíduo possui para quebrar barreiras e até para realizar mudanças reais. *Diários de Wuhan* foi o para-raios, e Fang Fang foi a voz de Wuhan durante a sua hora mais sombria. Mas onde está o nosso para-raios no Ocidente? Quem será a nossa voz para quebrar barreiras e exigir verdade e responsabilidade? Contra todas as probabilidades, Fang Fang se adaptou à situação... e nós também podemos.

HÁ UM AUTORITARISMO PERVERSO NO MUNDO E ELE ESTÁ CALANDO TODAS AS VOZES

E então, havia uma terra nos confins da Ásia. Seus habitantes tinham tanta liberdade econômica que a região se tornou uma das mais desenvolvidas do mundo. Mas um dia, sem avisar, uma ditadura, a China Comunista, decide roubar-lhes a liberdade. E a repressão começou forte. O primeiro alvo foi a doutrinação escolar, seguido da perseguição aos opositores.

É aí que este livro começa...

Qual é o momento certo de enfrentar o mal? Para Joshua Wong foi aos 14 anos. Enquanto os adultos permaneciam calados, Wong vislumbrou o que estava acontecendo em seu país e organizou o primeiro protesto estudantil em Hong Kong, para se opor à implementação doutrinária no currículo escolar imposto pela China Comunista. Não foi fácil, mas venceu.

Ao se tornar mundialmente conhecido pelos protestos, a surpresa foi não ter sido sequestrado ou ter desaparecido, como tantos opositores da autoridade comunista. Criou o movimento dos guarda-chuvas amarelos, chamando a atenção da comunidade internacional para o momento de perda de liberdades que Hong Kong vive e que começa a se estender para outras nações, com o controle da comunicação e do que se pode falar sobre a China.

Joshua Wong narra o caminho que o levou para o ativismo, revela as cartas que escreveu durante sua prisão política e expõe um apelo poderoso e urgente para que lutemos pelo direito à livre expressão.

LEIA TAMBÉM:

"Como uma luta estudantil revelou uma ameaça global!"

DEMOCRACIA AMEAÇADA

A LIBERDADE DE EXPRESSÃO EM RISCO
E POR QUE PRECISAMOS AGIR, AGORA.

JOSHUA WONG

Colaboração de Jason Y. Ng

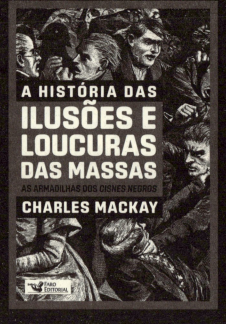

Sociedades avançadas também fazem coisas incrivelmente estúpidas em momentos de desespero. embora a insanidade se manifeste de modos variados, os mecanismos psicológicos por trás dela são semelhantes. conhecê-los é, ao mesmo tempo, soro e vacina.

Este livro clássico prova que precisamos revisitar continuamente o passado se quisermos evitar os mesmos erros no futuro.

Passando por bolhas econômicas, religião, costumes, astrologia, caças às bruxas e política, o autor, Charles Mackay, apresenta aqui exemplos de grandes histerias que mudaram o curso da humanidade.

Mackay não trata apenas de eventos, mas de tendências de comportamento que se repetem, ilustrando com exemplos específicos notáveis e até engraçados.

Conhecê-las é ter poder para guiar-se mantendo o pensamento racional enquanto todos perdem a cabeça.

Se estudar a história da loucura das massas sempre foi relevante, hoje é ainda mais importante. Na Idade Média, um rumor insano levava meses, às vezes anos, para percorrer o mundo. Hoje, bastam poucos segundos. Assim, as ilusões populares têm um poder que jamais tiveram sobre nossos antepassados: dispomos de meios para tornar seus efeitos mais desastrosos.

Nesta versão, mantivemos o conteúdo mais objetivo e acrescentamos anexos para incluir eventos ocorridos nas últimas décadas, sobretudo no país. A crise de 2014, o bug do milênio, o Plano Cruzado e outras situações partilham coincidências com fatos ocorridos há mais de trezentos anos e que prometem se repetir muitas vezes.

Ninguém poderá duvidar que, por maior que seja o número de lâmpadas acesas, a invencibilidade das trevas é insuperável. Parafraseando o economista Roberto Campos: **A LOUCURA HUMANA TEM PASSADO GLORIOSO E FUTURO PROMISSOR.**

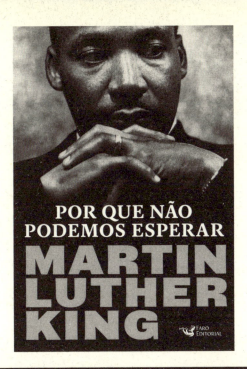

> *É importante entender a história que está sendo feita hoje, porque ainda há mais por vir, porque a sociedade americana está perplexa com o espetáculo do negro em revolta, porque as dimensões são vastas e as implicações profundas.*
>
> **PALAVRAS PROFERIDAS EM 1964...**

Em 1963, no Alabama, talvez o estado com maior segregação racial nos Estados Unidos, uma campanha lançada por Martin Luther King demonstrou ao mundo o poder da ação não-violenta.

Neste livro, lançado em 1964, o vencedor do Prêmio Nobel da Paz narra esses eventos, traçando a história da luta pelos Direitos Civis nos últimos três séculos mas olhando para o futuro, avaliando o trabalho que precisava ser feito para a igualdade de direitos e oportunidades aos negros e a seus descendentes.

Trata-se de uma análise eloquente dos fatos e pressões que impulsionaram o movimento dos Direitos Civis até as marchas públicas que tomaram as ruas naquela época e inspiram as de nosso tempo.

Mais de cinco décadas após sua morte, as palavras de Luther King se mostram atuais para o mundo. No livro, o autor descreve os acontecimentos cruciais que impulsionaram a campanha pela justiça racial, oriunda de um movimento nascido em balcões de lanchonetes e reuniões de igreja, mas que se fez ressoar em todo o planeta.

Por que não podemos esperar é um manifesto único, um testemunho histórico e também um alerta.

ASSINE NOSSA NEWSLETTER E RECEBA INFORMAÇÕES DE TODOS OS LANÇAMENTOS

www.faroeditorial.com.br